汽车先进技术论坛丛书

电控柴油机燃烧系统匹配

王军　编著

机 械 工 业 出 版 社

面对石油资源日渐减少和排放法规日益严格的现状，电控柴油机在节能减排方面表现出很大的优势。燃烧系统是电控柴油机的核心，直接决定着其性能指标。本书围绕电控柴油机的燃烧系统，重点论述电控柴油机总体要求、燃烧系统指标，详细介绍了进气系统、喷油系统、燃烧室和电控系统的匹配，论述了子系统的原理、方法、手段和结果。本书力求简明地体现柴油机新技术的特点，系统地阐述各种新技术的组成、工作原理和基本功能，使读者对电控柴油机燃烧系统有一个全面的认识。

本书适合柴油机厂家及研究院所技术人员阅读参考，也可供内燃机专业院校师生阅读使用。

图书在版编目（CIP）数据

电控柴油机燃烧系统匹配/王军编著. —北京：机械工业出版社，2016.11

（汽车先进技术论坛丛书）

ISBN 978-7-111-55858-3

Ⅰ.①电… Ⅱ.①王… Ⅲ.①汽车－柴油机－电子系统－控制系统 Ⅳ.①U464.172

中国版本图书馆CIP数据核字（2016）第325436号

机械工业出版社（北京市百万庄大街22号 邮政编码100037）

策划编辑：何士娟 责任编辑：何士娟 孙 鹏

责任校对：佟瑞鑫 封面设计：路恩中

责任印制：李 昂

三河市宏达印刷有限公司印刷

2017年5月第1版第1次印刷

169mm×239mm · 14.25印张 · 270千字

0 001—1900册

标准书号：ISBN 978-7-111-55858-3

定价：59.80元

凡购本书，如有缺页、倒页、脱页，由本社发行部调换

电话服务

服务咨询热线：010－88361066

读者购书热线：010－68326294

010－88379203

网络服务

机工官网：www.cmpbook.com

机工官博：weibo.com/cmp1952

金书网：www.golden－book.com

教育服务网：www.cmpedu.com

前　言 Preface

随着石油资源的日渐减少和排放法规的日益严格，电控柴油机正向高功率密度、高可靠性、低油耗、低排放方向飞速发展，在节能减排方面具有很大优势。

燃烧系统是电控柴油机的核心，直接决定着其性能指标。系统学习电控柴油机燃烧系统基础知识，不仅对提高柴油机性能十分重要，而且对电控柴油机使用维护也是必不可少的。虽然电控柴油机燃烧系统方面的文献不少，但每篇文献只涉及某一方面的专题，缺乏系统的论述；出于技术保密的考虑，国外文献只是给出结论和结果，因此现有的教材介绍电控柴油机燃烧系统比较分散，不能从技术层面满足专业技术人员的需求。

本书围绕电控柴油机的燃烧系统，重点论述电控柴油机总体要求、燃烧系统指标，详细介绍了进气系统、喷油系统、燃烧室和电控系统的匹配，论述了子系统的原理、方法、手段和结果。本书力求简明地体现柴油机新技术的特点，系统地阐述各种新技术的组成、工作原理和基本功能，使读者对电控柴油机燃烧系统有一个全面的认识。

本书由装甲兵工程学院王军副教授编写，全书由北京理工大学张幽彤教授审阅。在编写过程中，参考和引用了国内外有关论文、文献、教材，在此对这些作者表示衷心的感谢。由于编著者水平有限，书中难免有疏漏错误，恳请读者批评指正。

编著者

2016 年 6 月

目录

Contents

Chapter 1

第一章 绪　论

第一节　概　　述

一、电控柴油机

柴油机自问世以来，经过一百多年的发展，以其热效率高、经济性好、可靠性高的优势，成为交通运输中主要的动力源。2013 年，国外汽车的生产量已达 5000 万辆，目前美国、日本、欧洲等发达国家的中重型载重汽车动力已全部采用柴油机，柴油机在轻型汽车和轿车上的应用上也呈现逐年递增的趋势（图 1-1）。2015 年，中国汽车的生产量达到 2450 万辆，柴油车占到 10%。未来汽车动力的发展呈柴油化的趋势日趋明朗。

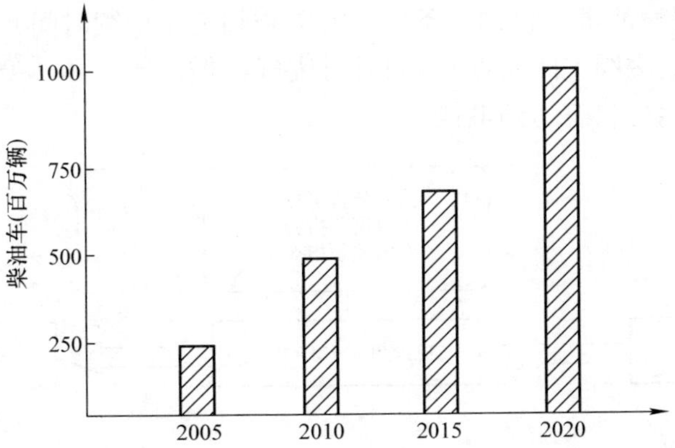

图 1-1　欧洲柴油机在乘用车动力中所占的比例增长趋势

随着柴油汽车数量的增加，柴油机有害排放物微粒（PM）和氮氧化物（NO_x）

给环境带来了巨大的污染，各国开始实行严格的排放法规。美国于2004年开始执行新的EPA排放法规，欧洲2009年实行了欧Ⅴ排放法规，中国于2010年起全面实施国Ⅳ排放标准，降低有害排放已成为柴油机研究中的首要任务。为满足日益严格的柴油机排放法规，柴油机燃烧组织和外围控制需要满足更高的要求。柴油机原有的机械调控系统已经无法满足新排放法规的要求。电子控制技术以其良好的快速性、灵活性和准确性，提高了柴油机的控制精度，将柴油机的燃烧系统参数调节到最佳，从而降低柴油机的排放。柴油机的电子控制技术（电控技术）是柴油机技术发展历程中的第三个“里程碑”。电控喷油技术是最先在柴油机上应用的，通过电子控制精确地调节喷油定时和喷油量，以获得良好的喷油效果。电控喷油技术已成为柴油机提高动力性、经济性和降低排放的主要手段。

电控柴油机是指采用电子控制燃油喷射及排放的柴油机。在机械柴油机中加入“相当于计算机中CPU”的电控单元（Electronic Control Unit，ECU），从柴油机的不同位置采集状态参数信号，再通过交互方式进行处理，电控单元精确地控制喷油过程，使柴油机在不同工况下良好运行。

电控系统是电控柴油机不同于机械柴油机的显著子系统。电控柴油机的电控系统由传感器、电控单元（ECU）和执行机构三部分组成，如图1-2所示。电控系统对进气部件、喷油系统以及其他部件进行电子控制，实现喷油参数或其他控制参数随柴油机工况的实时控制。电控系统通过转速、加速踏板位置、进气温度及进气压力、燃油温度、冷却液温度等传感器，将实时检测的柴油机状态参数同时输入电控单元（ECU）；查找储存的设定喷油参数表（MAP）中参数值，经过计算按照最佳值或计算后的目标值，把指令送到执行器，执行器根据电控单元（ECU）指令控制喷油量（供油齿条位置或电磁阀关闭持续时间）和喷油正时（正时控制阀开闭或电磁阀关闭始点），同时对废气再循环阀、预热塞等执行机构进行控制，使柴油机运行状态达到最佳。

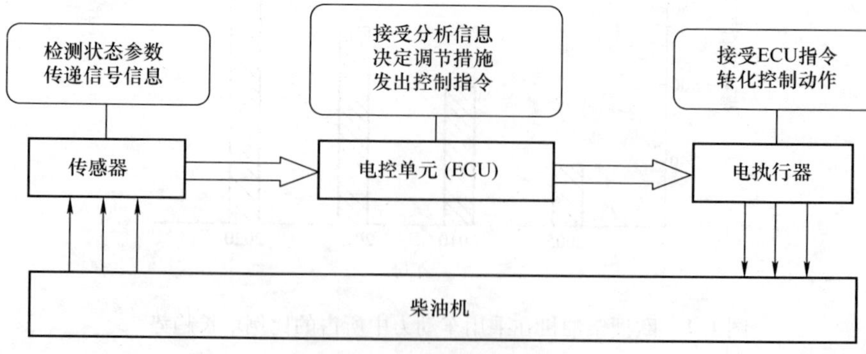

图1-2 柴油机电控系统

与机械柴油机相比，由于电控系统的加入和调控，使电控柴油机具有显著的优势：

1）良好的适应性。实现了燃油喷射系统、增压系统和排放系统的单一控制或多个控制，能够灵活地调节喷油压力和精确控制喷油参数，使柴油机运行良好。当外界温度较低时，电控单元（ECU）可控制一个进气加热器来加热柴油机进气，提高冷起动能力，改善低温运行性能。

2）更高的可靠性。由于柴油机运行状态参数是实时采集的，能够及时发现柴油机的运行故障，便于及时处理和应对。此外故障码指示使维修更为便捷，具有良好的维修性。

3）最佳的运行模式。最佳运行模式是指根据用户使用要求的不同，自由选择柴油机的运行模式，如经济性运行模式、低排放运行模式和低负荷运行模式，保证发动机运行在最优状态。

4）全面的故障监控。故障监控能保证在线检测各缸负荷，并确保各缸的负荷均匀分布，防止柴油机发生超负荷；在故障发生前，能够提前报警，并启动应急处理程序。电控柴油机具有更好的保护功能：它在运行过程中，当关键参数出现一段时间异常后（通常约几秒钟），就会自动降低转矩和转速，并点亮报警灯；当出现严重问题时，如果设定了停机保护功能，将会自动停机，并点亮停机灯。

5）良好的协调配合。第一，电控柴油机可以准确地按照路况、载重量等外部情况，自动决定喷油量和喷油定时等参数，还可以同变速器、防抱死制动系统（ABS）等部件相互配合，实现信号传输和信息共享，使柴油机保持在最佳工作状态；第二，电控柴油机还具有柴油机保护、故障自诊断、传感器保护等多项功能；此外，还具有舒适驾驶的各种功能，如巡航功能，当驾驶人松开加速踏板时，车辆可按驾驶人设定的车速行驶，实行柴油机自动控制。

电控柴油机的发展受外因和内因两方面的作用。外部因素，如石油资源的日渐减少引起的能源危机、有害排放给环境带来巨大污染，为电控柴油机的应用开辟了广阔的市场空间；内部因素是柴油机自身要求技术更新，电子技术和控制技术的飞速发展为柴油机的电控化提供技术基础，成为柴油机发展的技术保障。电控技术大幅度地降低了柴油机的振动、噪声，更好地彰显柴油机经济性好、动力性好的优点，使电控柴油机广泛应用于船舶、发电装置、工程机械、车辆的动力方面。

二、燃烧系统

柴油机燃烧系统将柴油的化学能通过燃烧转变为热能。柴油通过喷油器以液态雾状喷入燃烧室，与空气混合形成混合气，在燃烧室内高温自行着火，形成燃烧过程。油气混合气的质量和燃烧过程的好坏直接影响柴油机的性能指标。机械柴油机的燃烧系统是指为组织油气混合气形成和燃烧，在结构和控制上所采取的各种措施的综合，具体为柴油机的燃油供油系统、进排气系统、燃烧室，简称为“油、气、室”。油气混合质量取决于燃烧室、喷油器和进气三者之间的合理匹配。在柴油机上引入电控喷油系统或电控进气系统后，合理组织燃烧是电控柴油机获得良好性能的基础，因此电控柴油机燃烧系统包括燃烧室、燃油供给系统、进排气系统以及电控系统。提高柴油机性能是柴油机发展的目标，子系统的结构和参数匹配是实现柴油机最佳性能的基础，燃烧系统的匹配就是要实现各子系统的结构和参数合理优化匹配。

为获得均匀的混合气和良好的燃烧品质，合理选择柴油机燃烧系统的形式和参数极为重要。柴油机燃烧系统参数一般有结构参数和运行参数，燃烧系统结构参数涉及喷油系统、进气系统、燃烧室和电控系统等各子系统。各子系统有许多具体的影响因素，分别见表 1-1 ~ 表 1-4。

表 1-1　燃油供给系因素

名称	部　件	因　素
喷油器	安装	安装角、伸出量、偏移量
	喷孔	喷孔直径、喷孔数和锥角，孔的布置
	喷油压力	初压力、峰值压力
	油束	贯穿距离、贯穿率、落点
	喷油	喷油提前角、喷油持续期
	喷嘴形式	P 型、S 型
喷油泵	形式	柱塞泵、分配泵、泵 - 喷嘴
	柱塞	柱塞直径
	供油量	最大循环供油量、循环喷油量

表 1-2　进气系因素

名称	部　件	因　素
进气	充量	充量系数、充气规律
	增压	增压比、中冷
	涡流	涡流比
	配气相位	进排气定时、重叠角、进气规律

表 1-3　燃烧室因素

名称	因　素	参　数
形式	类型	直喷、间喷式
	口型	直口、收口、敞口

（续）

名称	因　素	参　数
形式	中心底部	突起，突起形式和程度
	气门坑	是否有气门坑、坑深大小
结构	位置	燃烧室偏移量、顶隙
	口径	面容比
	深度、中心高	口径比、径深比

表 1-4　电控系统因素

名称	因　素	参　数
形式	芯片类型	CPU 总线频率、管脚数目
	输入电路	电压值、电流值
	输出电路	功率放大值
	通信方式	通信速度、传输量
	存储类型	容量
性能	可靠性	信号正确率、功耗、发热量、电磁兼容性、无故障时间、电气故障

燃油供给系统、进气系统和燃烧室的各参数既不是越大越好，也不是越小越好，而是存在一个最佳值，与此最佳值对应的其他参数也随之不同。在某一工况下，参数的最佳值满足柴油机的某些性能要求，而对于其他工况，不能使柴油机的性能最佳。

燃烧系统运行参数是指电控系统采集和控制的柴油机参数，这些参数只能根据具体情况寻求最佳的匹配。所以采用统筹兼顾而取折中值，不仅要在油、气、室结构参数匹配的基础上，结合柴油机常用工况确定控制参数，而且要与柴油机使用环境状况相匹配，如在高海拔、低温、高温、高湿度的环境下确定控制参数。

第二节　电控柴油机发展

一、国外发展

柴油机在其诞生的一百多年中发生了巨大的变化，经历两个时期发展。第一个时期是 1896～1980 年的机械柴油机发展壮大期。柴油机不断完善燃烧系统，提高功率和扩大应用范围，典型代表是高压喷油泵技术、增压器技术。第二个时期是 1980 年至今的电控柴油机发展壮大期。电子控制技术应用于柴油机，使得柴油机焕发了新的活力，典型代表是辅助系统电控化技术、高压共轨喷油技术。在这两个时期内，柴油机在不同阶段上呈现不同的技术特征。

1）1882 ~1927 年为初级阶段。1882 年，德国人狄赛尔（Rudolf Diesel）提出了发动机压燃式工作原理，1896 年制成了第一台压燃式发动机，采用空气喷射系统将燃油吹入气缸，稳定工作时间不长，可靠性差。1923 年，德国 MAN 公司研制了 40hp（1hp = 0.735kW）、900r/min 的压燃式发动机，并装在 4t 货车上；1924 年，戴姆莱公司研制了空气喷射的 40hp、1000r/min 压燃式发动机，并装在公共汽车上，车速达到 23km/h。

2）1927 ~1970 年为壮大阶段。20 世纪 20 年代末期，德国博世（BOSCH）公司为解决燃油供给问题，研制了柴油机用直列式合成泵，从而使得柴油机小型化，在汽车上的应用迅速发展起来。在随后 20 多年中，德国曼公司（MAN）、奔驰公司（BENZ）、日本五十铃公司和日野公司陆续开发出直接喷油柴油机。20 世纪 50 年代，间歇控制泵喷射系统的柴油机已应用在轮船及货车上，这一时期的柴油机采用机械喷射系统，该系统主要由机械的喷油泵和喷油器组成，由于机械调速器和机械喷油提前器的控制精度低，反应不灵敏，这些机械装置虽然实现了对影响柴油机经济性和排放指标的主要参数的控制，但控制效果始终不能令人满意。

3）1970 ~1995 年为发展阶段。20 世纪 70 年代后的石油危机和汽车排放污染，使柴油机技术的发展既面临新的挑战，又得到了新的机遇。电控燃油喷射系统的出现，实现了燃油喷射系统喷射特性（喷油量、喷射定时和喷油率）随柴油机工况变化的动态优化，极大地降低了柴油机的有害排放物，改善了其经济性，提高了控制精度。对喷油泵或分配泵齿杆进行位置控制的喷油系统称为第一代电控喷油系统，对喷油泵或泵喷嘴实施时间控制的喷油系统称为第二代电控喷油系统。典型的第一代、第二代电控喷油系统分别见表 1-5 和表 1-6。德国博世（BOSCH）、日本杰克赛尔（Zexel）、美国 Stanadyne 等公司分别推出了基于不同设计理念的电控柴油喷射系统。在电控泵喷嘴系统研究方面，美国 Detroit 柴油机公司的 DDEC 系统、Cummins 公司的电控 P—T 系统、德国 BOSCH 公司的泵喷嘴系统都是较早研究成功的机械驱动式电控泵喷嘴系统。美国 BKM 公司，Catepillar 公司，日本 Komatsu 公司则研制了蓄压式电控泵喷嘴系统。国外研制的单体泵主要有德国 BOSCH 公司的电控单体泵（EUP）系统，其最高喷射压力可达 160MPa。

4）1995 年至今为电控柴油机繁荣阶段。一种全新的燃油喷射系统——共轨燃油喷射系统的应用，全面地提升了柴油机性能。电控共轨喷油系统不同于传统喷油系统，控制功能和参数大大增加，被称为第三代电控喷油系统。通过传感器检测柴油机的实际运行状态，经电控系统数据处理后，由相应执行器对喷油时间、喷油率和喷油量实现最佳控制，同时通过调整进入共轨管中的燃油量，实现对共轨管内的压力控制。日本电装公司的 ECD - U2 系统、意大利 Fiat 公司的 Unijet 系统、英国 Lucas Varity 公司的 LDCR 系统、德国 BOSCH 公司的轿车用 CR 系统等都属于电控共轨燃油喷射系统。典型的第三代电控喷油系统技术特征见表1-7。

表1-5　第一代电控喷油系统技术特征

形式	系统名称	喷油量控制	喷油定时控制
直列泵	COPEC（日本Zexel公司）	喷油泵齿杆位移控制	液压提前角控制
	EDR（德国BOSCH公司）	喷油泵齿杆位移控制	供油提前角控制
	PEEC（德国BOSCH公司）	喷油泵齿杆位移控制	改变凸轮相位
	TECS（日本Zexel公司）	齿条位移控制	控制套筒改变预行程
分配泵	ECD－V1（日本电装公司）	控制滑套位移	VE泵提前器
	EPIC（英国Lucas公司）	控制分配转子轴向位移	改变内凸轮环相位
	PCF（美国Standyne公司）	控制凸轮从动轴向位移	控制泵的提前器
	100型（美国AMBAC公司）	控制滑套位移	改变凸轮相位
	EDC（德国BOSCH公司）	电磁阀直接控制滑套	VE泵提前器

表1-6　第二代电控喷油系统技术特征

形式	系统名称	喷油量控制	喷油定时控制
喷油泵	MODEL－I（日本Zexel公司）	控制电磁阀关闭持续时间	控制电磁阀关闭时刻
	VP44（德国BOSCH公司）	控制电磁阀关闭持续时间	控制电磁阀关闭时刻
	DS（美国Standyne公司）	控制电磁阀关闭持续时间	控制电磁阀关闭时刻
	DDEC（美国底特律公司）	控制电磁阀关闭持续时间	控制电磁阀关闭时刻
	FM1012（德国道依茨公司）	控制电磁阀关闭持续时间	控制电磁阀关闭时刻
	EPIC（英国Lucas公司）	控制电磁阀关闭持续时间	控制电磁阀关闭时刻

表1-7　第三代电控喷油系统技术特征

系统名称	喷油量控制	喷油定时控制	压力调节
ECD－U2（日本电装公司）	控制电磁阀开启持续时间	液压提前角控制	出油量控制
CR（德国BOSCH公司）	控制电磁阀开启持续时间	供油提前角控制	变量控制油量
Sevojet（美国BKM公司）	压力调节器控制供油压力	改变凸轮相位	出油量控制
HEUI（美国Caterpillar公司）	控制阀喷油开始、关闭	套筒改变预行程	出油压力控制
EDC（德国BOSCH公司）	控制电磁阀开启持续时间	改变内凸轮环相位	—

德国BOSCH公司于1997年率先开始批量生产配有共轨燃油喷射系统的乘用车，当时博世和奔驰联合推出共轨技术的1.7L和2.2L排量的4气门直喷式新型柴油机应用在奔驰A、C、E级轿车上。BMW公司的小排量320型共轨柴油机被列入了Rover 75型汽车的320D发动机系列中，30D 6缸柴油机被誉为目前最精确优化的柴油机。德国MTU公司是世界上第一个批量生产共轨式喷油系统柴油机的生产

厂家，从1996年以来，共轨式喷油系统在其4000系列柴油机上得到了成功的应用，其新一代的2000CR柴油机采用了与4000系列柴油机不同的第三代共轨式燃油喷射系统。法国Renault VI公司是欧洲第一家所有货车柴油机均采用共轨喷射系统的制造商。

目前电控高压共轨喷射系统的发展趋势是更高的喷射压力（200MPa）、更小的喷孔直径（0.11~0.13mm）、更短的响应时间（0.1ms）、更低的功率消耗（压电晶体喷油器）和功能更完善的软件。

二、国内发展

国内电控柴油机的发展最早是从电控高压喷油系统的研究起步的。在电控泵喷嘴和电控单体泵系统研究方面，国内目前研究单位主要有清华大学、天津大学、上海交通大学、无锡油泵油嘴研究所、北京理工大学、北方发动机研究所、上海船用柴油机研究所等单位，主要从事系统开发、部件研制、控制算法、控制参数影响等方面的研究。

1980年初到1990年末，国内研究了第一代电控喷油系统，主要是电子调速器和电液供油提前器研究。北方发动机研究所和哈尔滨工程大学先后完成电子调速器的研究，并有产品投放市场，并应用到车辆上。

1990年末到2000年初，国内研究开始第二代、第三代电控喷油系统。表1-8列出了这些单位的研究成果。

表1-8 国内电控第二代、第三代电控喷油系统

单位	研究内容	成果
清华大学	电控直列泵管嘴系统	自主研制了高速电磁阀，早期的时间式电控喷油系统
无锡油泵油嘴研究所	电控共轨系统	国内第三代电控喷油系统，喷油压力与喷油量的调节不独立
天津大学	电控高压共轨喷油系统	共轨蓄压、规律可调的电控喷油系统，可预喷、快速断油
上海交通大学	GD-1高压共轨喷油系统	喷油压力、喷油定时、喷油量均可调节，具备其他功能
北京理工大学	电控蓄压共轨喷油系统	喷射压力130MPa，电控系统自主研发，完成50h考核

2000年以后，国内部分大学、研究所和企业通过合作或独立自主研发，取得了各具特色的研究成果，并有数十项专利公布。上海交通大学将GD-1型高压共

轨燃油喷射系统配装玉柴的6缸车用柴油机；北京理工大学也在进行高压共轨系统电控喷油器的研究，实现了高压喷射和高速电磁阀的驱动；无锡油泵油嘴研究所在EQB231柴油机上进行了高压共轨系统电控系统研制及匹配研究，研发的共轨系统已在无锡公交车投入使用；中国威孚公司在高压共轨系统供油泵方面进行了研究。2004年，清华大学和成都威特电喷有限责任公司合作开发了新型电控系统，推出外挂式电控组合式单体泵，可满足国内市场的大多数轻型和中型车用柴油机产品的配套要求。

2010年，我国实施了国Ⅳ柴油机排放标准。随着柴油机排放标准的提高，柴油机必须采用电控喷射系统。而国内电控系统的研制还处于研究试制阶段，离大批量生产还差距甚远，根本不能满足国内柴油机厂家的需求，因此国内柴油机厂家加紧开发电控燃油喷射柴油机。由于自己不掌握电控燃油喷射技术，只能采用引进、合资、委托开发或联合开发的方法。国内骨干柴油机厂家都已开发出一种或多种达到国Ⅲ排放标准的电控燃油喷射柴油机，而第三种方式能使国内柴油机企业参加开发过程并拥有自主知识产权。当然，这些电控柴油机无一例外地都采用德国博世公司（BOSCH）、美国德尔福公司（Delphi）或日本电装公司（Denso）的电控喷油系统，见表1-9。

表1-9 国产国Ⅲ系列电控柴油机

发动机型号	排放标准	缸径×行程/mm×mm	装备车型	生产厂家	电控喷油系统
CA6DE3、BF6M1013	欧Ⅲ	92×100	一汽轻型华凯自卸车CA系列	大连柴油机分公司	BOSCH单体泵
CY4B39Tie	欧Ⅲ	108×112	江淮1063系列	东风朝阳柴油机公司	NY单体泵
QD32旷野风影系列	欧Ⅱ、欧Ⅲ	110×112	丹东曙光奥龙和郑州日产P27皮卡	东风朝阳柴油机公司	采用涡流室技术
蓝擎系列WP10、WP12	欧Ⅲ	112×132	福田欧曼、济南公交	潍坊柴油机公司	BOSCH共轨
CA4DL系列6CK、6DL系列	欧Ⅲ	105×125	解放奥威重卡	无锡柴油机厂	Denso共轨
YC6L系列	欧Ⅳ	108×132	东风中型货车	玉林柴油机股份有限公司	BOSCH共轨/NY单体泵
YC4W系列	欧Ⅳ	112×132	江淮格尔发、红岩	玉林柴油机公司	美国DCR共轨（Delphi）

（续）

发动机型号	排放标准	缸径×行程/mm×mm	装备车型	生产厂家	电控喷油系统
SC9DF9L	欧Ⅲ	113×140	红岩斯太尔重型载货车牵引车	上海柴油机股份有限公司	Denso 共轨
YC6A 系列	8.424	113×140	北汽福田自卸车BJ32 系列	云内动力股份公司	BOSCH 单体泵
YC6M 系列	9.839	120×145	东风重型牵引车	扬州柴油机厂	新风共轨

在国内单体泵喷油系统研究方面，亚新科南岳、成都威特等公司已有自己成熟的电控单体泵产品投放市场。国产 CA6DE3 系列欧Ⅲ标准柴油机采用了电控单体泵技术，提高了经济性和可靠性。玉林柴油机有限公司的多款柴油机都采用电控系统，见表 1-10。

表 1-10　玉柴国Ⅲ系列柴油机型谱（9 大系列）

型号	排量/L	缸径/mm × 行程/mm	功率/PS［转速/(r/min)］	转矩/N·m［转速/(r/min)］	电控喷油系统
YC4F 系列	2.66	92×100	90～115［3200］	220～300［1600～2400］	Delphi 共轨/BOSCH 共轨
YC4D 系列	4.102	108×112	120～140［2800］	380～450［1400～1800］	NY 单体泵
YC4E 系列	4.257	110×112	140～180［2500］	500～630［≤1600］	BOSCH 共轨/单体泵
YC4G 系列	5.202	112×132	180～220［2300］	660～840［≤1400］	Delphi 单体泵/BOSCH 共轨
YC6J 系列	6.49	105×125	160～270［2500］	550～950［1200～1700］	BOSCH 共轨/NY 单体泵
YC6A 系列	7.26	108×132	240～280［2300］	900～1100［1400～1600］	BOSCH 共轨/NY 单体泵
YC6G 系列	7.8	112×132	240～270［2200］	950～1080［1200～1500］	WIT 单体泵/BOSCH 共轨
YC6L 系列	8.424	113×140	240～350［2200］	950～1400［≤1400］	BOSCH 共轨/NY 单体泵
YC6M 系列	9.839	120×145	290～390［2100］	1200～1680［≤1600］	BOSCH 共轨/WIT 单体泵

Chapter 2

第二章 燃烧系统总体匹配

第一节　电控柴油机开发

一、电控柴油机的开发目标

在柴油机发展的一百多年中，我国已引进和生产了多种柴油机，20 世纪 50 年代从前苏联引进的 150 系列柴油机、70 年代从五十铃公司引进的 493 系列发动机，2000 年以后引进了德国道依茨发动机 1015L。经过技术的不断改进和革新，机械柴油机的动力性和可靠性不断提高，引进机国产化已达到 60%，如 PA6－280STC 柴油机、MYU956 柴油机。MTU396 柴油机国产化率高达 80%。自主研发的 240 系列柴油机、H190 系列柴油机，也在不断提高柴油机的升功率，但柴油机的噪声、振动较大，炭烟与颗粒排放比较严重。机械柴油机技术参数见表 2-1。

表 2-1　机械柴油机技术参数

机型	D /mm	S /mm	n /(r/min)	P_{max} /MPa	P_e /MPa	C_m /(m/s)	g_e /[g/(kW·h)]
150ZC－2	150	180	1940	0.85	11.64	9.89	238
MTU396T	165	185	1500	1.73	9.25	15.95	201
TBD604B	170	195	1800	1.58	11.7	18.48	210
H190	190	210	1500	2.05	10.5	21.52	209
240ZJE	240	275	1000	15	2.2	9.17	204
280ZJE	280	285	1000	16.0	9.3	5.35	208
300ZJC	300	380	600	12.75	2.55	7.7	204

目前机械柴油机升功率最高达到 20kW/L，平均有效压力 1.8MPa，最大气缸爆发压力在 16MPa 以下，标定功率有效燃油效率为 220g/(kW·h)，排放物水平只能满足欧Ⅱ排放标准，其他性能指标见表 2-2。

表 2-2 机械柴油机的性能指标

指标类型	指标	数值
动力性	升功率	10 ~ 20kW/L
	转矩储备系数	1.1 ~ 1.3
	平均有效压力	0.7 ~ 1.8MPa
经济性	机油消耗率	1L/1000km
	最低燃油耗	245g/(kW·h)
	标定功率油耗	210 ~ 220g/(kW·h)
排放性	微粒(PM)	>0.35g/(kW·h)
	氮氧化物(NO_x)	>8 ~ 10g/(kW·h)
可靠性	无故障间隔期	500h
	大修期	1200 ~ 5000h
噪声	全负荷工况	85 ~ 100dB
	部分负荷工况	76dB

国外大功率柴油机以高强化度为特征。强化度指标有平均有效压力 P_e、活塞平均速度 C_m。其中提高平均有效压力是提高柴油机功率密度的主要措施。提高措施涉及许多方面，是一个总体优化工程，主要关键技术是提高增压度、采用高压喷射、优化燃烧过程，以造成高增压压力（0.5MPa）、高喷射压力（180MPa）、高爆发压力（20MPa）的“三高”柴油机。典型的大功率柴油机技术参数见表 2-3。

表 2-3 国外大功率柴油机技术参数

机型	D /mm	S /mm	n /(r/min)	P_{max} /MPa	P_e /MPa	C_m /(m/s)	g_e /[g/(kW·h)]
MTU4000	165	190	1500	20	2.3	13.90	218
MTU595T	190	210	1800	18	3.2	12.74	215
MTU1163	230	280	1300	18	11.7	18.48	210
MAK20	200	280	1000	18.5	2.44	9.33	200
MAN21	210	310	1000	20.2	2.36	10.33	230
CAT3618	265	330	1050	16	2.27	11.55	195
PK280JE	280	330	1000	18	2.65	11.35	190

对机械柴油机的改进主要在输入（燃油供给系统、进气）和输出（排气），采用先进的进气技术、喷油技术和电控技术，提高机械柴油机的动力性、经济性和可靠性。在机械柴油机上采用多项电控技术，如电控高压共轨喷油、涡轮增压中冷等技术。电控柴油机燃烧系统指标见表 2-4，有效地克服了柴油机原有的缺点，

与包括汽油机在内的所有热力发动机相比，柴油机在节能与低二氧化碳（CO_2）排放方面具有明显的优势。小型高速电控柴油发动机排放已经达到欧Ⅴ标准，成为“绿色发动机”。

表 2-4 电控柴油机燃烧系统指标

部件/系统	指标	数值
燃油供给系统	最高喷射压力	135 ~ 250MPa 及以上
	平均喷射压力	> 100MPa
	喷射定时、喷射量、喷射压力	可调
	喷射次数	> 3
进气系统	涡流比	2. 0 ~ 3. 0
	流量系数	0. 37
	可变升程、可变涡流	选一
燃烧室	口径比	> 0. 5
	径深比	3
	压缩比	16 ~ 17

具有先进技术的电控柴油机转速可达到 4200r/min，升功率可达 30 ~ 50kW/L，转矩储备系数可达到 0. 35 以上；最低燃油耗可达到 198g/(kW · h)，标定功率油耗可达到 204g/(kW · h)；柴油机的微粒（PM）、氮氧化物（NO_x）排放标准满足欧Ⅳ排放标准，具有达到欧Ⅴ排放标准的潜力；无故障时间达到 1000h，零件更换率达到 10%。开发技术先进的电控柴油机是提高我国柴油机水平的必由之路，适合我国国情的电控柴油机配置为：涡轮增压、电控高压共轨喷油系统和排气后处理器（氮氧化物净化或微粒过滤器）。

二、电控柴油机的开发规范

电控柴油机开发是一项复杂的系统工程，涉及多学科和多任务的调度，必须按照一定的科学方法来实施。电控柴油机开发必须遵循的规范有：

1）由柴油机制造厂或用户提出柴油机的用途、功能、种类、使用环境和工况要求，确定匹配柴油机的基本性能参数和安装布置。

2）根据柴油机配套书的要求，对柴油机的性能、结构、可靠性、经济性、排放性和噪声法规等进行综合分析，进行喷油系统基本选型，确定喷油系统的初步方案（结构形式和技术参数）。

3）运用经验估算法初步确定喷油系统匹配参数的选择范围。在有条件的情况下，还应进行喷油特性、柴油机性能和排放的模拟计算，分析、评价各种喷油系统参数对柴油机工作过程的影响，更好地确定匹配参数的取值范围。

4）根据技术协议，进行喷油系统总体布置和方案设计。对设计、改进方案进行设计评审，以确定总体方案，并提出总体布置图。

5）根据总体方案，开展各零部件技术设计，并经工艺、标准等部门会审后进行样品试制。试制样品必须经过全面计量、检测，满足图样要求才能进入下述试验流程。

6）对试制的样品进行性能和可靠性试验，制订试验规范。

对试制的关键部件样品进行台架试验，检验其性能和可靠性，如喷油器样品。在喷油泵试验台上，首先进行性能试验，检查基本油量、功能能否满足要求，测量喷油压力、针阀升程、喷油规律、喷油持续期、喷雾性能等；其次进行可靠性试验，试验结果应达到技术协议书的要求，并符合有关标准规定；最后进行喷油器样品配试，并按照有关汽车、柴油机标准进行定型试验和典型用户使用试验。柴油机厂把配套、定型试验和典型用户使用试验的结果反馈给油泵厂家，油泵油嘴厂根据需方反馈的问题进行改进，并载入图样技术文件。改进后的喷油器经小批生产验证，投入批量生产并供货。

7）按照组装和调试工艺规程，进行各系统和部件的组装调试。

8）按照柴油机性能试验国家标准，完成电控柴油机台架性能试验，进行性能指标评价。

9）按照柴油机可靠性试验国家标准，完成电控柴油机可靠性试验。

电控柴油机工程设计步骤：首先选定合适的电控喷油系统，然后根据电控喷油系统的结构进行发动机的进气系统设计，以及辅助系统冷却、润滑、起动系统的匹配。国外电控柴油机设计基本是按照此做法，国内除了少数新机型采用与国外相同的做法，大多数柴油机电控化匹配是在现有的柴油机上替换原有的喷油系统，如用电控单体泵（EUP）、电控泵喷嘴（EUI）替换原有的直列泵喷油系统，不对发动机布置和主要部件做重大改动，如柴油机的其他部分：进气系统、燃烧系统等辅助系统，机械控制部分、本体部分。要选择实用性好、能满足多数轻型和重型车用柴油机的电控喷油系统，应满足以下要求：

1）满足欧Ⅳ、欧Ⅴ排放法规的基本技术指标。

2）具有成功经验。

3）高压泵外形尺寸与机械接口与传统直列泵相似。

4）价格便宜。

5）电控系统标定过程相对简单。

6）喷油系统的维修条件相对不高。

第二节　燃烧系统匹配

一、燃烧系统的匹配目标

燃烧系统匹配目标是要解决电控柴油机性能问题（油耗、功率、转矩等）、排放问题、噪声振动问题、可靠性问题等。车用柴油机的性能和排放取决于喷油、进气和燃烧室（结构、形状和尺寸）三者之间的合理匹配。对于柴油机来说，各指标往往不可能同时为最佳值，一般要求注重某一方面的指标优化，所要匹配目标为下面的情况，要求喷油系统、进气系统和燃烧室的参数不一样。

1. 提高柴油机的动力性

柴油机的动力性是指柴油机的输出功率和转矩。高动力性和低油耗一直是柴油机强化和改进的主要目标，图 2-1 所示为近年来动力性逐年增长的趋势（数据来自丰田公司）。改善柴油机燃烧方面的措施主要有两大类：减少预混合燃烧和促进扩散燃烧。减少预混合燃烧是为了降低燃烧温度，缩短着火延迟时间。对于现有的燃烧系统而言，在喷油方面有不同的技术措施，如延迟喷射定时、引导喷射、控制喷射压力、控制喷油速率、小孔径喷孔等；在燃烧方式上，目前的低温燃烧、预混合燃烧和均质燃烧都是有效的新燃烧技术。促进扩散燃烧的目的是为了增加燃油与空气混合的程度，主要有提高燃油喷雾扩散度技术、优化燃烧室空气流动、提高进气量等措施。提高燃油喷雾扩散度是通过多孔喷嘴喷油器实现的，目前喷孔数目可达 16 孔，两层布置喷孔，两种不同的喷孔锥角；优化燃烧室空气流动是通过燃烧室结构优化改进，实现进气涡流比优化和可变；提高进气量措施是采用 4 气门布置，优化进排气道结构，增加进气量。

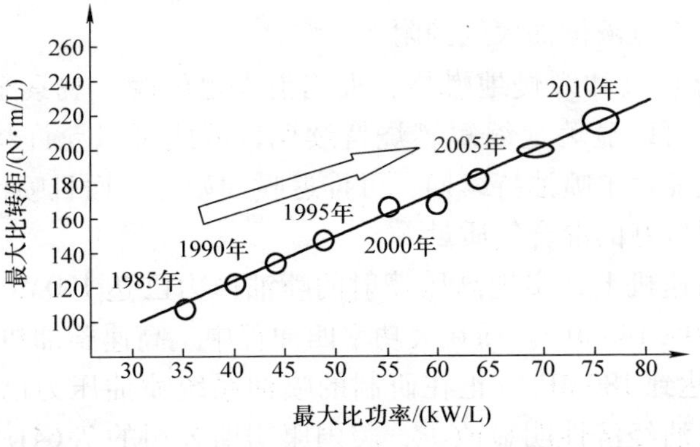

图 2-1　动力性逐年增长的趋势

燃油供给系统的性能对柴油机的混合气形成、燃烧过程的组织起着决定性的作用。喷油过程组织的好坏直接影响燃烧过程的组织与效果，对喷油的要求是高压喷油、可变的喷油量和喷射定时、可控喷射压力。高压喷射可以缩小喷射时间和喷孔直径，增加输出功率，喷油压力提高后喷孔处的喷油压差和喷注初速增加，喷注参加混合形成的能量增加，混合气速度和完善程度增加，使燃烧改善，空气利用率提高，油耗率降低，从而燃烧充分，经济性、动力性提高。

提高燃油喷射压力、实现高压喷油是近年来直喷式柴油机发展的趋势。无涡流或低涡流的高压、高速率喷油可减少气体流动损失，并可使喷油滞后，因此而获得良好的排放性能，又取得较好的燃油经济性。图 2-2 给出的两组照片是在相同条件下高压喷射（67MPa）与常规喷射（22MPa）时混合气形成和燃烧的高速纹影摄影。

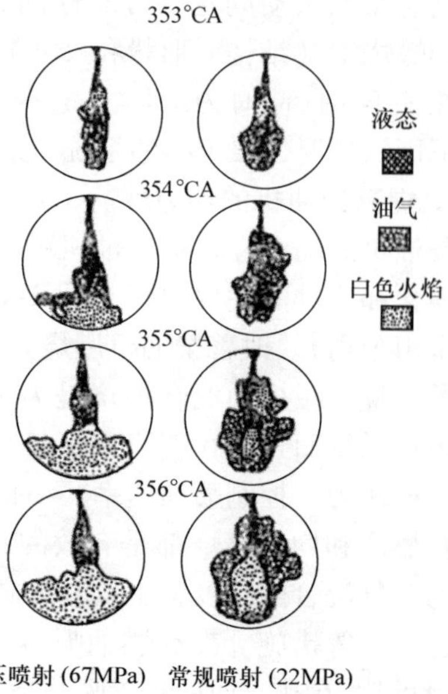

图 2-2 高压喷射与常规喷射的混合气形成和燃烧的高速纹影摄影

（喷射始点：上止点前 13℃A；喷油持续期：10℃A）

从图中可以明显看出两者间的差别。高压喷射的油束扩张角小，而其前锋速度约为常规喷射压力的两倍。高压喷射时油束雾化蒸发较快，液态燃料消失早。同时，油束的顶部贯穿距离也比较大，到达燃烧室壁较早。如两种喷射的喷油始点相同，并具有同样的着火延迟期，则在高压喷射情况下，在油束前锋大范围内急剧地开始燃烧；而在常规喷射情况下，仅在靠近液体油束外围附近充量的有限部分着火和缓慢地燃烧，火焰消失也较晚。观察全部摄下的照片，发现高压喷射系统可以显著地缩短燃烧持续期，因此可以允许将喷油正时推迟。高压喷射的效果是缩短了喷油持续期，可推迟喷油始点，而且喷油终了断油迅速，油粒较细，可获得较好的混合气质量。

目前在小型高速机上，实现高压喷射的喷油压力已达 100MPa 或 120MPa，美国的 PT 泵达到 120～140MPa。而在大功率四冲程中、高速柴油机上高压喷射压力已超过 120MPa，达到 180MPa，正在研制的喷油系统喷油压力已试验到 250MPa。高压喷射结果使燃油经济性明显改善，美国康明斯公司的 7.64L 六缸非增压柴油机，在转速 2000r/min 时，供油量保持不变，喷油压力从 50MPa 提高到 100MPa 后，燃油消耗率可降低 5%。

2. 降低柴油机的排放

柴油机排放物有炭烟、微粒、氮氧化物，应满足现行的柴油机排放标准，具有满足更高一级的排放标准的潜力。图 2-3 所示为柴油机不同欧洲排放标准的微粒（PM）、氮氧化物（NO_x）限值。从图中可以看出：从欧Ⅱ到欧ⅢPM 允许值降低达到 33%；欧Ⅲ到欧ⅣPM 允许值降低大约 80%，欧Ⅳ和欧Ⅴ的 PM 排放极限值为 0. 02g/(kW · h)。然而，2008 年生效的欧Ⅴ标准，还规定 NO_x 排放比欧Ⅳ降低 43%，而欧Ⅳ相对欧Ⅲ已降低了 30%。显然，这两个标准总共降低 NO_x 排放达到 73%。柴油机满足欧Ⅲ及欧Ⅳ以上排放标准的技术手段如图 2-4 所示，降低柴油机排放的技术措施见表 2-5。

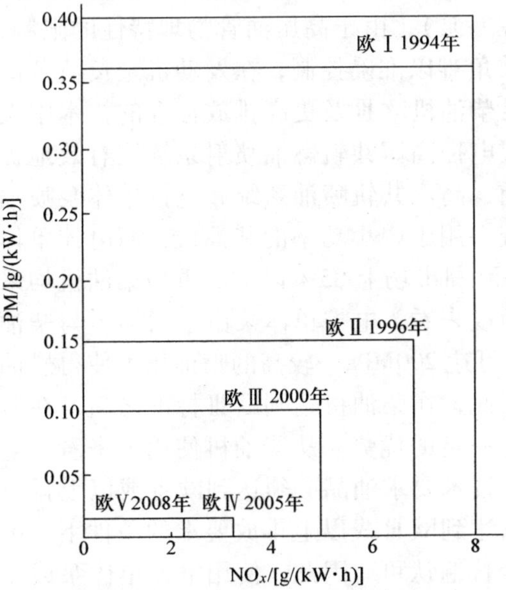

图 2-3 欧盟柴油机排放标准限制

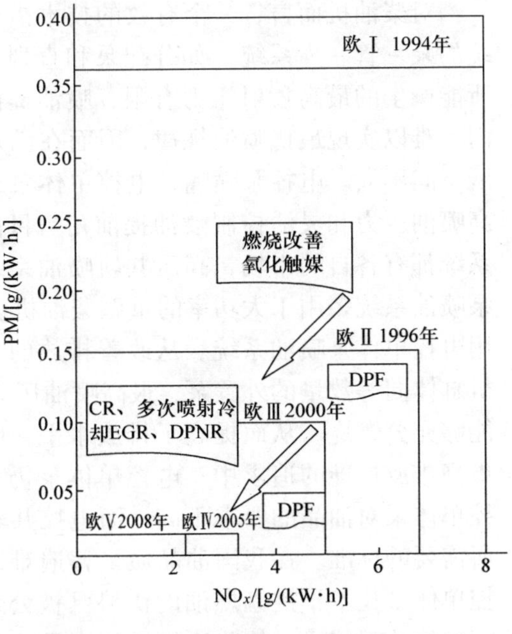

图 2-4 满足各排放标准的技术手段

表 2-5 降低柴油机排放的技术措施

类别	项目	具体内容
燃烧	高压喷射	超高压喷油泵、共轨喷油系统、泵喷嘴
	控制喷油率	双弹簧喷油器、多段喷射
	燃烧室	四角形、ω形、深盆形
	绝热化、隔热化	1. 1 ~ 1. 3
	高压比	改善发动机冷起动性能，抑制白烟、蓝烟
	废气再循环	可控 EGR、可选择水或 CO_2 的 EGR
	增压	中冷增压、可变喷嘴增压、新型增压系统

（续）

类别	项目	具体内容
燃料	低硫燃料	提高氧化催化剂的活性，降低 PM
	含氧燃料	乙二醇、碳酸二甲基
	合成燃料	燃料品质改良
	清洁燃料	氢气、压缩天然气、液化石油气
后处理	微粒（PM）	DPF（颗粒滤清器）
	氮氧化物（NO_x）	NO_x催化还原器

对柴油机而言，一个有效的技术措施是提高喷油压力、优化喷油提前角。传统的泵－管－嘴系统（如分配泵和直列柱塞泵），由于高压油管物理特性的限制，所能产生的最高喷射压力有限，喷油提前角难以准确控制，在发动机全负荷范围内，难以实现最优喷油规律，因而在满足柴油机欧Ⅲ及更高排放标准的技术中发展空间不大。电控泵喷嘴、电控单体泵或电控高压共轨燃油喷射系统能有效地提高喷油压力和灵活控制喷油提前角。目前，高压共轨喷油系统和电控单体泵喷油系统都有各自的市场，高压共轨喷油系统多用于中小功率的柴油机，而电控单体泵喷油系统多用于大功率的重型柴油机。欧洲市场上 85% 以上的重型柴油机均采用电控单体泵喷油系统。从改善排放的角度来看，电控单体泵由于增加了与柴油机缸体同等数量的外置泵，最高喷油压力可达 200MPa。较高的喷油压力使得燃油能够充分燃烧，从而提高了排放水平。因此，在柴油机达到欧Ⅲ标准之后，在对更高排放标准的追求中，电控单体泵仍有一定的优势。从柴油机使用上来看，电控单体泵对油品的要求不高，而电控共轨技术要求油品必须达到欧Ⅲ或以上排放所需要的标准。在我国油品质量普遍难以达到欧Ⅲ或以上排放要求的条件下，电控单体泵技术不挑剔燃油的优势已被公众普遍认可。因此，使用电控单体泵或泵喷嘴喷油系统，可使柴油机排放满足欧Ⅲ标准，采用共轨式喷油系统能使柴油机排放满足欧Ⅳ标准。

当喷油定时灵活控制时，对于不同指标的最佳喷油提前角是不一样的，如兼顾经济性的最佳喷油提前角，对考虑排放指标的喷油提前角不一定是最佳的，因此优化喷油提前角是降低柴油机排放的关键之一。喷油提前角 θ 和喷油持续角 ϕ 对滞燃期、燃烧持续期、预混合燃烧喷油量、扩散燃烧喷油量等燃烧过程特征量影响显著，因而对 NO_x 排放浓度影响比较大。图 2-5 所示为 NO_x 排放浓度与喷油提前角 θ 的关系。喷油提前角减小会使滞燃期缩短，参加预混合燃烧的油量减少，扩散燃烧的油量增加，导致缸内最高燃烧温度和压力下降，NO_x 排放浓度下降。图 2-6 所示为 NO_x 排放浓度与喷油持续角 ϕ 的关系。喷油持续期短，喷油速率大，参加预混合燃烧的油量增加，导致缸内最高燃烧温度和压力上升，NO_x 排放浓度增加。

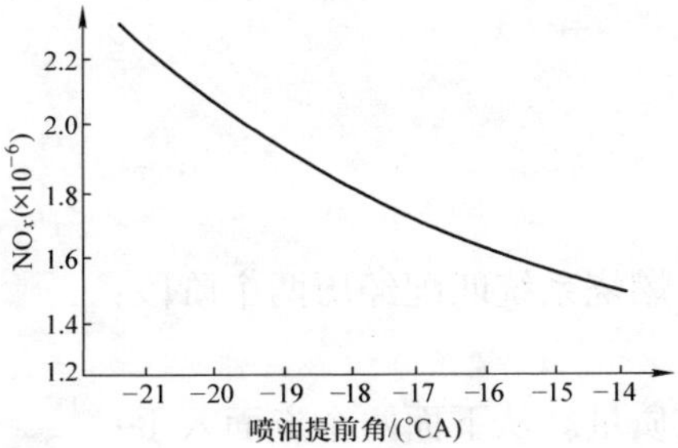

图 2-5　NO_x 排放浓度与喷油提前角 θ 的关系

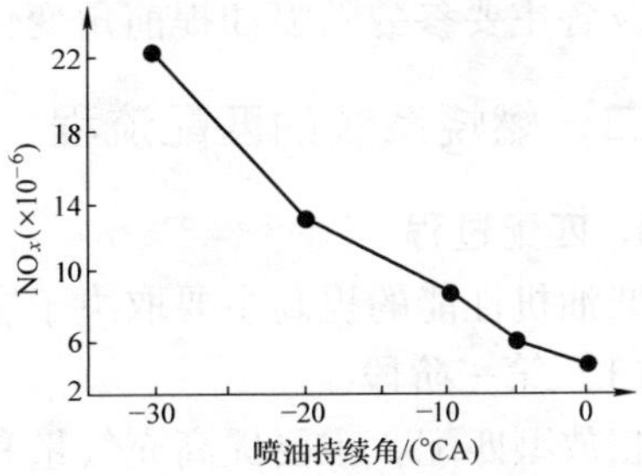

图 2-6　NO_x 排放浓度与喷油持续角 ϕ 的关系

3. 降低柴油机的噪声

柴油机机械振动不仅与柴油机结构设计相关，而且与喷油系统的喷油压力息息相关。柴油机噪声包括机械噪声和燃烧噪声两种。喷油压力对燃烧噪声的影响通过两个方面体现出来。首先，在其他条件相同的情况下，喷油压力提高，则喷油速率提高，滞燃期内喷入的燃油量也随之提高；其次，高压喷射使燃油与空气的混合得到改善，特别是在空间雾化燃烧系统直喷式柴油机中可使滞燃期内可燃混合气量增加，使燃烧噪声加剧。

当柴油机喷油提前角变化时，滞燃期、最高爆发压力和平均压力升高率均随之发生变化，对燃烧噪声有一定影响。图 2-7 是缸径 150mm 的 6 缸四冲程柴油机噪

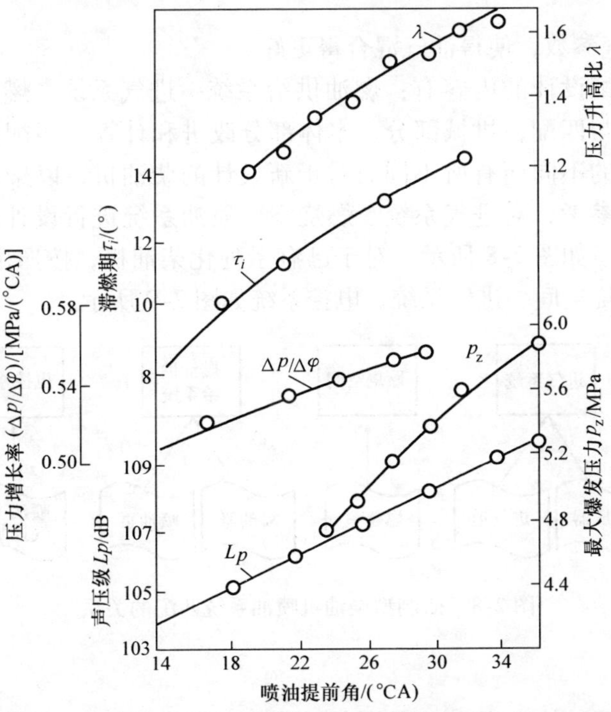

图 2-7　柴油机噪声以及各主要参数随喷油提前角的变化关系

声以及各主要参数随喷油提前角变化的关系。

二、燃烧系统的匹配流程

1. 匹配过程

柴油机性能的提高主要取决于燃烧系统。燃烧系统匹配经历两个阶段：

（1）第一阶段

粗放型匹配，主要提高充气量和喷油雾化质量。从下面两个方面入手：

1）由于充气效率（如增压器、发动机容积效率、中冷器和容量）提高，使空气流量增加。

2）由于喷油系统（喷油压力、喷射速率和喷嘴流量）改进，提高了燃油雾化质量。

在空燃比和喷油持续期相同的情况下，可以提高柴油机性能。然而，当几何压缩比保持不变时，会使最高爆发压力增加。

（2）第二阶段

精细型匹配，进行结构参数优化以及与进气匹配优化。从以下三个方面进行：

1）燃烧室设计的精细优化，包括活塞顶凹坑的形状和气门凹坑深度。

2）喷油系统的先进技术和精细优化，包括喷孔数、喷嘴的内部结构和喷孔设计。

3）改善进气参数，使得油气混合得更好。

燃烧系统匹配设计的内容有：燃油供给系统、进气系统、燃烧室、电控系统等辅助系统设计与匹配，机械部分、本体部分改进和计算。匹配的顺序因新设计和系列成熟机型的不同而有所不同。对于新设计的柴油机，以柴油机燃烧模拟和性能模拟结果为参考，对进气系统、燃烧室、喷油系统进行设计或改进，各部分为平行并列关系，如图 2-8 所示。对于已有系列化柴油机，按照由内到外的顺序，由喷油系统到燃烧空间、进气系统、电控系统如图 2-9 所示。

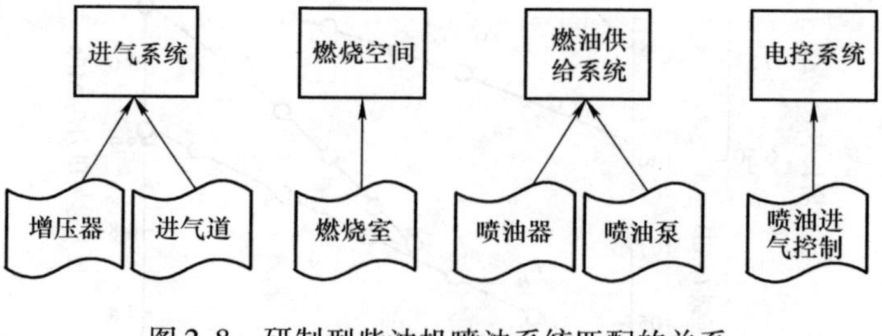

图 2-8　研制型柴油机喷油系统匹配的关系

2. 匹配步骤

为了提高匹配的技术水平，现代车用柴油机燃烧系统的匹配必须依据科学合理的开发流程进行，必须遵循规范的步骤：制定总体方案和总体参数→提出系统技术方案和系统参数→细化部件技术方案和部件参数→性能模拟→优化方案→匹配试验。

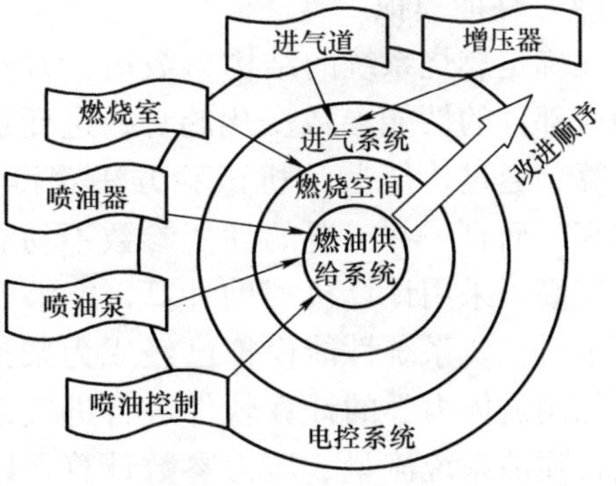

图 2-9　改进型柴油机喷油系统匹配的关系

（1）制定总体方案和总体参数

1）由柴油机的用途、功能、种类、使用环境和工况，确定所匹配的燃烧系统基本性能参数和方案布置。

2）根据柴油机配套书的要求，对燃烧系统的性能、结构、可靠性、经济性等进行综合分析，进行各子系统基本选型，确定各子系统的结构形式和技术参数。

（2）提出系统技术方案和系统参数

1）运用经验估算法初步确定喷油系统匹配参数的选择范围，在有条件情况下还应进行喷油过程（喷油特性）以及柴油机工作过程（性能和排放）的模拟计算，对各种喷油系统参数对柴油机工作过程的影响做出分析、评价，更好地确定匹配参数的取值或取值范围。

2）根据技术协议，进行各子系统总体布置和方案设计。对设计、改进方案进行设计评审以确定总体方案，并提供方案图。

（3）细化部件技术方案和部件参数

1）部件选型。针对燃烧系统组成，对进气系统、喷油系统、燃烧室和电控系统的形式、功能、优缺点进行对比，选用子系统或装置的参数。首先考虑选用何种形式（结构）的系统；其次，考察其工作能力（单缸功率、许用转速、喷射压力等）。

2）部件功能开发。为了满足某种特定的功能要求，需要开发新结构的进气系统、喷油系统或增加新的功能。

3）部件参数选择。在进气系统、喷油系统、燃烧室的选型和功能确定后，需要对燃油系统的具体匹配参数做出合理的选择，然后进行试制和匹配试验。

4）设计计算。在选择燃烧系统的基本参数后，对各子系统的主要部件进行性能和结构参数计算，校核部件结构尺寸和形式，不同辅助系统中部件计算参数要求不一，如喷油系统中喷油泵供油量，喷油器的喷油压力、喷油量，以及低压供油系统中齿轮泵流量、压力，粗、细滤清器的滤清精度；进气系统中进气压力、流量以及涡流比，进气道形式等；燃烧室结构参数以及容积，油束基本参数和燃烧室内流场分布等。

（4）性能模拟

在确定燃烧系统的结构参数后，对各子系统的性能参数计算，分析各子系统和相应部件的性能参数变化趋势，进而进行油、气、室耦合成一个综合系统的性能计算，通过传统柴油机试验方法获得性能参数变化曲线，不仅试验工作量大、成本高，而且一些工况的性能参数不易获得。除此之外，对试验仪器和设备精度要求较高。采用计算机辅助计算，能够有效地降低性能参数的计算成本。利用计算机进行燃烧系统性能模拟已经成为柴油机研究和辅助系统匹配计算中的主要手段，如用流体力学的计算软件进行进气系统流场模拟计算，用液压系统的计算软件进行喷油系统流量、压力参数计算，以及燃烧室结构参数和容积，油束基本参数和燃烧室内流场分布的计算等。

（5）优化方案

对比模拟计算和实验验证的情况，根据柴油机的动力性和排放性的目标，采用优化算法，求出满足约束条件的各种结构参数，确定比较合理、功效适中的优化方案。

由于柴油机燃烧的非线性，根据优化方法求出的优化方案，需要在柴油机验证对比试验下调整参数，对优化方案进行修正，进而获得实用的优化方案。

（6）匹配试验

1）对试制的样品进行性能开发和可靠性开发，制订试验规范。

2）各子系统样品试配，并按照有关汽车、柴油机标准进行定型试验和典型用户使用试验。

第三节　匹配方法

一、参数匹配方法

1. 参数选择方法

燃烧系统的参数多且参数之间影响大，确定合适的参数是燃烧系统匹配的核心，不同的方法有不同的应用场合和结果，选择燃烧系统参数的方法有以下五种：

1）经验设计方法。完全凭经验初步设计出一套喷油系统参数和结构，有多种方案。

2）经验估算方法。根据经验公式估算出喷油系统的主要参数及其取值范围。

3）图表法。通过查图表的办法来选择燃油系统匹配参数。这种方法通常是建立在大量单缸试验研究的基础上的。人们把单缸试验研究得到的一些规律总结成经验图表供查阅。

4）模拟计算法。该方法是一种现代化的计算研究方法，建立在现代电子计算技术的进步和内燃机性能研究十分深入的基础上的，该方法与传统方法相比具有显著的优越性和合理性。但是一般的模拟计算方法纯粹是一种计算和预测，并不涉及这组综合性能参数相互搭配的最优性，即使变更某些参数多计算几个方案，也只是比较选优，而不是最优。

5）模拟优化法。这种方法将模拟计算与优化方法结合起来，按照某种技术和准则，寻找那些使柴油机性能、排放或其他指标达到最优的一组设计和参数。模拟计算的精确性是实现优化的先决条件。

2. 匹配手段

由于燃烧系统的匹配参数超过燃烧匹配参数总和的一半以上，采用合适高效的技术手段可以提高系统的匹配效率。直喷式柴油机燃油供给系统匹配常用的技术手段有六种：

1）现代设计手段。利用专用的燃油系统设计计算程序以及三维 CAD、CAE 等软件进行零部件设计。

2）燃油喷射系统模拟计算手段。应用该模拟计算程序（如 Hydsim）对燃油喷射特性（喷射压力、喷油规律、喷油时间和针阀升程等参数）进行计算、分析和评价，选取合适参数或确定参数范围。

3）柴油机工作过程模拟计算手段。在燃油喷射系统模拟计算的基础上，利用发动机工作过程模拟计算软件（如 Boost、GT - Power、Wave 等），分析燃油系统匹配参数对柴油机工作过程参数和性能影响。根据柴油机性能、排放等指标要求，选取优化方案。

4）燃油喷射系统流体流动计算手段。为了更加全面、准确地掌握燃油喷射过程，最好采用三维流体流动计算软件（STAR - CD、FIRE、VECTIS 等），对燃油在喷孔中的流动、喷射过程变化以及油束的射程和喷散角度进行仿真分析。

5）燃烧过程三维数值模拟计算手段。利用上述三维数值模拟软件，计算喷油系统参数及其喷油过程，对燃烧和柴油机性能、排放的影响因素进行仿真分析。

6）试验方法和手段。常用的柴油机燃烧系统试验方法有以下几种：

- 全试验法：将全部方案排列出来进行试验。这种方法费时，很不经济，一般不可取。
- 试验设计法：这种方法是在 20 世纪 70 年代发展起来的，是建立在统计试验设计、数学模型和优化基础上的一种先进的对试验进行规划、分析和预测的技术方法。
- 正交试验设计法：利用正交试验方法对多因素、多水平的复杂参数进行优选组合，大幅度减少试验方案数量，达到优化试验的目的。

• 调试方法：燃油系统的调试方法和调试情况对柴油机的性能、排放和振动等都有明显的影响。以前往往偏重于标定工况的性能，因此，调试的侧重点也在标定工况，而放松对其他工况的要求。随着人们对车用直喷式柴油机的性能和排放、振动、加速性、自由加速烟度等的要求不断提高，对燃油系统匹配调试的要求也越来越高，调试控制点的数量越来越多。不论在大负荷还是小负荷、高速还是低速，对各缸爆发压力和各循环供油的均匀性要求不断提高。为了降低排放、降低柴油机振动，应特别注意部分负荷工况下对燃油喷射系统的调整。

• 试验手段：现代车用直喷式柴油机燃油系统的匹配试验需要有先进的试验手段：

a）功能先进的喷油泵试验台：可以进行喷射压力、喷油持续期、针阀升程、喷油规律、驱动转矩和循环喷油量等的测试分析。

b）功能齐全的、先进的发动机试验台：可以进行喷射压力、缸内燃烧压力（示功图）、针阀升程、性能、排放甚至振动噪声的试验。

二、多系统匹配方法

电控柴油机的燃烧过程涉及进气系统、燃油供给系统、燃烧室和电控系统等子系统匹配，在每一个子系统中有多个参数对系统性能有影响。在三个系统中多参数之间匹配，寻求在多个参数之间最优化，以使柴油机性能最优。目前柴油机燃烧系统有许多匹配方法，如响应表面法、自适应粒子群优化算法、遗传算法、知识工程等。由于柴油机燃烧系统参数相关性不强，简要介绍两种匹配方法。

1. 响应表面法（RSM）

响应表面法是数学和统计技术的结合。这种技术对于响应受几个因数影响的问题的模型化和优化是非常有用的，其目标是优化响应。响应表面法用试验设计来确定重要因数，用多项式模型来表征响应表面。一旦这些重要因数得到确定，就可利用模型来为可能的优化指明未来的探索方向。

响应曲面模型是在输入有对应输出数据的情况下，表述该系统输入和输出之间关系的模型，包括多项式和神经网络。若能构成精度良好的模型，就能利用这一模型进行有效的预测及优化。利用响应曲面模型试验和分析的混合优化基本顺序如下：

1）设定柴油机的运行条件、控制参数条件的范围和水平，决定试验的组合（正交表）运用试验计划法。

2）根据正交表进行发动机试验，测定排气等响应值。

3）根据试验条件和响应值的组合构成响应曲面模型。

4）利用响应曲面，进行优化计算，以确定能获得理想的排放特性的控制参数。

5）在实际发动机上进行试验，以确认获得最佳的值。

正交表是以较少的试验次数提供详尽调查参数空间响应特性的试验条件组合方法。由于发动机特性具有非线性，以 L8、L27 或 L36 等三水平正交表为主。根据情况的不同，还可以采用四水平以上的多水平正交表。

响应曲面模型使用多项式模型，从一次多项式开始，依次增加或减少二次以上的项，以改善模型精度。改善模型精度的方法是利用 T 检验法判定各项式对模型精度的意义。检验方法是一种统计方法，当各项系数误差较大时，判定为无意义，此后就除去该项；进而计算其他赤池信息量准则（AIC）值㊀，判断增加或减去该项之后对模型的精度；与之前的多项式 AIC 进行比较，如该值变小，就判断模型精度得到改善，由此来决定该项的取舍。AIC 作为模型精度和多项式之和的评价函数，抑制使用多余多项式时过渡拟合精度，并在多个模型中判断哪个模型最为稳定且有精度最高的基准指标。最后，当表示模型相对所给数据点拟合良好地调整自由度后达到某一数值以上时，就结束该过程。利用这一方法，以所给数据为基础，通过计算机计算，可获得最佳的多项式模型。试验次数必须多于其项数，利用上述方法，只需按试验次数较少的正交表进行试验即可，因此提高了优化效率。

构成精确响应曲面，要求利用有正交表试验构成的初期响应曲面所预测得到的最佳条件与由确认试验获得的结果之间避免存在较大的误差；在由正交表试验构成的初期响应曲面上，部分响应误差计算为负值。采用逐次逼近方法改善预测精度，构成初期响应曲面后，检察响应值是否存在负值。如果出现负值，就选出每次响应中绝对值最大的负值条件，还要利用响应曲面进行模拟退火法优化计算，求出最佳条件，将选出的负值条件和求出的最佳条件作为追加试验的条件。

响应曲面优化方法场采用模拟退火法。模拟退火法是在预计存在多个局部最佳解的情况下，在避免局部解的同时寻求全局最佳解的方法。

2. 自适应粒子群优化算法

单独部件优化集中于进气的性能和结构，喷油系统、燃烧室流动的数值模拟及与此过程有关的燃油雾化和喷雾特性等方面，并且数值模拟过程主要集中考虑高压喷射系统内部非稳态流动和燃油喷嘴及燃烧室的结构优化上，或者只考虑强化流动性能或流体动力学的影响。因此造成燃烧系统优化结果不理想，甚至互相矛盾，这就使燃烧系统优化走向系统和总体的优化设计。近年来出现的多学科优化设计（MDO）为高压燃油喷射优化设计提供了新的匹配方法。

从数学方法来说，多学科设计问题是一个数学规划的优化问题。因此多子系统设计优化问题可描述为

㊀ 赤池信息量准则值（AIC）是用来比较所含解释变量个数不同的多元回归模型的拟合优度的标准之一。

$$\min f(X, Y)$$

$$f(X, Y) = \frac{w_1 f_1(X, Y)}{f_{10}(X, Y)} + \frac{w_2 f_2(X, Y)}{f_{20}(X, Y)} + \frac{w_3 f_3(X, Y)}{f_{30}(X, Y)} + \frac{w_4 f_4(X, Y)}{f_{40}(X, Y)}$$

$$s.t.\ g_i(X,Y) \leqslant 0 \quad i = (1,2,\cdots, n, \cdots, N) \tag{2.1}$$

式中，$f(X, Y)$为燃烧系统性能目标函数；$f_1(X, Y)$为进气系统性能目标函数；$f_2(X, Y)$为喷油系统性能目标函数；$f_3(X, Y)$为燃烧室性能目标函数；$f_4(X, Y)$为电控系统性能目标函数；$f_{10}(X, Y)$、$f_{20}(X, Y)$、$f_{30}(X, Y)$均为多学科优化前压力；$f_{40}(X, Y)$为电控系统性能目标函数；w_1、w_2、w_3、w_4 分别为进气系统性能目标函数、喷油系统性能目标函数、燃烧室性能目标函数在总体目标规划中的加权值，且 $w_1+w_2+w_3+w_4=1$；X 为设计变量；Y 为状态变量；$s.t.\ g_i$ 为（X, Y）约束条件。

在给定权值 w_1 和 w_2 的取值范围内，利用自适应粒子群优化算法通过对式（2.1）所示的全局优化问题求解，而权值 w_1 和 w_2 为全局优化问题的最小值。在粒子群优化算法（PSO）中，每个粒子对应一个待优化问题的潜在解。粒子 P_k 有自己的位置和速度，分别表示为 N 维矢量 $X_k=(x_{k1}, x_{k2}, \cdots x_{kN})$ 和 $V_k=(v_{k1}, v_{k2}, \cdots v_{kN})$。$X_k$ 对应的目标函数值称为粒子的适应值 f_k，可用来度量粒子的优劣程度；V_k 决定粒子运动的方向和距离。粒子 P_k 始终记自身目前找到的最优解，称为个体极值 p_{bestk}；整体目前找到的最优解称为全局极值 g_{best}，并通过追踪者来更新自己。PSO 算法初始随机生成一群粒子，然后通过迭代求解，迭代终止条件为预先确定的最大迭代次数或者为对优化结果的精度要求。在第 m 次迭代，粒子 P_k 采用式（2.2）来更新自己的速度和位置：

$$v_{kd}^{m+1} = v_{kd}^{m} + c_1 r_1 (p_{\text{best}kd}^{m} - x_{kd}^{m}) + c_2 r_2 (g_{\text{best}kd}^{m} - x_{kd}^{m})$$

$$x_{kd}^{m+1} = x_{kd}^{m} + v_{kd}^{m+1} \tag{2.2}$$

式中，$k=1, 2, \cdots, K$；$d=1, 2, \cdots, D$；学习因子 c_1、c_2 为非负常数；r_1，r_2 为介于［0, 1］之间的随机常数；v_{kd}^{m}、x_{kd}^{m}分别为粒子在第 m 次迭代中的第 d 维的速度和位置，两者均被限制在一定的范围内。

因为 g_{best} 是整个粒子群的最优位置，因此上述 PSO 算法也被称为全局版 PSO。也可以把第 k 个粒子的邻居们搜索到的最优位置作为 g_{best}，则上述方法又被称为局部版 PSO。全局版 PSO 收敛速度快，但有时会陷入局部最优。局部版 PSO 收敛速度稍慢，但相对来讲不易陷入局部最优。对式（2.2）进行如下修改：

$$v_{kd}^{m+1} = v_{kd}^{m} + c_1 r_1 (p_{\text{best}kd}^{m} - x_{kd}^{m}) + c_2 r_2 (g_{\text{best}kd}^{m} - x_{kd}^{m})$$

$$x_{kd}^{m+1} = x_{kd}^{m} + \beta v_{kd}^{m+1} \tag{2.3}$$

式中，c_1，c_2 为非负常数，称为惯性因子；β 为约束因子，为控制速度的权重。

粒子群到达局部最优附近时，粒子速度的更新主要由 w、v_{kd} 来决定。由于固定参数的 PSO 算法的惯性权重 w 通常小于 1，粒子的速度将会越来越小甚至停止运动，发生早熟收敛。有学者研究了惯性因子 w 对优化性能的影响，发现较大的 w 值有利于跳出局部极小点，而较小的 w 值有利于算法收敛，因此提出了自适应调整 w 的策略，即随着迭代的进行，线性地减小 w 的值。这种方法的进一步发展是用模糊规则动态地修改 w 的值，即构造一个 2 输入、1 输出的模糊推理机来动态地修改惯性因子 w。采用第 d 次迭代自适应惯性因子 w_d：

$$w_d = 1.2 - [(d-1)/d]^N \tag{2.4}$$

式中，$N=0.75$。

则自适应 PSO 算法为

$$\begin{aligned} v_{kd}^{m+1} &= w_d v_{kd}^m + c_1 r_1 (p_{\text{best}kd}^m - x_{kd}^m) + c_2 r_2 (g_{\text{best}kd}^m - x_{kd}^m) \\ x_{kd}^{m+1} &= x_{kd}^m + \beta v_{kd}^{m+1} \end{aligned} \tag{2.5}$$

因为自适应粒子群优化本质上并非直线向最优点搜索，所以不能用搜索次数作为停止条件，只能利用相邻两次目标函数之差的绝对值小于给定值作为终止条件，然后，利用多次寻优结果中最小目标函数值改进参数解空间和终止条件，同时判断目标函数是否小于最小目标函数值。

编程实现寻优算法如下：

1）步骤 1：求初始化粒子群，包括各参数、粒子速度、位置和个体极值 $p_{\text{best}k}$、全局极值 g_{best}。

2）步骤 2：对群体中每一粒子 P_k，执行以下操作。

① 根据式（2.5）更新 P_k 的速度和位置。

② 计算 P_k 的适应值 f_k。

③ 若 f_k 优于 $p_{\text{best}k}$ 的适应值，则更新 $p_{\text{best}k}$ 为 P_k 的当前位置。

④ 若 f_k 优于 g_{best} 的适应值，则更新 g_{best} 为 P_i 的当前位置。

3）步骤 3：判断算法的终止条件是否满足，若满足转向步骤 4，否则执行步骤 2。

4）步骤 4：判断目标函数与前次目标函数之差是否小于给定值：如果是，则输出最优值结束；否则转向步骤 1。

Chapter 3

第三章 燃烧系统匹配指标

第一节 燃烧系统的总体要求

一、总体要求

随着柴油机节能减排要求的提高，要求电控柴油机具有低油耗和低排放指标，缸内燃烧的好坏决定着柴油机的性能，柴油机燃烧由混合燃烧和扩散燃烧组成，在预混合燃烧阶段，燃烧开始缓慢，到扩散燃烧阶段，燃烧迅速，如图 3-1a 所示。理想的放热率变化在燃烧过程应是近似梯形，燃烧系统的目标是减少预混合燃烧、增加扩散燃烧，通过优化喷射定时和减少初期喷油量，可以减少预混合燃烧程度；通过高压喷射、快速断油来促进扩散燃烧程度。对电控柴油机的燃烧系统要求是：

1）改进涡轮增压器、中冷器、可变进气道，获得较低的进气温度和良好的混合气质量。

2）优化喷油控制，实现较低的初始喷油率，由高压喷射和燃烧室凹坑形成空气/燃油混合潜能，如图 3-1b 所示。

3）较高的压缩比，提高热效率。

由于柴油机性能是“质”调节的结果，喷油系统及其参数的选择对电控柴油机达到最佳性能具有重要影响。电控单体泵喷油系统、电控泵喷嘴系统和高压共轨喷油系统不仅能灵活地调节喷油正时和喷油量，而且都能实现高压燃油喷射，电控喷油系统的性能对柴油机的混合气形成、燃烧组织起着决定性的作用。

为保证电控柴油机的高效率和低排放，其燃烧系统应采用以下措施：

1）高的喷射压力。

2）较低的涡流。

3）尽可能多的喷孔数量。

4）尽可能小的喷孔直径。

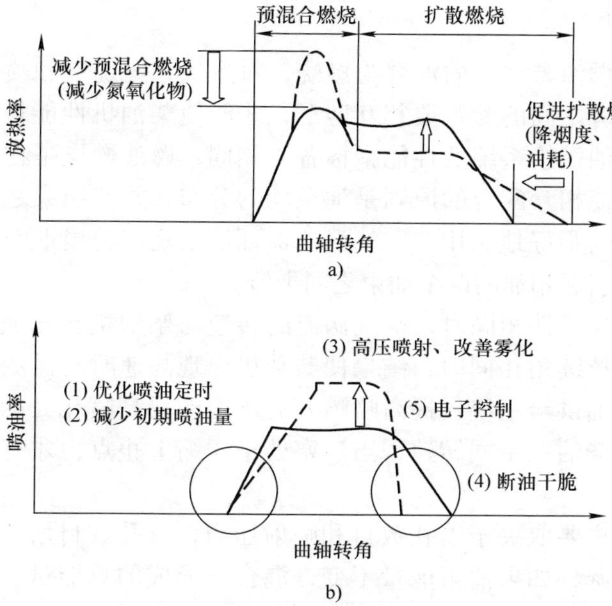

图 3-1　柴油机燃烧及其喷射

5）进一步浅化燃烧室。

混合气的形成与在燃烧室中燃料－空气混合的制备有关，当外围的喷射系统发生改变时，混合气的形成与燃油雾化、空气利用、油束分布及喷射持续时间等因素密切相关。

采用措施1）、4），可以提高燃油雾化品质。当在较高的喷射压力和小的喷孔直径时，可在较宽的范围内使雾化品质保持不变；当喷射截面积不变时，喷射持续期可与喷射压力相匹配。

采用措施2）、5）和中央喷嘴以及相适应的空气运动的措施，可以实现燃烧室良好的空气利用和燃料的均匀分布。浅 ω 形燃烧室的气流挤压和近壁涡流大大减小，其周边速度图近似固体涡流，紊流只起到从属的作用，所以通过高压喷射压力使燃油增大紊流，降低涡流的需要，提高燃料分布均匀度。

对于不同喷射系统，燃烧系统的要求程度有差异，应视具体实例而定。如对高压共轨喷油系统而言，它能实现高喷射压力和改变喷射参数，与它配合的燃烧系统：减小压缩比有利于降低柴油机的机械负荷；减小喷孔的直径，提高燃油的雾化质量；燃烧室口径应增大，使油束碰壁量合适，油气混合良好；高压喷射宜用低涡流比，不仅减小上止点前放热量，提高输出功率，而且能减小相邻油束发生重叠的概率，防止油气混合。

二、指标要求

燃烧系统实现燃油与空气的混合与燃烧，对进气、燃烧室和喷油三者有不同的要求，并且这三者之间的参数要相互匹配，才能使柴油机性能最佳。对于进气系统、燃烧室和燃油供给系统的性能指标各不相同，燃油燃烧是在燃烧室中进行的，油束与空气涡流相互配合的原则是油束均匀分布，并使油束之间的空气与燃烧室外围的空气如何很好地利用，空气涡流保证油束之间的扇形空间空气得以充分利用，并且不致引起相邻的两个油束之间干涉。

在柴油机的进气条件相同时，空气涡流的转速与柴油机转速成正比，当柴油机转速变化且喷油持续角相同时，结果使柴油机出现高速时高涡流和低速时低涡流的状况。对于燃油供给系统，提高喷嘴开启压力能提高喷孔处的压力降，缩短喷油持续期，对于柴油机不同转速，当活塞处于压缩上止点，才有可能使喷油持续角相同。

油束喷射能量主要取决于喷孔数目和喷射压力，喷孔数目增加，涡流比要求降低，涡流能量下降，如果油束能量不变，混合气形成的总能量将下降，对燃烧过程不利。所以喷孔数目增加，对应地增加喷射能量，减少空气涡流能量。因此各种混合气形成的能量对与之配合的油束能量要求是不同的。

（1）直喷式非增压无涡流燃烧系统

混合气形成的能量全部是由油束提供的。

（2）直喷式有涡流增压燃烧系统

混合气形成的能量一部分由油束提供，另一部分由空气涡流提供，但是油束提供的能量占主要部分。

（3）直喷式无涡流增压燃烧系统

混合气形成的能量较高，全部是由油束能量提供的，并且需要较高的喷射压力。

（4）直喷式有涡流非增压燃烧系统

部分能量由空气涡流（涡流速度为30～50m/s）提供，喷射压力较低。

（5）预燃室燃烧系统

油束能量低于空气涡流能量，对喷射系统要求更低。

（6）涡流室燃烧系统

空气涡流强度大，涡流比为20～25，油束能量要求最低。

燃烧系统要保证油束能量与空气涡流良好配合，进气系统、燃烧室和燃油供给系统的总体指标见表3-1。

表 3-1 燃烧系统总体指标

进气涡流	排量/L	涡流比	喷孔规格	喷油压力/MPa
高涡流	0.45	20~25	单孔轴针	27
螺旋气道涡流	1	6~8	4×0.3mm	45
切向气道涡流	1	3~5	4×0.28mm	48
低涡流	1.85	<3	7×0.18mm	>100

第二节 子系统指标

一、进气系统指标

1. 进气系统

进气系统的功能是将外界空气经进气系统变成干净、新鲜空气，再通过气道和气门进入气缸。气体在进气道、气缸内流动有两种：有组织的气流运动和无组织的气流运动。有组织的气流运动常采用导气屏、螺旋气道、切向气道三种方法实现，如图 3-2 所示。在进气过程中形成的绕气缸轴线有组织的气流运动，称为进气涡流。在进气过程中由进气机构和气缸壁导流的共同作用形成进气涡流，由于存在气流间的内摩擦和气流与缸壁之间的摩擦，进气涡流的动量矩在压缩过程逐渐衰减。三种方法所形成的进气涡流有不同的特点：

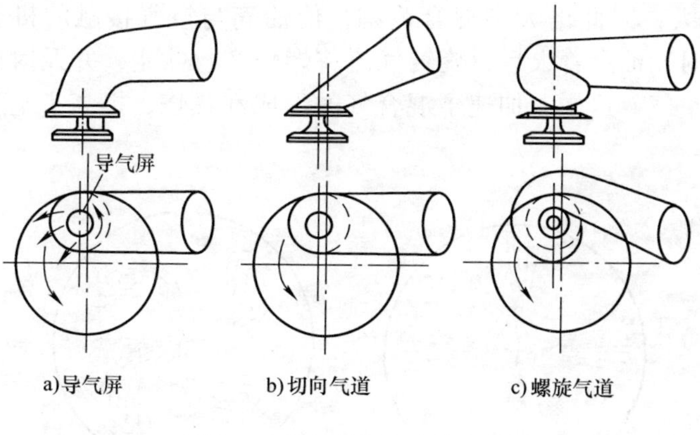

图 3-2 产生进气涡流的方法

1）从形成涡流强度方面，螺旋进气道所产生的涡流强度最大，涡流比为 1.4~3.5，切向气道形成的涡流比为 1.4~2.0，导流屏形成较小的涡流比。

2）从流动阻力方面，导流屏形成的流动阻力最大，螺旋气道次之，切向进气道的流动阻力最小。

3）从涡流形成位置上，螺旋进气道的空气在其渐缩螺旋腔内形成涡流运动，导气屏和切向进气道的空气进入气缸以后，在气缸壁的导流下才产生有组织的涡流。

在直喷式柴油机燃烧过程中，进气涡流有以下三个作用：

1）促进油束发散，加速空气与油粒的掺混，加快油粒的雾化、蒸发，加速着火前混合气形成和预混气体燃烧的发生和进行。

2）在“热混合”效应的作用下，促使燃烧室中央部分的新鲜空气与壁面及其附近的油粒相混合，有助于扩散燃烧的迅速进行。

3）对油束的穿透距离起调整和控制作用。进气涡流强度既制约于柴油机的充气性能，又受到相邻油束间相互干涉的限制，不是越高越好。良好的混合气形成能缩短滞燃期和燃烧持续期，使柴油机工作柔和，燃烧完善，降低氮氧化物（NO_x）和烟度（Soot），从而获得良好的经济性、动力性和低排放性。

在燃烧室内组织一定的涡流，可使油束外围的细小油粒分散到更大的容积中去，图3-3a所示是无涡流时油束分布均匀状态，当燃油喷入燃烧室后形成喷柱，同时空气被卷入与油束燃油迅速混合，形成混合气。油束是从外部首先着火燃烧。即使采用多孔喷嘴形成多处油束，以增加燃油与空气混合的机会，但是燃烧过程中，燃烧产物容易把未烧完的油滴包围起来，使两油束之间的空气仍不能得到及时利用。有效的解决方法是组织气缸内空气的涡流运动，在涡流的作用下，油束中油滴的运动轨迹也不同，油束核心部分的大油滴偏转较小，油束外围部分细小的油滴偏转较大，因此增大了混合范围，使油滴与空气接触的机会增多，如图3-3b所示。同时，油束着火后，旋转气流将燃烧产物吹走，并及时向未燃烧完的油滴提供新鲜空气。这样，加速了混合气的形成和燃烧，提高了空气利用率及气缸容积利用率。

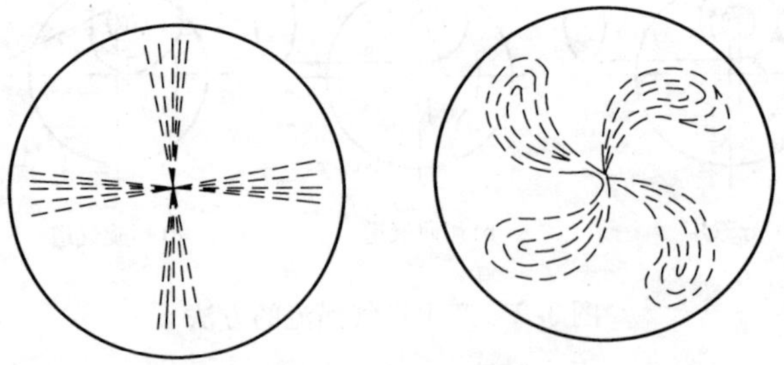

a) 无涡流时油束　　b) 有涡流时油束

图3-3　涡流对油束影响

在燃烧滞燃期内，各油束在活塞顶上的投影形成的扇形区域应彼此衔接但不发生重叠时，进气涡流比 Ω 初步计算按照下式进行：

$$\Omega = \frac{n_s}{n} = \frac{360°}{Z\Delta\phi_j}\left(\frac{d_k}{D}\right)^2 \tag{3.1}$$

式中，n_s为涡流转速（r/min）；n 为发动机转速（r/min）；Z 为喷孔数；ϕ_j为滞燃期时间（°）；d_k为燃烧室开口直径（mm）；D 为气缸直径（mm）；d_k/D 为涡流衰减程度。

进气涡流的大小主要由进气道形状和发动机转速决定。柴油机低速时，要求高涡流；高速时要求低涡流强度，如果按照低速匹配，高速时的进气涡流强度会导致油束重叠，产生局部混合气过浓的热锁效应；如果按照高速要求匹配，则在低速时进气涡流强度不足，导致混合气浓度分布不均，这两种情况匹配都会使柴油机的燃油消耗率和烟度上升，最大转矩下降，所以设计进气道时，传统柴油机只能根据其用途，兼顾高低速性能选择折中的涡流强度。在采用可变进气技术后，就能按照柴油机高低速不同工况下的要求，形成满足不同进气要求的涡流强度。

在柴油机上，为了保证油气能良好混合，还要求进气道在进气道阻力尽可能小的条件下产生适当强度的涡流，最佳涡流比按下式计算：

$$\Omega = \frac{(360° - i2\theta)}{\alpha i} \tag{3.2}$$

式中，Ω 为进气涡流比；i 为喷油器喷孔数；α 为喷油持续角（°）；2θ 为喷雾锥角。

采用高压喷射后，单孔的喷雾锥角与孔径、压差密切相关，采用广安博之的孔式喷雾锥角经验公式：

$$\theta = 0.05\left(\frac{d_c^2\rho_a\Delta p}{u_c^2}\right)^{0.25} \tag{3.3}$$

式中，d_c 为喷孔直径（mm）；Δp 为喷孔处的压差（Pa）；ρ_a 为外界空气密度（kg/m^3）；u_c 为空气黏度（Pa·s）。

最佳涡流比与喷油持续期、喷孔数成反比。喷油持续期较小时，要求涡流比大；喷孔数增加时，要求涡流比较低，这样有利于燃烧过程。

柴油机喷油器的喷孔数增加，最佳涡流比可降低；喷孔直径增大，最佳涡流比可减小，在柴油机不同转速时，最佳涡流比与喷孔数的关系如图 3-4 所示。从图中可以看出：高转速时的最佳涡流比较低转速的最佳涡流比大；在同一转速下，最佳涡流比随着喷孔数目的增加而减小。所以随着排放限值的降低，增加喷孔数并减小涡流比是进气系统满足喷油要求的技术途径。

2. 进气指标

由于气道和气缸内的气体流动是高湍流的三维流动，故采用气道质量评价指

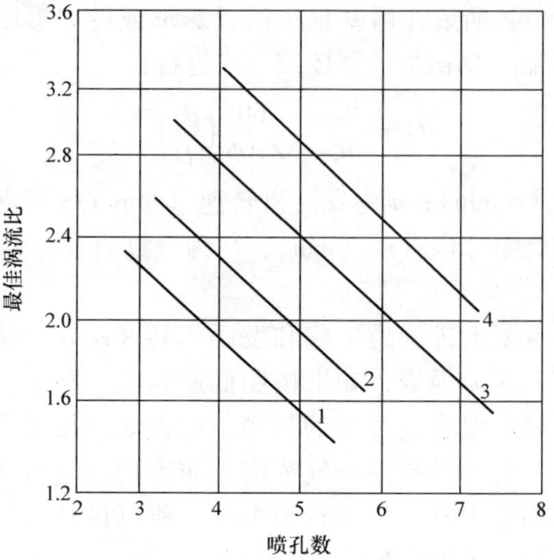

图 3-4 最佳涡流比与喷孔数的关系

1—1600r/min 2—2400r/min 3—3200r/min 4—3600r/min

标评价三维流动的状况。气道的质量评价指标主要有流量系数、流动阻力、涡流强度等。对单个气道来说，可以对气道的流通性能和质量指标进行分析。

（1）流量系数 C_f

流量系数 C_f 定义为流过气门座的实际空气流量与理论空气流量之比。其公式如下：

$$C_f = \frac{Q}{Av_0} \tag{3.4}$$

式中，Q 为试验测得的实际空气流量（g）；A 为气门座内截面面积（m^2）；v_0 为理论进气速度（m/s），其计算公式为 $v_0 = (2\Delta p/Q_0)^{1/2}$，$\Delta p$ 为进气道压力降，一般取 25kPa，Q_0 为气门座处的气体密度（kg/m^3）。

两气门和四气门的实测流量系数对比见表 3-2。从表中数据可以看出，两气门进气系统与四气门进气系统的流量系数相差不大，这就为四气门进气系统通过采用增加进气门的流通截面积的方法来增加进气量提供必要条件。

表 3-2 两气门和四气门流量系数测量结果

气门升程/mm	2	4	6	8	10	12
两气门流量系数	0.13	0.28	0.38	0.48	0.52	0.56
四气门流量系数	0.12	0.27	0.37	0.46	0.52	0.55

在一定气门升程下，二气门和四气门的流通面积、流量系数和空气流量对比

如图 3-5 所示。

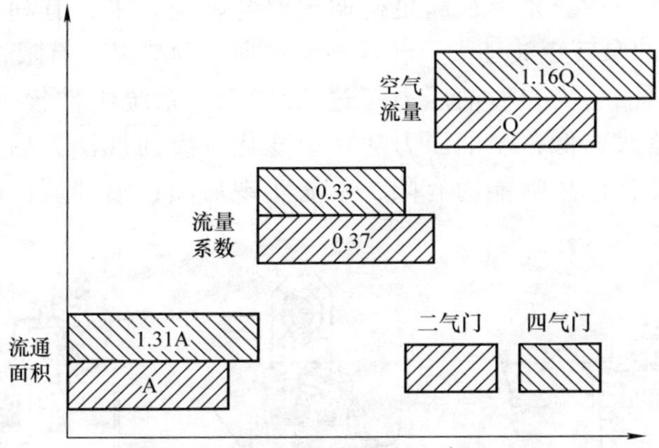

图 3-5　二气门与四气门流通效果比较

从图 3-5 中可以看出，四气门的流通面积比两气门增大了 30%；由于四气门布置时，气门直径要比两气门布置时的小，故二气门的流量系数要比四气门的大；四气门的空气流量比两气门的只增大 10%。这是由于四气门的进气道是由螺旋气道和切向气道组合而成的，两气门的进气道常用螺旋气道或切向气道，当进气口处的进气压力相同时，由于螺旋气道和切向气道的流动阻力不一样，故产生进气的流动损失也不一样，这样就使得单个进气道的流量之和不等于与组合气道的进气量。

（2）Ricardo 无量纲涡流比 N_R

该参数定义为叶片旋转的角速度与气缸直径的乘积同理论进气速度的比。其公式如下：

$$N_R = \frac{\omega_R D}{v_0} \tag{3.5}$$

式中，ω_R 为叶片旋转的速度；D 为气缸直径；v_0 为理论进气速度。

四气门进气系统一般是由螺旋气道和切向气道组合而成的。在开始设计时，大都采用单个气道设计，然后测量单个气道流动特性，最后进行组合气道的匹配调整。这样在四气门的进气系统的设计和两个气道的流动特性上就存在进气流量和进气涡流比的匹配问题。

二、燃油供给系统指标

1. 电控高压喷油系统

电控高压喷油系统按对燃油泵控制方式的不同分为：电控单体泵喷油系统、电控泵喷嘴喷油系统、电控共轨喷油系统，其喷油规律如图 3-6 所示，它们的主要特性如下：

电控单体泵喷油系统的喷油压力超过200MPa，结构简单，可靠性好，喷油器成本低；喷油规律为后三角形，满足初期预混合燃烧要求，有利于降低氮氧化物（NO_x）排放；但油泵转矩波动大，转速不能过高，预喷能力有限，不能后喷。

电控泵喷嘴喷油系统的喷油压力超过220MPa，系统组件较少，集成度很高，可靠性好，喷油器成本低；喷油压力随转速变化，喷油规律为后三角形，可通过凸轮型面加以调整；但预喷能力有限，不能实现后喷；喷油器体积较大，传动负荷重，安装空间要求大。

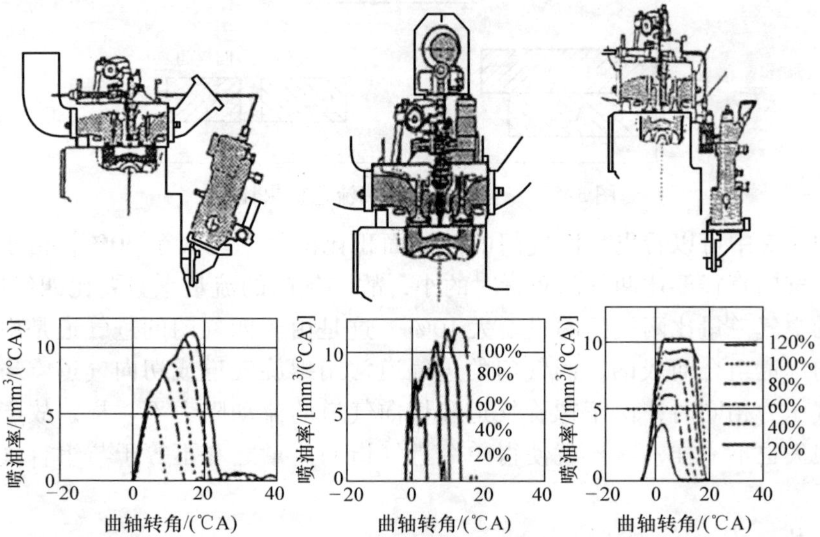

a)电控单体泵喷油系统　b)电控泵喷嘴喷油系统　c)电控高压共轨喷油系统

图3-6　电控喷油系统喷油规律

电控高压共轨喷油系统能柔性调节喷油压力，能在任何转速下实现高压喷射（135～250MPa），非常适合高速柴油机；柔性控制喷油定时，可以获得微粒（PM）和氮氧化物（NO_x）的最佳折中，以满足排放要求；柔性控制喷油速率，容易实现引导喷射、预喷射、主喷和后喷射，完成多次喷射；用电磁阀控制喷油，控制精度较高，循环喷油量变动小，能使各缸供油的不均匀性得到改善。

2. 燃油供给系统指标

高压喷油系统有多方面的指标，主要有：系统性能总体指标、喷油性能指标、系统费用指标以及适应性指标。

（1）系统性能总体指标

从系统整体和宏观方面，给出高压喷射系统的概括性参数，以便供系统选型时总体评价。系统性能评价指标有：系统复杂度、技术成熟度、喷射特性、升级换代能力。

系统复杂度是指高压喷射系统的液力部件和电子部件配置的大小，对于高压喷射系统来说，燃油压力高达100MPa以上，形成高压所有的部件以及管路、执行器和电控单元都是主要因素，对于不同的高压喷射系统的复杂程度包括两方面：

1）高压泵和喷油器的结构和布置的复杂度。

2）高压泵和喷油器的制造高精密度。一般来说，高压泵和喷油器的结构尺寸越小，布置的复杂程度降低，高压泵和喷油器的制造精密度越高。

技术成熟度是指高压喷射系统的技术可靠性、装机应用广泛程度、技术被认可度。

喷射特性是指高压喷射系统基本特性，反映了喷射系统的自然属性。

升级换代能力是指高压喷射系统的提高性能能力，随着对高压喷射系统的基本参数值的提高，对系统部件的更换程度的高低，对所配柴油机的布置空间改动大小，所以升级换代能力反映在成本费用的高低。

（2）喷油性能指标

表征喷油所要求的参数，如喷油压力、喷油量、喷射正时、喷射次数和喷油率。喷射次数多少、喷射量和喷射正时可调，直接说明喷射系统的性能优良。

喷油压力是指喷油器针阀开启后针阀内腔中的压力，一般有最高喷油压力和平均有效喷射压力。最高喷油压力越高，从喷孔中喷出的燃油雾化质量越好。

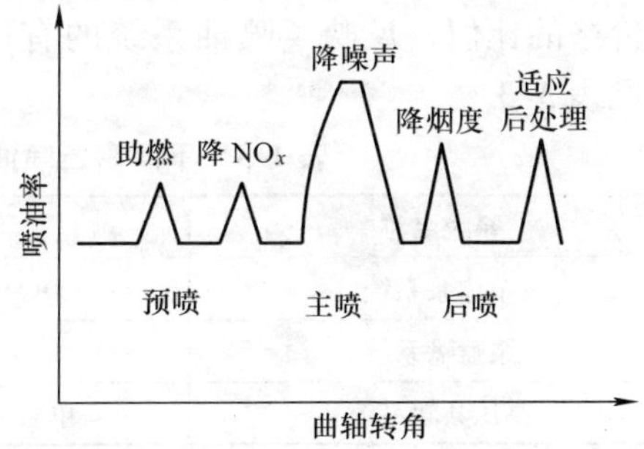

图3-7 多次喷射位置及作用

喷射次数是指在一个喷油持续期内，喷油器可实现的喷油次数，喷油次数反映了喷油器灵活控制程度。机械喷油器只能实现一次喷射，泵喷嘴可以实现两次喷射，预喷和主喷射；电磁式喷油器能实现四次喷射，预喷，主喷、后喷、补喷；压电喷油器则能实现五次喷射，引导喷射、预喷、主喷、后喷、补喷，多次喷射的目标如图3-7所示。

喷油规律是指在喷油过程中喷油器的实际喷油速率随凸轮轴转角（或时间 t）的变化关系：

$$\frac{\mathrm{d}q}{\mathrm{d}\varphi_r}=f(\varphi_r)\text{或}\quad\frac{\mathrm{d}q}{\mathrm{d}t}=f(t) \tag{3.6}$$

不同的喷射系统实现不同的喷油规律，电控泵喷嘴系统能实现三角喷油规律，电控高压共轨系统能够实现近似的靴形喷油规律。理想的喷油规律为：初期喷油率很低，实现降低 NO_x 和噪声的目标，因为初期的喷油率是决定预混合燃烧量的重要因素之一；喷油中期相当于扩散燃烧期，喷油中期喷油率应迅速增加，随着负荷和转速的增高，喷油率的丰满度必须增大，即从三角形向矩形过渡，以确保燃油和空气的充分混合，实现降低炭烟的目标；喷油后期尽量缩短，喷油结束时，应快速回油以实现喷油压力的迅速下降。因为喷油后期是喷射压力降低期，此时燃油雾化不良会产生微粒，如图3-8所示。

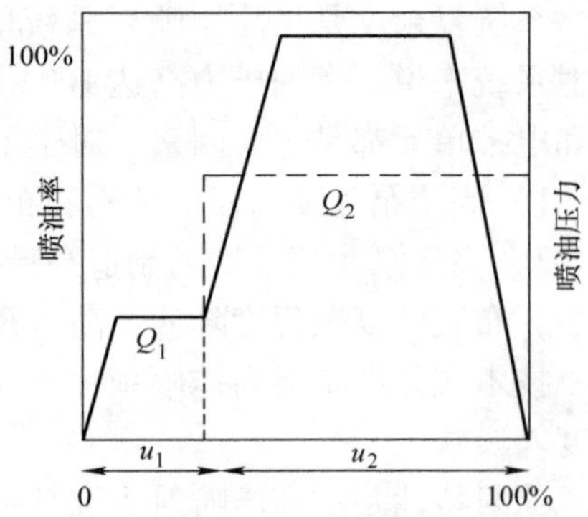

图3-8 理想喷油规律

（3）系统费用指标

系统费用指标是高压喷射系统的价格和性价比，一般喷油系统成本是整机成本的四分之一，最高不超过三分之一。高压喷射系统的价格是随着喷射技术的进步而上升的，喷射系统的性能指标每提高一步，系统费用都会明显增加，这就包含了技术升级的附加值。如机械喷油器采用燃油压力平衡、弹簧复位的机械原理，价格一般在200元/只左右，而电磁式喷油器采用高速电磁阀控制和电液转换原理，价格为2000元/只。性价比是指喷油系统的性能与价格的比值，反映了喷油系统的有用价值的大小。不同高压喷油系统的配置价格见表3-3。

表3-3 不同高压喷油系统的配置价格（2009年）

系统名称	系统配置	价格
单体泵系统	单泵－管－单喷嘴	5000～6000元/套
泵喷嘴系统	单泵－单喷嘴	8000～10000元/套
高压共轨系统	单泵－单轨－单喷嘴	1.5万～2万元/套

3. 高压喷射油束特征

柴油机燃油供油系统从传统的直列泵、分配泵发展到高压的单体泵、泵喷嘴和共轨系统，主要是围绕提高喷射压力进行的，喷油压力从55～135MPa提高到180～220MPa，不同喷油系统的喷油压力所能获得的平均有效压力范围如图3-9所示。随着喷射压力的提高，柴油机的平均有效压力和升功率明显增大。

喷油压力有平均喷油压力和最高喷油压力两种，平均喷油压力是指喷油持续期内喷油嘴压力室的压力与气缸的压力差的平均值，是衡量喷油系统喷油量大小的重要指标，不仅影响喷油持续期内的喷雾质量，而且与喷油有密切的关系。最高喷油压力反映喷油系统的喷油压力最大能力，是喷油持续期内的喷油压力的最大值。能够产生较高喷射压力的喷油系统有直列泵、高压转子泵、单体泵、泵喷嘴系统、高压共轨系统。传统的脉动式的喷油系统，如直列泵、分配泵和泵－喷嘴系统的平均有效喷油压力只有最高喷油压力的一半，而时间持续的喷油系统，如共轨系统的平均有效喷油压力与最高压力比较接近，如图 3-10 所示。

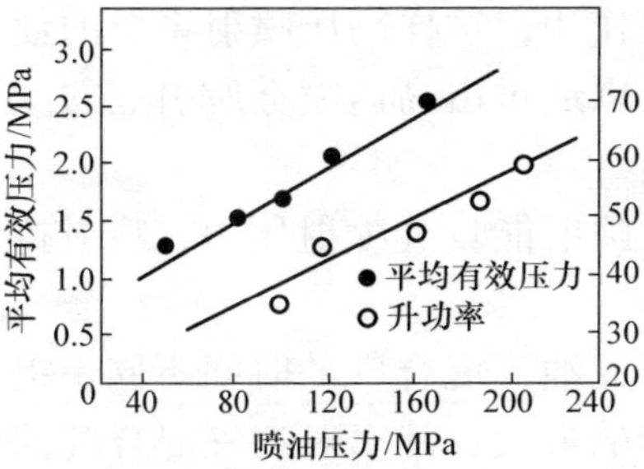

图 3-9　平均有效压力随喷油压力变化

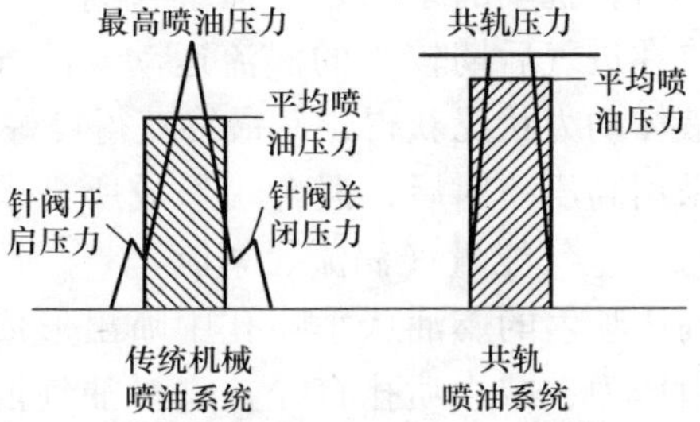

图 3-10　平均喷油压力和最高喷油压力关系

平均喷油压力为 40 ~ 60MPa，最高喷油压力为 120MPa，称为低压喷射；平均喷油压力为 80 ~ 100MPa 以上，最高喷油压力为 130MPa 以上，称为高压喷射。

柴油机燃料雾化与混合气形成能量是由高压喷射提供的，喷油压力越高，雾化质量和混合气质量越好，目前，为达到排放标准，采用喷油压力各不相同，如满足欧Ⅱ排放标准，喷油压力不低于 80MPa；满足欧Ⅲ或欧Ⅳ排放标准，喷油压力不低于 120MPa；满足欧Ⅵ排放标准，喷油压力不低于 200MPa。

喷油压力由 135MPa 上升到 180MPa。高压喷射在喷嘴出口具有较高的速度，它比传统的分配泵和泵 – 管 – 嘴系统能使油束具有较高的喷射能量，促进燃油雾化，如图 3-11 所示。在能量高的局部区域中，空气能比较活跃地进入油雾内部，形成均匀的混合气，燃烧充分，这要求燃烧室内空气流动状况相对均衡，挤流较大，涡流较小。

高压喷射能获得更好的油气混合气，这一切可以在与传统喷射相适应的燃烧室中安装高压喷射系统获得，由于燃烧室是高涡流的小口径 ω 形，高压喷射系统以很高的速率喷射燃油，使油雾的贯穿距离增大，导致大量油滴碰到活塞壁，较高的喷射速率要求燃烧室具有大口径以适应喷雾贯穿长度，才能减少碰壁，加强与氧气的混合，减少烟度，如图 3-12 所示。

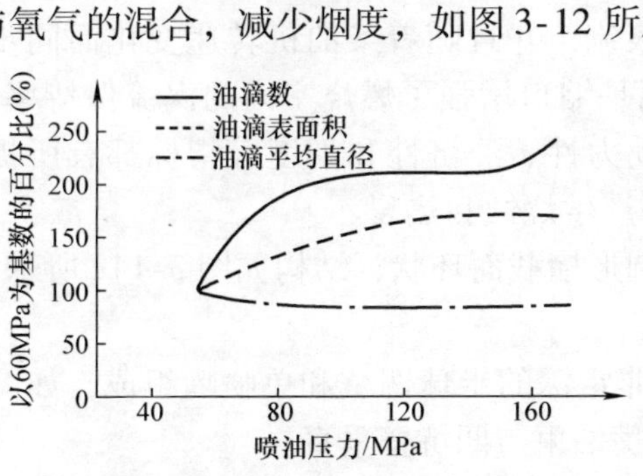

图 3-11　油滴直径随喷油压力变化

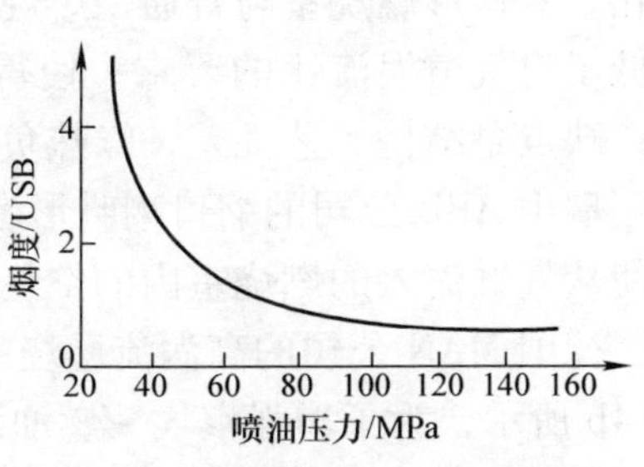

图 3-12　烟度随喷油压力变化

高压喷射对油束的气相扰动和平均流场特征影响很大。当空气以高速进入油束内部时，扰动的结果是加强了与周围气体的相互作用，这样高压喷射系统的使用允许在进气后期较小的涡流运动。油气混合气可以通过由高速喷雾所引起的气相的液体动力状况获得，并最终获得良好的混合气。

采用高压喷射后，混合气形成所需求的能量 = 喷射能量（喷射压力、喷射持续期） + 空气能量（涡流、紊流）。

高压喷射的燃油从小喷孔中喷出形成油束，形成油气混合气的时间不同。提高喷射压力、减小喷孔直径首先对油气混合时间影响最大，其次对油气混合气混合质量的影响，当喷射压力高于200MPa时，提高喷射压力的影响相对很小。从微小涡流的能量耗散对形成更多均匀混合气来说，喷射压力是涡流能量的实质来源。缸内混合气的运动能量从空气方面转移到喷射方面，主要依靠高喷射压力和小喷孔提高燃油动能，进气系统可以采用小涡流设计方案，保证充气效率。

三、燃烧室指标

1. 高压喷射用燃烧室

采用高压喷油系统后，随着喷油压力的不断提高，要求燃烧室的油束落点处直径增大，才能满足油束不碰壁，或者是落点处要有型面上的巨变，如直口与圆弧的交界，能使油束产生二次雾化；而在中心部位，剧烈的气流运动会加速混合气的形成，造成喷嘴处温度过高，要求燃烧室中心部空气流动不能很大，因此燃烧室中心部形状较为平坦为好。所以，大口径燃烧室能够使大多数情况下在燃烧各处与氧气更好地混合，减少油滴的喷壁量。

20世纪末开发的缩口B、C型排放直喷燃烧室型，是在直口A型燃烧室的基础上，减小了燃烧室喉口直径而形成的，直口A型、缩口B、C型燃烧室的四分之一网格模型如图3-13所示，集成了传统的直喷式燃烧室和涡流式燃烧室的优点。几种典型缩口形燃烧结构形式如图3-14所示。在缩口形燃烧室中，由于中心凸起部分作用，燃烧室内的压缩涡流改为压缩滚流，并且随着柴油机转速变化而同步变化。缩口形燃烧室与普通型燃烧室的区别是缩口增强了燃烧室内的涡流保持率，降低了对气道涡流比的要求，使得发动机动力性、经济性和烟度等指标都有所提高；缺点是结构工艺性差，喉热负荷大，易产生烧蚀和热裂。

瑞士ABB公司的缩口喇叭形燃烧室呈圆形横截面环状，结构如图3-14a所示，促使从气缸流入的燃烧室内的空气产生节流。

德国MAN公司的高涡流燃烧室由一个非常深的半球凹坑和单喷嘴组成，如图3-14b所示，为了增强空气-燃油混合，喷嘴油束与凹坑壁垂直。

英国珀金斯公司的挤流口燃烧室是缩口形平底燃烧室结构，如图3-14c所示，利用缩口形状，加上强烈的进气涡流，造成活塞顶燃烧室中挤压涡流和进气旋转

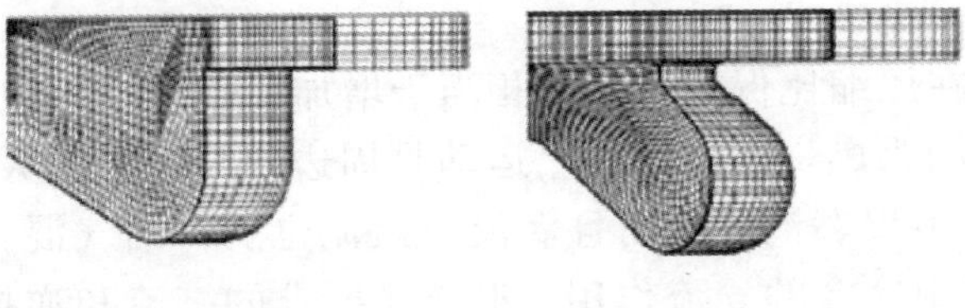

图 3-13 不同口型燃烧室

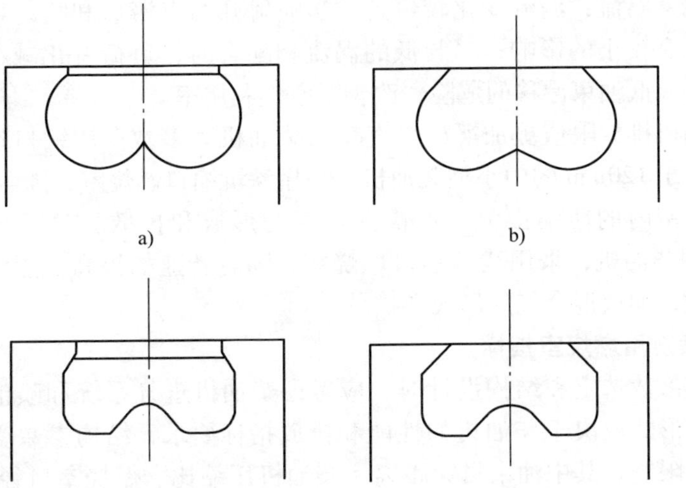

图 3-14 几种典型缩口形燃烧室结构形式

涡流的复合运动，配合合适的油束方向，使混合气形成较完善。

日本小松制作所的四角形涡流燃烧室 MTCC 是缩口形的特殊结构，上部为四角结构，角部位圆弧过渡，下部为回转体形，如图 3-14d 所示。这种燃烧室除具有较大的大尺度涡流外，还有大量的小尺度微涡流，为延迟喷油和加速中后期燃烧创造了条件，放热峰值降低，最高爆发压力和压升率降低，氮氧化物（NO_x）、排气温度和热负荷降低。

日本马自达公司的缩口平小凸底燃烧室，燃烧室口部收口度更大，从腰部至口部锥体锥角呈 80°，属于典型紊流型燃烧室，配合合适的油束，最低油耗能达到 217g/(kW · h)，为低噪声、低污染、低油耗创造了条件。

通过燃烧室凹坑形状和油束形状的匹配，改善了空气利用，形成更大的油束长度，不仅使油束处于最大紊流动能状态，而且在油束轴线上有最大、最自由的油束长度，减少优化油束位置所需要的实验次数，使不可利用的燃烧室部分尽可能减少，减少了油束不能达到的区域（压缩余隙和气门坑处），从而提高空气利用率。

缩口形燃烧室的中心凸台在压缩比保持不变时相当于增加了燃烧室周边的体积，提高了空气利用率。这是因为燃烧室内的涡流运动是周边处线速度最大，中心处线速度最小，所以中心处不仅燃油少，而且涡流与紊流也弱，油气混合差。因此，增加底台体积可充分利用底台的导流作用，形成所要求的挤流和逆挤流，促进油气混合。

燃烧室中气缸负荷处于瞬时局部的均匀流动状态，在活塞上止点范围内，没有过高的燃烧室涡流，涡流变化较恒定，当喷射开始点滞后和喷射期延长时，对油束的形成具有较小的影响；当与低的涡流相配合时，负荷变化减小，在采用多孔喷嘴时，会降低油束漂移的危险，改善了空气利用率。

随着柴油机排放限值更加严格，直喷式柴油机大多数采用缩口形燃烧室，对于气缸直径小于120mm的中小型柴油机，采用深坑缩口燃烧室，随着转速的提高，能够加强燃烧室内的压缩滚流，加快混合气的形成和扩散。对于气缸直径大于120mm的大型柴油机，采用浅坑缩口燃烧室，随着转速的提高，能够加强燃烧室内的压缩滚流，加快混合气的形成和扩散。

2. 高压喷射用燃烧室指标

在燃烧室参数选定和结构设计时，应考虑柴油机进气系统和喷油系统参数的影响，燃烧室形式取决于柴油机的性能和排放指标要求，结构参数受到进气参数和油束参数的限制，其中油束贯穿距离、柴油机压缩比、燃烧室口径比、径深比、面容比是重要的参数，而且相互关联。

（1）贯穿距离

在喷油过程中，油束动能传递给周围空气，减小空气对喷射油束向前运动的阻力，使油束走得足够远。当油束在燃烧室空间伸展时，油束顶端实际到达的位置与喷油器喷孔间的距离称为油束贯穿距离。把油束贯穿距离作为一个燃烧室直径的约束参数，在不考虑气流运动时，按和栗公式计算：

$$L = \sqrt[4]{\frac{2\mu\Delta p}{\rho_a}}\sqrt{\frac{d_1 t}{\tan(\theta_s/2)}} \tag{3.7}$$

式中，μ 为喷孔流量系数；ρ_a 为缸内空气密度；Δp 为喷孔内外压力差；d_1 为喷孔直径；θ_s 为喷雾锥角；t 为贯穿时间。

油束与燃烧室的碰壁程度用穿透率表述为

$$\zeta = \frac{L}{L'} \tag{3.8}$$

式中，L 为油束的贯穿长度；L' 为喷孔至燃烧室的直线距离。

喷注穿透率应满足1.05~1.1范围要求，才能保证油束混合良好，而且油束碰壁不多。

（2）压缩比

压缩比是燃烧室设计的另一个参数，反映了柴油机总体指标对活塞结构的要求，涉及柴油机的最高爆发压力和冷起动性能。当柴油机结构一定时，燃烧室容积大小取决于柴油机压缩比，压缩比直接影响最大爆发压力和升功率，压缩比越低，最大爆发压力水平越低，升功率反而增加，柴油机的压缩比范围通常在 13 ~ 22 之间。

压缩比与喷油压力的变化有一定关系。压缩比与排量的关系呈反比，即排量越小，压缩比越高，说明较小的燃烧室容积可通过采用较低的压缩比使排量增大。压缩比较小的柴油机在排放性能方面具有优势。因为较低压缩比会导致压缩行程结束时温度和压力较低，从而减少排放。

在采用高压喷射和小喷孔后，提高了燃油雾化质量，改善燃烧效果，可以提高输出功率，适当减小压缩比，可降低最大爆发压力。两种结构相似的燃烧室实验表明，在部分负荷时，当压缩比由 18 降低为 16 时，最高爆发压力基本保持不变，经济性仅降低 1%；当压缩比由 19.1 降低为 17.5 时，微粒平均减少 53%，氮氧化物平均增加 25%，存在一个最佳的压缩比，使得柴油机的性能指标最佳。目前小功率电控柴油机压缩比在 16 ~ 17 之间，采用增大燃烧室容积降低压缩比。

（3）口径比

燃烧室喉口直径与缸径之比为口径比，它直接影响压缩涡流强度、扫气效果、燃烧效率等参数，相互关系如式（3.9）~式（3.11）表述，进而影响柴油机的性能，每一种柴油机的口径比都有一个最佳值。口径比的选择与柴油机的压缩比、喷嘴的喷孔锥角直接关联，它的取值范围不同，口径比在 0.45 以下为小型喉口，大于 0.5 为中等喉口。

压缩涡流强度
$$W \propto \frac{1}{\mu f_k} \tag{3.9}$$

旋转涡流强度
$$n_c = \Omega \cdot \frac{d_0}{D} \cdot n \tag{3.10}$$

容积比
$$\frac{V_K}{V_C} \propto \frac{d_0}{D} \tag{3.11}$$

式中，μ 为气体流量系数；f_k 为气体流速断面积；d_0 为燃烧室喉口直径；D 为气缸直径；Ω 为进气涡流比；n 为柴油机转速；V_C 为燃烧室容积；V_K 为气缸工作容积。

在压缩比为 15 以上时，口径比应大于 0.5；在压缩比为 15 以下时，口径比应小于 0.5。

（4）径深比

喉口直径与燃烧室深度之比为径深比，径深比越小，一方面，活塞头部尺寸加大，往复运动惯性力加大，对活塞的机械强度不利；另一方面，会影响活塞的扫气效果。在空气涡流相同的条件下，径深比通常在 2 ~4 范围内，在喷油系统性能提高时，径深比趋向 3 左右。

（5）缩口比

缩口比是指唇口突出长度与最大直径之比，缩口比值越小，燃烧室形成挤流强度越大，降低油束偏移的敏感性，缩口区的热负荷越高，温度越高。在柴油机转速为 1500 r/min、平均有效压力为 0.3MPa、喷雾锥角为 ±0.3°、喷嘴突出量为 ±0.5mm 的条件下，不同缩口燃烧室对应的柴油机炭烟和氮氧化物的变化如图 3-15 所示。

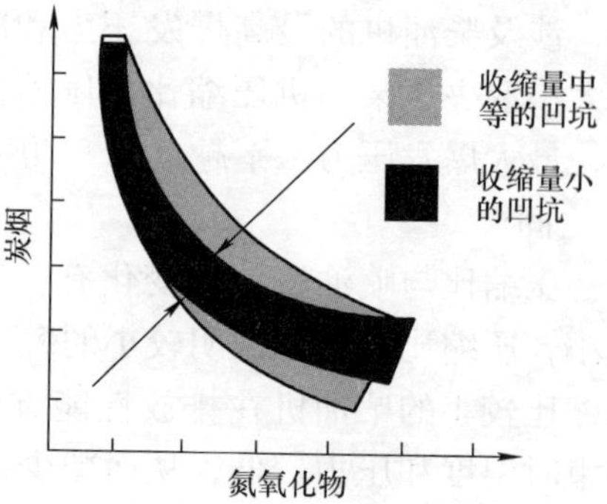

图 3-15　缩口比对排放浓度的影响

（6）*K* 系数

K 系数是燃烧室容积与柴油机排量的比值。*K* 系数与排量之间存在比例关系如图 3-16 所示，*K* 系数越大，说明柴油机有害的容积较大，指示燃烧效率较低。无气门凹坑会使燃烧室容积减小，从而降低 *K* 系数，结合降低压缩比到适度值时，对增大 *K* 系数有利，两者对 *K* 系数的影响如图 3-17 所示。

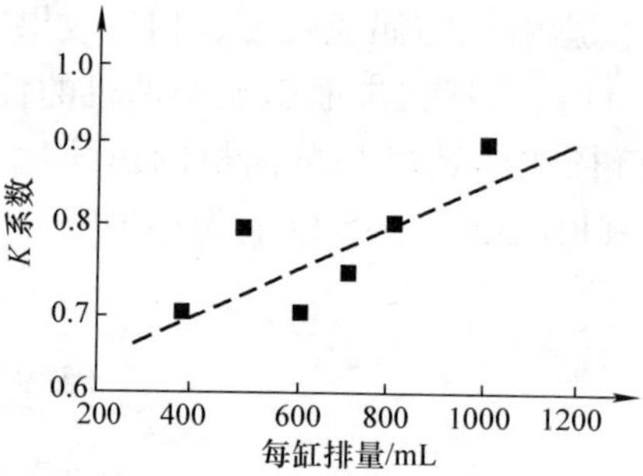

图 3-16　*K* 系数变化

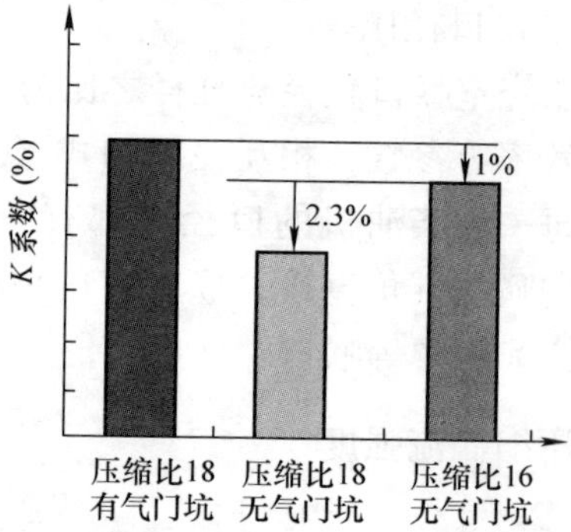

图 3-17　压缩比和气门凹坑对 *K* 系数的影响

（7）面容比

面容比是指燃烧室表面积 *A* 与其容积 *V* 的比值，反映了燃烧室的相对散热量。面容比 *A/V* 的值越小，燃烧室越紧凑，使得燃烧过程中火焰传播距离越小，不易爆燃，可提高压缩比；相对散热量减小，热效率高；熄火面积小，HC 排量小。燃烧室的面容比随着柴油机的排量增加而下降，随压缩比增加而增加，即柴油机越小，其燃烧室的面容比越大，因而相对散热量也越大。

不同形状的燃烧室，面容比值不同。球形燃烧室面容比最小，各种深坑型燃烧室的面容比次之，浅盆型燃烧室的面容比较大。

燃烧室面容比不仅与燃烧室结构有关，还与喷油系统参数、活塞顶隙以及缸内气流运动均有关，如果其他条件较好时，燃烧室的面容比选较小为宜。

四、电控系统指标

目前电控柴油机的燃油喷射系统有电控高压共轨系统、电控单体泵系统和电控分配泵系统，电控系统的任务是对燃油喷射系统进行计算机实时控制，实现了喷油量、喷油正时、喷油率与喷油压力随柴油机工况变化而改变。利用转速、加速踏板位置传感器（负荷）以及温度、压力等传感器，将实时检测到的信号输入计算机处理单元，与预先根据不同工况标定好的数据图谱（MAP）进行比较，计算出最佳值对轨压、喷油泵、喷油器、废气再循环（EGR）等执行机构进行控制，并能通过通信模块与整车管理系统（EMS）传输有关信息。

电控系统应接受5路模拟信号、4路数字信号和8路开关信号，能够发出脉宽可调的4~8路方波信号，8路开关驱动信号，驱动电路应当能够驱动高速大电流电磁阀，并满足电磁阀高速响应所需的电能，能将输入信号转变为控制单元可接受的信号，控制软件设计应当满足模块化设计要求，并将各功能分离处理，进行功能扩展，满足模块之间的相互通信。

1. 硬件指标

(1) 电控单元

柴油机电控系统是由电控单元、传感器、执行器以及线束组成的，其中电控单元硬件由微处理器单元（MCU）、电源管理模块、传感器输入信号处理模块、输出驱动模块以及通信模块等部分组成，结构如图3-18所示。

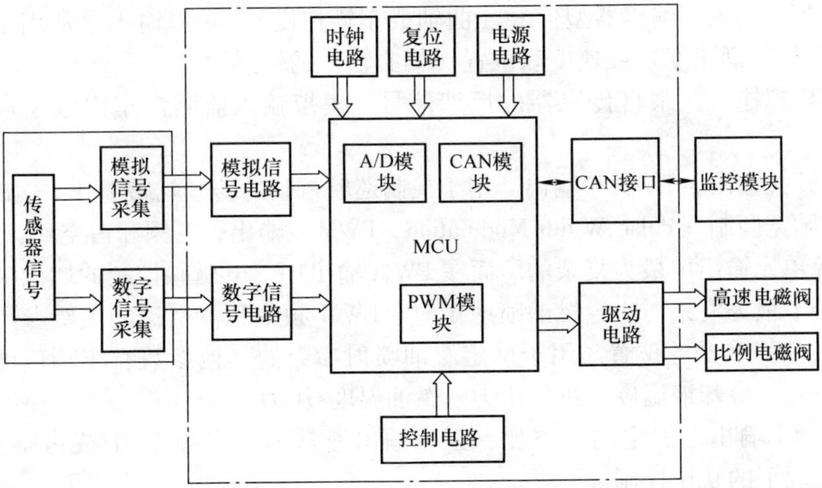

图3-18　电控单元硬件结构

电控单元的主要任务就是利用内部储存的软件（各种函数、算法程序、数据、表格）与硬件（各种信号采集处理电路、微处理器单元、功率输出电路、通信电路），处理从传感器输入的转速、温度、压力等信号，并以这些信号为基础，结合内部标定好的数据图谱（MAP），计算出最佳值，从而制定出各种控制命令，并送到各种执行器，从而实现对喷油量、喷油正时、喷油率以及喷油压力的控制，同时通过通信模块与整车的管理控制系统传输有关信息，使柴油机一直处于最佳的运行状态。电控单元（ECU）的主要功能模块如下：

1）电源。电控单元的电源是一个直流－直流转换器，它将不稳定的蓄电池电压调整成为稳压电源供电控单元使用，包括线形电压电源和开关稳压电源。电控单元中的电源信号主要是蓄电池供给电控单元的工作电压信号和电控单元供给各霍尔式传感器的工作电压信号，电源提供电控单元的工作电压为12V，集成芯片的工作电压为15V，传感器的工作电压为5V，喷油器电磁阀开启为高电压120V。

2）微处理器（MPU）和内存（通常为FLASH和RAM）。电控系统的MPU能执行32bit计算，总线频率大于40MHz。对MCU进行存储器扩展，用来储存大量的MAP图谱数据以及满足快速数据传输与运算的目的，扩展了2MB、32bit的FLASH，32KB、8bit的RAM，8KB、串行总线的EEPROM。

3）通信链路（如CAN、Kline）。电控单元具有与外界相连的通信链路。电控系统有基于CAN2.0B协议的CAN总线接口和基于KP2000协议的与ECU通信的K总线，用户可以根据不同的需求自行选择相应的通信接口。

4）离散输入，开/关型输入。离散（或开关）输入监测汽车中各组件和附件的开关状态，如柴油机的点火开关离散输入信号。

5）频率输入，编码器型信号（曲轴或车辆速度）。频率输入通常用于监测测试速度（如车辆速度）或速度和位置（如曲轴）的传感器。

6）模拟输入，来自传感器的反馈信号。模拟输入监测汽车中数量众多的传感器。

7）开关输出，开/关型输出。用于控制巡航行驶的信号就属于开关输出。

8）脉宽调制（Pulse Width Modulation，PWM）输出，变频和占空比。PWM输出是电控单元输出中最为复杂的。而在PWM输出中，电磁阀控制的燃油喷射和共轨压力调节最为复杂。决定燃油喷射定时、PWM频率和占空比的主要参数是曲轴速度（转速）和凸轮位置。用于确定燃油喷射参数的其他参数有车辆速度、加速踏板的位置、冷却液温度、进气压力、燃油温度/压力等。

9）频率输出，恒定的占空比。频率输出通常为恒定频率和/或占空比输出，如起动工况下的轨压控制。

（2）传感器

柴油机有多种类型的传感器，用于检测柴油机状态参数。传感器的输出信号都由电控单元调整处理，其中温度、压力、废气再循环阀（EGR 阀）开度等信号是电控单元感知回路的组成部分，传感器及其输出信号见表 3-4。

表 3-4 传感器及其输出信号

传感器名称	形式	测量范围	信号范围
踏板传感器	霍尔式	0°~70°	0~5V
轨压传感器	霍尔式	0~230MPa	0~5V
冷却液温度	磁电式	-40~130℃	0~5V
燃油温度	负温度	-40~120℃	0~5V
进气温度	负温度热敏电阻	-40~120℃	100~146Ω
排气温度	热电偶	0~1000℃	0~40mV
EGR 阀开度	霍尔式	0°~70°	0~5V
开关信号	磁电式	/	0/24V
曲轴转角信号	磁电式	/	2~18V 正弦信号
凸轮位置信号	磁电式	/	2~18V 正弦信号

（3）电执行器

柴油机的电执行器有高速开关电磁阀、比例电磁阀和步进电动机，电磁阀的输入信号见表 3-5。

表 3-5 电磁阀输入信号

执行器名称	形式	输入信号范围
压力控制电磁阀	比例电磁阀	24V 电压驱动
喷油电磁阀	高速开关电磁阀	单脉冲 110V
EGR 控制阀	比例电磁阀	24V、PWM 控制

2. 软件指标

电控系统的控制软件完成的功能有曲轴和凸轮等中断信号的处理，计算发动机转速，并为整个控制系统建立起时序基准，对各传感器进行数据采集或扫描，获知完成各控制算法所需的各种信息；根据设计好的逻辑进行工况判断计算，以便对不同工况运用不同的控制策略；根据相应算法或查询存放在存储器中的图表，完成各控制参数的计算和更新，将控制参数通过输出口提供给执行机构，完成一次工况的处理。另外，还有些扩展功能，如串口通信等。

（1）实时性

控制软件多处理电控系统中实时性要求高的操作，这些操作包括实时数据处理、实时控制、实时显示、实时数据通信等。对控制软件要求较高的实时性，实时控制精度应控制在1°曲轴转角以内，对不同功能模块的实时性要求不同，具体如下：

1）转速计算曲轴中断触发。执行频繁，实时要求高。

2）喷油定时计算喷射前执行。每循环执行一次，实时要求高。

3）喷油量及供油定时计算。每2.5ms执行一次，实时要求高。

4）离散量扫描。为节省中断资源，一般的开关量采用程序扫描的方式实现输入，扫描周期为15ms，为保证响应速度，实时要求较高。

5）模拟量采集和滤波定期执行。为兼顾缓变模拟量和瞬变模拟量的采集，采集周期为25ms，实时要求一般。

6）工况判断。在模/数（A/D）转换完成后，立即进行一次工况判断，实时要求一般。

7）通信处理串口中断处理。被动通信，实时要求一般。

8）动态故障诊断与处理。每10ms执行一次，实时要求低。

（2）可靠性

电控系统的软件包括基础软件、控制软件和诊断软件以及标定软件。其中基础软件、控制软件和诊断软件是在电控单元内，属于嵌入式软件，是真正在柴油机运行时对设备做控制或检查的指令集。标定软件是在上位机的计算机中，它仅在电控系统开发阶段通过与电控单元联系，对电控系统的工作效果做调试和标定。控制软件是电控系统工作的核心，直接决定着柴油机运行状况和性能，所以对控制软件要求具有较高的可靠性。

1989年国家标准定义的“软件可靠性”，有以下两方面的含义：

1）在规定的时间内，在规定的条件下，软件不引起系统失效的概率。

2）在规定的时间周期内，在所述条件下，程序执行所要求的功能的能力。

其中的概率是系统使用和系统输入的函数，也是软件中存在着故障的函数，如果故障存在的话，系统输入将确定是否会遇到已经存在的故障。

环境条件是指软件的运行环境，涉及软件运行需要的一切支持系统及有关因素。规定时间被定义为软件投入运行后，计算机挂起和工作的累计时间。

嵌入式系统软件可靠性的特点是：

1）实时性对嵌入式软件的影响。对于实时性要求比较高的系统，它的可靠性不仅仅是由功能和行为来决定的，还要满足时间特性。能正确及时地响应才能称得上可靠。

2）嵌入性对嵌入式软件可靠性的影响。嵌入式软件的开发环境运行环境的不同同样给嵌入式软件的可靠性带来很大影响。

3）反应性对嵌入式软件可靠性的影响。在任何时间都要对可能出现的时间做出适当的反应，因此这类系统常常包含大量复杂的控制行为，这样也加大了保证系统可靠性的难度。

为确保嵌入式软件的可靠性和安全性，首先要根据系统分析产生的需求规范确定嵌入式系统中属于软件的安全规范。了解系统软件要实现哪些功能，这些软件功能安全等级达到等级1～4。在软件系统设计时将软件转化为多个子系统的组成，每个子系统包含多个变量和函数，对于面向对象分析来说，变量和函数分别对应了属性和操作，每个子系统实际上是一个包，它包含了多个类。

安全性依据遵从功能安全认证（ICE61508：98——《电气电子可编程电子安全相关系统的功能安全—软件要求》），分为两部分：一是在软件系统设计阶段选取适合的技术和措施，以保证安全性；二是在软件验证与确认过程中的集成测试阶段ICE61508－3建议使用的技术，部分地指导软件的验证与确认活动。

在软件设计阶段ICE61508－3中，每一种安全完整性等级都分为等级1～4的推荐，具体推荐如下：

1）HR（强烈推荐）：在该安全完整性等级下极力推荐的技术或措施为半形式化方法。如未采用这样的技术或措施，则要在软件安全计划中详细记录未使用该技术和措施的理由，并经评估方批准。

2）R（一般推荐）：在该安全完整性等级下，低于推荐程度的所推荐的技术和措施为计算机辅助设计工具。

3）—：技术或措施不推荐或不使用。

4）NR（不推荐）：在安全完整性等级下绝不推荐的技术和措施。如果采用该类技术或措施，要在软件安全计划中详细记录使用该技术和措施的理由，并经评估方批准。

嵌入式软件一般是一种安全关键软件，一旦出错可能带来人员伤亡和灾难后果，这就对嵌入式软件的可靠性和安全性提出了较高的要求，平均故障间隔时间（MTBF）应在10万h以上。

为满足嵌入式软件高可靠性和减少测试时间的要求，可靠性精度要求较高，例如执行10000h出错的概率小于0.0001。

Chapter 4

第四章 进气系统匹配

第一节 进气系统

一、进气系统概述

油气混合质量直接影响柴油机的燃烧好坏，混合气的均匀程度不仅取决于燃油雾化质量，而且取决于缸内气流状况，气流运动在很大程度上受进气状态的影响，进气涡流的强弱直接影响缸内气流涡流的形成。由于进气系统中的气体流动属于高湍流的流动，气流经过进气道和气门时发生能量损失和节流，从而影响气流速度和运动状态。为了增加进气量，气道的流动阻力越小越好，气门升程应随着柴油机工况变化而改变，以获得最佳进气量。

进气系统的涡流强度随着进气道的形式而定，直喷式柴油机采用螺旋气道的较多。在螺旋气道的结构一定时，进气涡流强度随着柴油机转速升高而升高，同时进气阻力也增加。在柴油机运行过程中，高转速区和低转速区对进气涡流强度的要求不同，当柴油机低速运转时，气缸内气流运动速度较低，要求较强的涡流强度，以促进混合气的形成；在柴油机高速运行时，气缸内气流运动速度较高，气缸内的涡流强度足够，较高的进气涡流强度不仅不利于混合气形成，反而增加进气阻力，影响充气效率，使柴油机性能下降，所以要求进气涡流强度较低。

当气门结构参数一定时，气门升程大小直接影响进气量。当用机械凸轮机构控制进、排气门时，由于凸轮型线是固定的，因而其气门的升程、配气相位都是固定不变的。气门升程大小和配气相位是通过试验获得的，通常是兼顾各种工况时发动机性能的一种折中方案，因此，机械凸轮机构控制进、排气门只能保证柴油机在某一工况下性能最优。此外配气相位不能随柴油机转速变化而调节，无法向柴油机提供各种工况下的进、排气最佳正时，难以保证柴油机性能。对于车用柴油机而言，在怠速或低速小负荷工况下，需要较小的进气门关闭角和气门重叠角，以得到较好的怠速平稳性和废气排放性能。在高速大负荷工况下，则需要较大的进气门关闭角和气门重叠角，以得到较好的进气充量。所以根据柴油机运行要求，在柴油机低速时，进气系统要产生较大的进气涡流强度和小配气相位；在柴油机高速时，进气系统要形成较小的进气涡流强度和大配气相位。

在车用柴油机上，采用可变进气系统可满足进、排气要求，可变进气系统分为可变进气涡流系统和可变气门机构两类。

1）可变进气涡流系统。可变进气涡流系统通过在一个进气道上安装控制阀，调节控制阀的开度就可以改变涡流比。在四气门柴油机上，大幅度调节涡流比，能保证流量系数下降很少，容易实现最佳涡流比的调节与控制；在两气门柴油机上，采用控制阀实现双气道、副气道结构的转换，调节可变涡流。当涡流比增加时，流量系数下降很多。

2）可变气门机构。可变气门机构是通过对配气机构中凸轮或气门的直接调节和控制来改变气门升程、开启持续时间和相位，实现对气门的运动参数进行调节，改善进气效果。可变气门机构又分为有凸轮驱动和无凸轮驱动两种，有凸轮驱动可变气门系统在汽油机上应用较多，在汽车上进入实用阶段；无凸轮驱动可变气门系统是近年来出现的新技术，涉及不同学科技术较多，结构较为复杂，正处于研制阶段。

二、进气道设计

进气道的流量对提高柴油机燃烧系统的性能至关重要，进气行程中缸内气体流动影响着燃油-空气的混合过程。进气道的流通能力是决定充量系数的一个关键因素，特别是多气门技术的优越性以及燃油供给系统的飞速发展，对进气道的性能提出了新的要求：较小的进气阻力，在满足涡流比的前提下获得最大的进气量。

不同的进气道形式所对应的进气功能不同，气道的形状和尺寸的变化直接影响其性能，特别是其敏感部位，一般在螺旋室或气道最小截面处。螺旋气道的功能是产生较大的进气涡流，切向气道主要是增加进气量。螺旋进气道形状复杂，通常由不规则空间曲面构成，不易用几何尺寸精确地描述。通过对气道最小截面面积、最小截面对气门的偏心量、螺旋室蜗壳的包络角等组合得到不同性能的螺旋气道。

1. 结构设计

进气道的设计是四气门柴油机设计中的一项关键环节，进气道的结构与性能对柴油机的整机性能有直接的影响。

（1）气门中心角度

四气门柴油机进、排气道的位置应取决于气缸盖底平面两个进气门座圈孔的中心位置，气门中心位置及其角度如图4-1所示。如果把四个气门的中心用直线连起来，连线形成一个正方形，每个边长的大小都决定了两个气门之间的距离，距离过近使鼻梁区热应力集中引起断裂，距离过远使气门离气缸壁太近而产生碰撞。为了使两个气道同时从一侧进气或出气，四个气门连成的正方形的中心线对气缸中心线应有一倾斜角度 α，这个角度决定了缸盖底面平面进、排气门的位置，同时也决定了进、排气道的位置和形状。进气道形状对涡流强度有很大的影响，直接关系到柴油机的整机性能，表4-1给出了国内外几种机型的 α 角度。

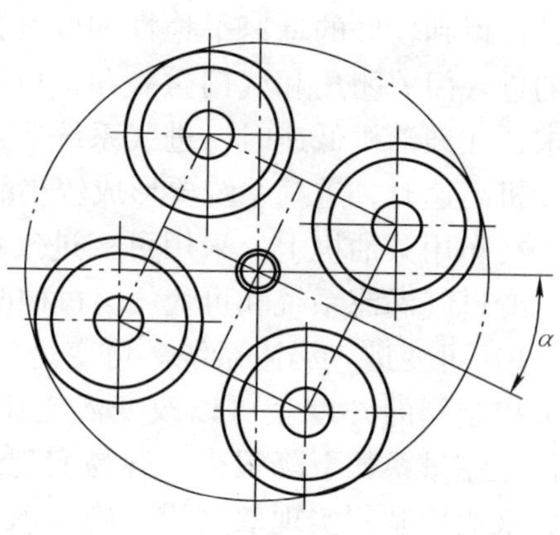

图4-1　气门中心位置及其角度

表4-1　国内外几种柴油机的气门中心角度

机型	日本丰田15B	意大利VM	日产柴FE6E	天津大学内燃机研究所单缸机
α 角度/(°)	23	3~4	7	5

（2）进气道性能

与两气门柴油机不同，四气门柴油机两个进气道的气流之间存在着相互利用与干涉。在保证较大的流通系数的前提下，寻找最佳的涡流强度是四气门柴油机进气道设计的关键。

涡流强度的大小与气道形式紧密相关，当两个进气道分别为螺旋气道和切向气道时，螺旋气道产生较强的涡流，切向气道增大充气量，两者既相互补充同时也相互干扰，影响气道的涡流比和流量系数。通过对丰田15B柴油机的双气道同时开启和每个气道单独开启的试验，丰田15B柴油机的气道试验结果见表4-2。每个气道独立打开时涡流强度（涡流比）都很高，而双气道同时开启时涡流比降低30%。由于双气道的流通截面总和只比两气门柴油机单气道大30%~40%，所以流量系数在气道双开和单开时提高并不大。试验表明：当气门升程较小时，螺旋气道的流量系数较大；在气门升程较大时，切向气道的流量系数较大，这表明螺旋气道在气门升程较小时进气能力比切向气道强，而气门升程较大时，进气能力不如切向气道。进气道内的气体经气门伞状钝体的导流作用，流出气门阀和阀座时呈现环状射流。螺旋气道出口处有一蜗壳，这有助于气体流出气门阀和座。因此小气门升程时，螺旋气道在进气方面有优势；较大气门升程时，蜗壳的作用已不明显，流通阻力成为主要影响因素，所以切向气道在进气方面有优势。

表 4-2　丰田 15B 柴油机的气道试验结果

气门升程 /mm	双气道　开启		螺旋气道　开启		切向气道　开启	
	涡流比	流量系数	涡流比	流量系数	涡流比	流量系数
9.5	2.44	0.621	3.88	0.600	3.23	0.602
9	2.38	0.600	3.79	0.589	3.21	0.600
8	2.28	0.582	3.45	0.573	3.15	0.581
7	2.09	0.544	2.79	0.496	2.86	0.476

(3) 配气系统关联

四气门柴油机配气系统的形式是根据整机结构布置来确定的，配气系统有双顶置凸轮轴（DOHC）、单顶置凸轮轴（SOHC）、单侧置凸轮轴、凸轮直接驱动气门、摇臂驱动气门等形式。无论哪种形式，为达到与四气门进气道的最佳匹配，配气系统刚度应比两气门时大幅度提高，一般两气门配气系统刚度为 300N/mm 左右，而四气门配气系统刚度为 500～600N/mm。如果采用架桥驱动气门的结构，要求两个气门弹簧之间的弹簧力差别不大于 2～4N/mm，以保证双气门的同步开启。

(4) 供油系统及增压度的关联

气道的性能在设计时还要考虑柴油机的供油系统和进气增压的影响。当采用高压共轨喷油系统、喷油压力在 150MPa 以上时，涡流比可以适当降低；当增压柴油机进气压力较大时，涡流比要适当降低，因为压力进气时需要足够的流通效率，增大进气压力提高了空气的流速，增强了缸内的空气运动强度，所以增压度越大，涡流比越低。

2. 设计流程与方法

按照涡流强度的要求，气道的设计目的是为了使气体获得更好的穿透性能。气道气体穿透率是气道穿透总长与气道总长的比值，气道气体穿透率原则上要求气体穿透长度要尽量接近气道长度，比值接近于 1，进气道设计分为两个步骤：

(1) 选择最佳的方案

采用计算机辅助设计（CAD）三维数值模拟，进行柴油机螺旋气道设计方案选择，气道设计参数是气门相对于气缸的位置，如流量系数、涡流比，通过模拟计算，获得空气动力学最佳的方案，确定气门出口截面的最佳流向是获得空气动力特性的首要条件，避免大量空气流向气缸中央，将两个气道之间的负面影响减至最小。

(2) 穿透率和涡流之间的折中

目前，进气道的结构设计采用计算机辅助造型、进气流动三维仿真预测和进气流动试验验证相结合的方法，以提高工作效率、缩短研发周期，进气道设计流程如下：

1）确定进气道的特点。

2）应用三维 CAD 定义完全参数化的、灵活且可靠的进气道模型。

3）开发和实施测量大量气道模型实物的方法。

4）执行所建立试验测试程序，以有效地探索设计空间。

5）采用知识模型加以推理运行演示。

6）验证模型推理结果并可视化验证。

气道的三维造型设计方法分为正向设计与逆向设计两种。

（1）正向设计

正向设计是一个从无到有的设计过程，包括参数化设计和交互式设计两种方式。参数化设计应用简便，效率较高，生成几何模型速度快；交互式设计较为灵活，适应性强。交互式设计又有两种：①基本体素的布尔运算法，把螺旋气道分为入口直段、螺旋室和连接这两部分的连接段，造型流程如图 4-2 所示；②轨迹和剖面法，用一条轨迹和几个与之相交的剖面来创建一个实体，一次完成螺旋气道的直段部分、螺旋室和连接段的建模，其过程如图 4-3 所示。

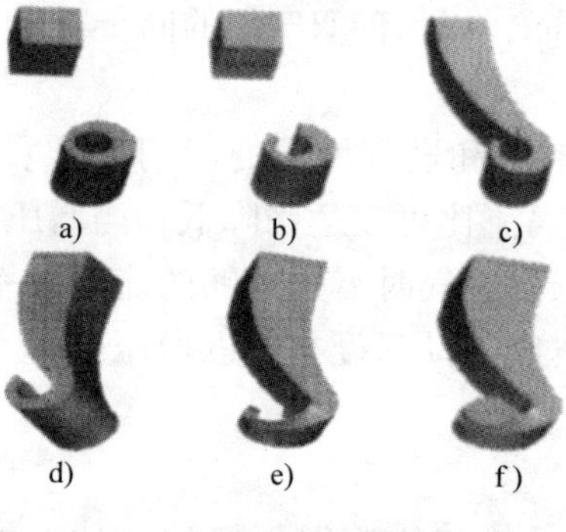

图 4-2　布尔运算法建立螺旋气道模型

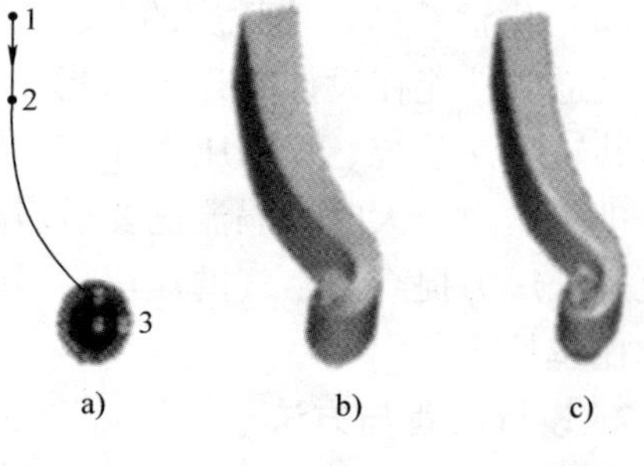

图 4-3　轨迹和剖面法建立螺旋气道模型

（2）逆向设计

逆向设计也称反求设计，是针对产品设计者和生产者面对只有实物样品或手板模型而无图纸或计算机辅助设计数据档案的情况下，要想获得能方便进行后续工作的严密、准确的数学模型而产生的技术，也是为了消化吸收先进技术而提出的一系列分析方法和应用技术的结合。它基于某种可获得的物理模型或现有产品的测量数据来进行重构设计，实现对原样件的逼近或修改，从而达到复制该产品或获得新产品的过程。在消化、吸收先进技术的基础上，建立和掌握自己的产品开发技术，从而进行产品的创新设计。气道的逆向设计是根据已有的气道实物或模型来建立气道的三维几何模型，在计算机上以数字量的形式精确描述气道外形的设计方法。气道的逆向设计包括仿形建模和创新设计两方面的内容，仿形建模是对已有气道进行模型重建，创新设计是在重建的气道模型的基础上进行再设计。

具体步骤如下：

1）获取进气道表面点云。常用的测量方法主要有：手工测绘、非接触点扫描、接触式三坐标测量、白光（普通光）光栅扫描、激光线扫描等几种。

2）重构进气道表面。气道点云的测点数量很大而且无序，使用 UG、Pro/E 等软件完成曲面造型有很大难度，可以使用先进的 Geomagic Studio、Surface、Freeform 等软件进行点云的后处理和曲面重构。

逆向造型首先是气道表面点云的获取，测量前先制造气道的硅胶阳模，然后使用 Geomagic Studio 软件对数据的点云进行处理，即重构曲面。

曲面重构的过程如下：①对测量的点云数据进行排噪平滑、压缩归并冗余数据、补齐遗失点等预处理；②在点云的基础上自动生成三角形网格；③通过多视图拼合、三角形网格的光顺处理、网格优化、特征提取、补漏以及封闭等操作完成三角形网格的编辑完善；④自动提取轮廓线、定义四边形网格、构建 UV 线，然后拟合 NURBS 曲面；⑤对曲面进行整体的光顺、合并和误差分析处理；⑥将曲面输出为 STL、STP、IGS 等格式，以便与其他 CAD/CAM/CAE 软件进行数据交换。

三、进气道评价

在进气道评价方法中，由气门升程相关的进气道性能参数可计算出气道的平均流量系数 $\mu_{\sigma m}$、平均涡流比 ω_m 和平均综合性能系数 X_{Nm}。气道的质量评价指标主要有流动阻力、流量系数、涡流强度等。

1. 单进气道涡流强度

（1）Ricardo 无量纲涡流比 N_R

该参数定义为叶片旋转的角速度与气缸直径的乘积同理论进气速度的比，计算公式如下：

$$N_R = \frac{X_R D}{v_o} \tag{4.1}$$

式中，X_R 为叶片旋转的角速度；D 为气缸直径；v_o 为理论进气速度。

（2）Ricardo 涡流比 ω

该参数定义为叶片旋转的角速度与发动机旋转的角速度的比，其计算公式如下：

$$\omega = \frac{X_R}{X_e} \tag{4.2}$$

式中，X_R 为叶片旋转的角速度；X_e 为发动机旋转的角速度。

2. 组合气道参数

通过试验发现，两个气道在进气过程中会产生气流相互干涉的问题，这不仅导致进气流量的减小，还会造成气缸内进气动量下降，直接影响气缸内的涡流比，进而影响发动机的动力性和经济性。如果单一地追求螺旋气道的涡流比和切向气道的进气量，则这种组合气道的流动特性和涡流效果不一定是最佳的。组合气道的流量系数 C_{FF}、切向气道与螺旋气道的流通面积之比 A_t/A_s、切向气道和螺旋气道的进气流量之比 Q_t/Q_s 等是评价柴油机四气门进气系统组合气道流动特性的指标。

（1）流量系数 C_{FF}

流量系数 C_{FF} 定义为流过两个气道的实际空气流量和理论空气流量之比。该指标主要用来评价组合气道的进气阻力，其计算公式如下：

$$C_{FF} = \frac{(Q_1 + Q_2)}{A_1 v_{o1} + A_2 v_{o2}} \tag{4.3}$$

式中，Q_1、Q_2 为试验测得的实际两个气道的空气流量（g）；A_1、A_2 为两个气门座内截面面积（m^2）；v_{o1}、v_{o2} 为两个气道的理论进气速度（m/s），其计算公式为 $v_{o1} = v_{o2} = \sqrt{2\Delta p/\rho}$，$\Delta p$ 为进气道压力降（kPa），一般取 25kPa，ρ 为气门座处的气体密度（kg/m^3）。

（2）涡流干涉系数 K

考虑到两个气道在进气过程中会产生进气的涡流损失，气缸内的实际涡流比并不等于两个气道各自的涡流比之和。涡流干涉系数 K 表示两个气道的涡流比对组合气道的实际涡流比的影响，其计算公式如下：

$$K = \frac{\omega}{\omega_1 + \omega_2} \tag{4.4}$$

式中，ω 为组合气道的涡流比；ω_1 为螺旋气道的涡流比；ω_2 为切向气道的涡流比。

（3）进气流通面积之比 A_t/A_s

两个气道同时开启，在进气的同时也存在进气流量和进气压力降的干涉，切向气道与螺旋气道的流通面积之比 A_t/A_s 是切向气道的喉口截面积 A_t 与螺旋气道的喉口截面积 A_s 之比，反映了两种气道的进气流量关系。在最佳的进气涡流比和较大的进气量时，四气门气道的进气流通面积之比 $A_t/A_s = 0.5 \sim 0.65$。

（4）进气流量之比 Q_t/Q_s

考虑到两个气道在进气过程中的气流干涉会产生进气流量的损失，四气门进气系统的总进气量并不同于切向气道与螺旋气道各自的进气流量之和。为了使四气门进气系统的流量最大，在最佳进气涡流比和较大的进气量时，切向气道与螺旋气道的进气流量之比 $Q_t/Q_s = 1.2$。

3. 进气涡流匹配

进气涡流要与油束和喷射压力相配合，小缸径高速直喷式柴油机一般采用螺旋进气道的流动特性来改善气缸中的气流运动。当喷油器的喷孔数较多时，随着发动机转速升高，进气涡流增强，当进气涡流增强到一定程度时，相邻两个油束发生干涉重叠现象，出现局部缺氧，使油耗、烟度增加，因此当发动机转速增加到一定程度时，应该减弱进气涡流强度。从喷射情况来看，随着发动机转速降低，油束的贯穿距离增大，喷射到燃烧室壁的燃油量增加，这时应增加进气涡流才能充分利用相邻油束间的空气量，减少碰壁，促进燃油和空气快速混合。同样，负荷增加时应该增加进气涡流，加强室内空气运动，负荷降低时应减弱进气涡流。此外，随着喷射压力的提高，未来柴油机进气涡流将逐渐向弱涡流甚至静止涡流的方向发展。

（1）涡流强度与喷油嘴的匹配

涡流强度要与油束数目配合，只要在喷油持续期内，涡流强度能使空气旋转一个相当于相邻油束间的夹角就够了，此时空气利用率最高。因此，在喷油压力一定的条件下，喷孔数目减少，喷油持续时间越长，则所需的涡流强度也应越强。

（2）涡流强度与燃烧室的匹配

燃烧室尺寸、油束射程及涡流强度之间的配合，会影响燃烧室中燃料的空间分布的比例及油束的落点位置，从而影响混合气形成和燃烧过程。如在燃烧室口径较小且进气涡流较弱时，油束的贯穿度较大，喷到燃烧室壁上的燃油量较大；而在燃烧室口径较大且进气涡流较强时，油束射程变小，喷到燃烧室壁面上的燃油减少，甚至油束喷不到壁面，使得空间分布的燃料增多。深坑型燃烧室是以空间混合为主，一般应保证在进气涡流的作用下油束有适当的贯穿度，使燃油撞击燃烧室壁面，并能形成反跳，实现燃油的再分布，以促进混合和燃烧。

第二节 可变进气

一、电控可变进气系统

柴油机可变进气涡流是通过节流的作用，配合进气道的合理形式和布置，从而使缸内气体运动产生变化，来达到改变涡流的效果。常采用计算机、控制阀和进气道构成可变涡流进气系统，可变涡流进气系统的性能与其设计目标密切相关，设计目标有以下几点：

1）进气系统具有较好的流通性。通过合理的材料选取和结构设计，降低进气流动的沿程阻力和局部阻力，避免因阻力过大造成的进气流量损失。

2）进气系统能够实现较大范围涡流比的变化。根据发动机的涡流要求和具体的工况确定涡流比的取值范围，使得发动机能够在各个工况实现最佳涡流比。

3）进气系统在改变涡流比的同时，尽量减小流量系数的损失。应通过可变涡流机构的合理设计与布置，可能避免因涡流控制阀节流造成的流量系数下降过大。

4）进气系统应具有结构简单、可靠性高的特点。避免因可变涡流机构的故障导致发动机的异常。

5）进气系统可变涡流控制方式简单。能够通过灵活的控制机构实现阀片开度的连续可变，达到涡流比的连续调节。

柴油机可变涡流进气有多种实现方法，进气系统产生可变涡流主要有以下几种方式：双层气道气门方式、副气道控制方式、带涡流控制的螺旋气道、可调涡流方式、四气门方式、喷孔式变涡流控制方式。

双层气道变涡流方式如图4-4所示，在进气道布置水平隔板，关闭上层气道2进口板阀1，下层气道3开启，进气速度提高，产生强涡流；若打开板阀1，则恢复弱涡流状态。这种方式产生强涡流使流量系数降低，由于会造成流量系数严重下降，目前基本已经淘汰。

副气道变涡流方式如图4-5所示，在原有主气道上设置了控制涡流的副气道2，使其从上方以一定的角度与主气道3相通。若打开副气道入口的转换阀，涡流变弱，进气量增加；流量系数增加；若关闭板阀，恢复原来的强涡流状态，在保证良好的流量系数的前提下，获得了强涡流。

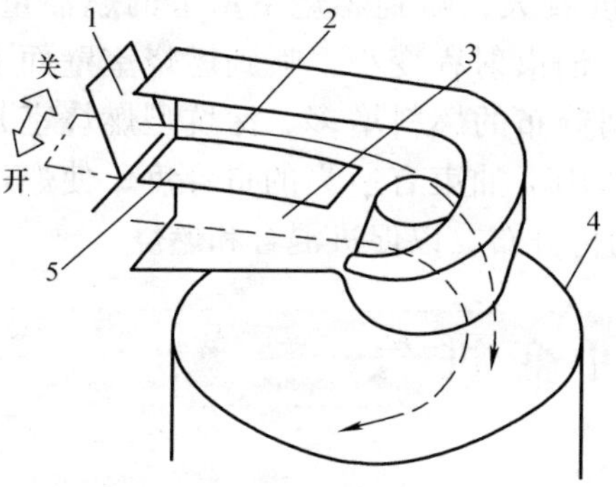

图4-4　双层气道变涡流方式

1—板阀　2—上层气道　3—下层气道

4—气缸　5—水平隔板

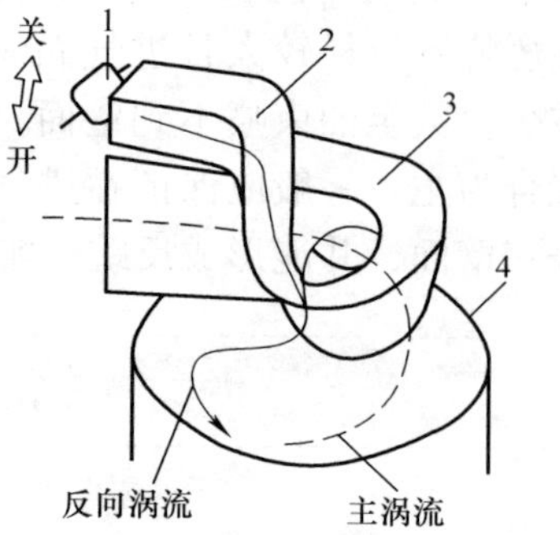

图4-5　副气道变涡流方式

1—转换阀　2—副气道

3—主进气道　4—气缸

带涡流控制阀的变涡流方式如图4-6所示，在进气道内安装一块隔板3，从气道上部凸出到下部，将气道分成螺旋气道和旁通气道。当部分负荷要求较高的涡流比时，旁通气道关闭；当全负荷要求较高的流量系数时，旁通气道2打开。由于涡流控制阀的存在，降低了流量系数和充量系数。

可调变涡流气道方式如图4-7所示，在进气道内设置挡块2，将进气道分成螺旋气道和直气道，在两个气道的进气门处设置涡流转换阀，在螺旋气道内设置节流阀1，在柴油机大负荷时采用直气道，中负荷时用螺旋气道，低负荷时使用节流阀。

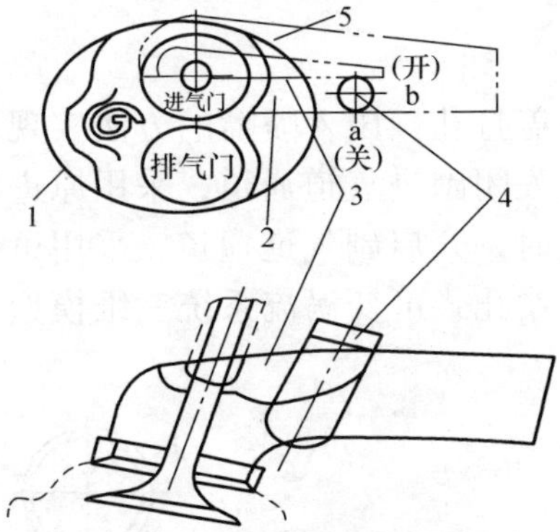

图 4-6　带涡流控制阀的变涡流方式

1—气缸套　2—旁通气道　3—隔板

4—涡流控制阀　5—螺旋气道

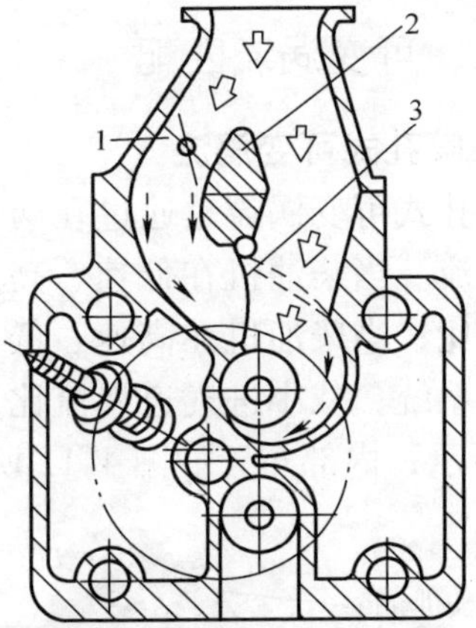

图 4-7　可调变涡流气道方式

1—节流阀　2—挡块　3—涡流转换阀

四气门方式——一个螺旋气道和一个切向气道，设计两个气道的相对位置，可以使切向气道的气流对螺旋气道的涡流强度有减小作用，因此通过改变切向气道的流通面积可以改变进气系统的涡流比。BMW 公司装在 6 缸发动机上的变涡流组合气道方式如图 4-8 所示，同样采用双进气道，通过控制切向气道的流通面积控制涡流比，但是螺旋气道和切向气道在不同方向，这样更增加了缸盖的加工难度。

四气门方式除了产生基于转速和负荷的可变进气涡流强度，还有喷嘴能垂直地设置在气缸中心，增加了气体有效流通面积，因而被广泛应用。

喷孔式变涡流方式如图 4-9 所示，将喷孔布置在进气道下方，关闭喷孔时，保持原有螺旋气道，能产生较好的涡流比，喷孔打开时，通过该孔的空气与螺旋气道的空气相通，降低涡流强度，涡流比调节的范围较小，对原有的气道改动较少，适合于两气门结构的柴油机。

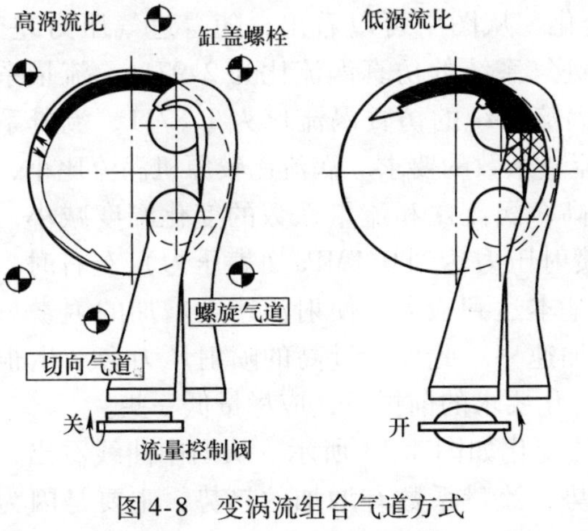

图 4-8　变涡流组合气道方式

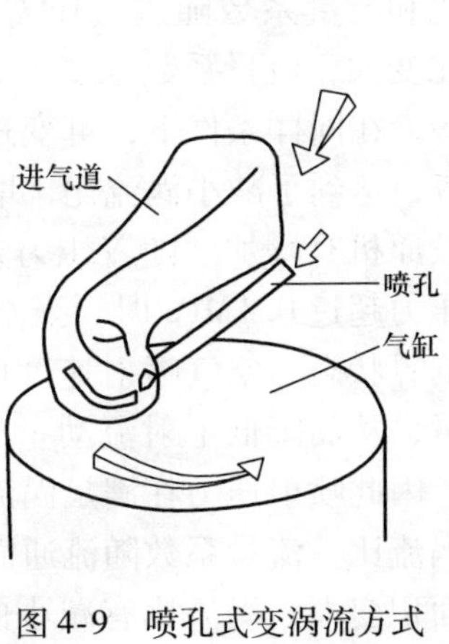

图 4-9　喷孔式变涡流方式

二、可变涡流匹配

1. 喷孔式可变涡流

喷孔式可变涡流是通过在两气门柴油机缸盖打孔、压入喷嘴的方法实现可变进气涡流。当柴油机在低速、高负荷工作时，关闭副进气道通道，采用原进气道的涡流比；当柴油机在高速、低负荷工况运行时，开启副气道通道，采用可变进气涡流系统，减小进气道涡流比以满足要求。喷孔式可变涡流系统三维模型如图4-10所示，内部布置如图4-11所示。

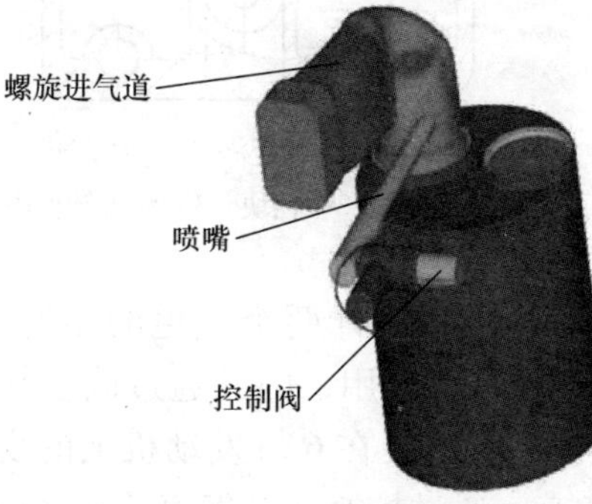

图4-10　喷孔式可变涡流系统三维模型

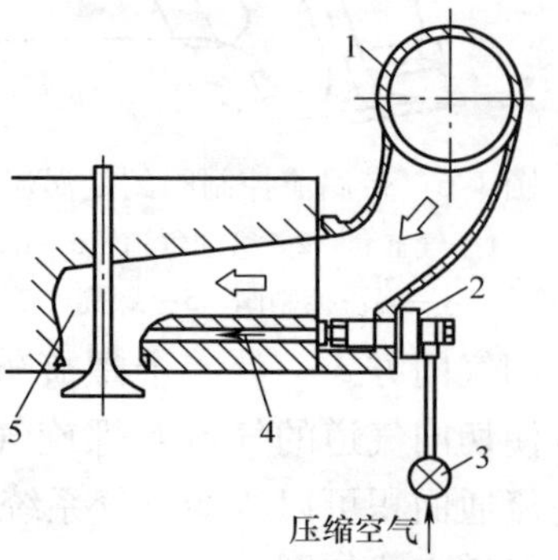

图4-11　喷孔式可变涡流内部布置
1—进气歧管　2—气动控制阀　3—电磁阀
4—副气道　5—进气道

涡流比和流量系数是可变涡流系统的主要性能参数，它受到进气压差、喷管流通面积、喷嘴缩口距出口距离和喷嘴缩口内径的影响而变化，采用STAR－CD软件对喷孔式可变涡流气道进行仿真计算，分析其涡流比、流量系数的变化规律。

在不同进气压差的条件下，对喷孔式可变涡流系统的涡流比和流量系数进行仿真计算，图4-12a、b分别为最大气门升程12mm时，可变进气涡流系统的仿真涡流比和流量系数随进气压差的变化。从图中可以看出，随着进气压力差升高，涡流比变大，流量系数也变大，原进气系统的仿真涡流比为2.9714，流量系数为0.3999，在同样条件下，可变进气涡流系统的仿真涡流比为1.8711，流量系数为0.4287，达到了减小涡流比、增加流量系数的要求。涡流比较原机涡流比小，流量系数较原机有增加。随着压力差升高，涡流比和流量系数的变化幅度减小，特别是在压力超过0.1MPa时。当空气喷射压力达到0.1MPa（表压力）左右时，喷嘴接近临界状态，空气喷射速度已经基本达到最大，使射流速度增加的因素只有空气质量，从而降低了射流动量的增加速率。此外，过高的喷射压力会产生很大的噪声，因此喷射压力在满足涡流比变化要求的前提下，应尽量低一些。

涡流比、流量系数随流通面积的变化如图4-13所示。从图中曲线看出，随着流通面积变大，涡流比有减小的趋势，流量系数有增加的趋势，主要是因为流通

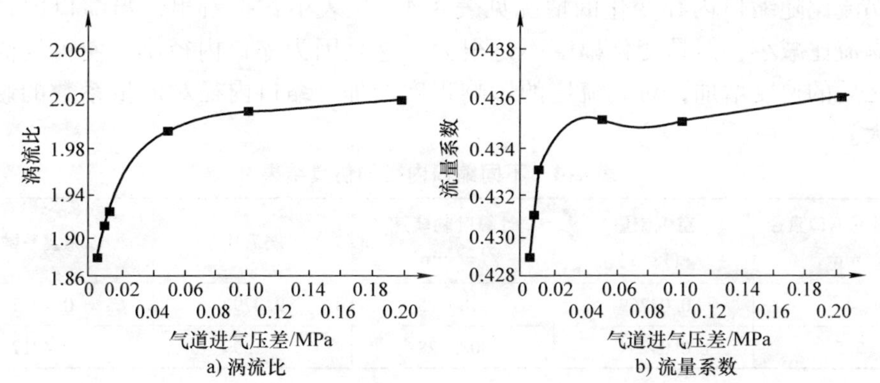

图 4-12　两气道压差一致的条件下不同的进气压差的仿真结果

面积的大小对射流动量有决定性作用，但是在流通面积 10 ~ 30mm² 的范围内，随着流通面积增大，涡流比会变大，而流量系数会减小。

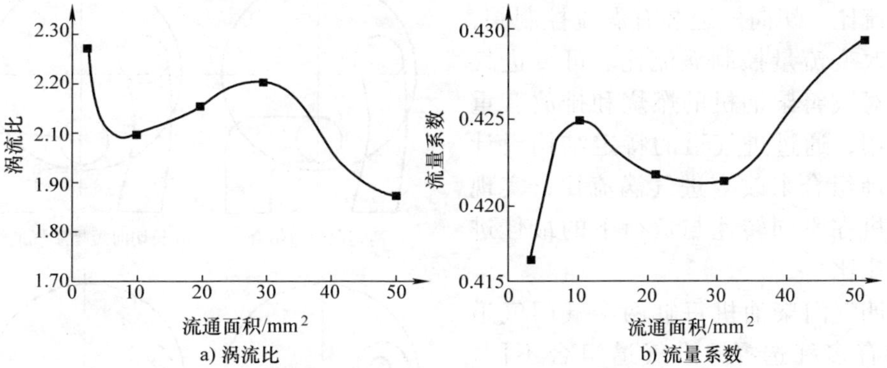

图 4-13　不同的流通面积下的仿真结果

涡流比和流量系数随着拉伐尔喷嘴缩口距出口距离的变化见表 4-3。从表中数据可以看出，随着距离增大，涡流比变大，但是变化幅度不是很大；喷嘴中的加速气流经过的距离越长，流动损失越大，达到出口的速度越小，对涡流的影响程度也就越小，但是流量系数变化不是很明显。

表 4-3　不同的喷嘴缩口距出口距离的仿真结果

渐缩喷嘴距出口的距离/mm	空气流量/(kg/s)	计算叶轮转速/(r/min)	涡流比	流量系数
15	0.04267	−3055.12	2.1328	0.4230
20	0.04254	−3083.28	2.1595	0.4217
34	0.04276	−3141.59	2.1886	0.4239

涡流比随缩口内径变化的情况见表4-4。从表中数据看出，当缩口内径减小时，涡流比减小，但是变化幅度不是很大。这是因为缩口内径小，使得气流经过缩口之后的速度增加，对涡流比的影响程度增加，缩口内径对流量系数的影响不是很大。

表4-4 不同缩口内径的仿真结果

渐缩喷嘴缩口直径/mm	空气流量/(kg/s)	计算叶轮转速/(r/min)	涡流比	流量系数
4	0.04269	2980.75	2.0799	0.4232
5.5	0.04254	3083.28	2.1599	0.4217

2. 组合气道可变涡流

对于四气门直喷柴油机，实现可变涡流可采用组合气道结构。组合气道由两个相互独立的进气道组成：一个是螺旋气道，用于产生高的涡流比；另一个是切向气道，也可采用直气道，用于产生低涡流比。切向气道装有涡流控制阀，通过改变流量控制涡流比。可变进气涡流对改善柴油机的燃烧和排放有重要作用，通过进气道的特定结构设计和合理组合来改变进气涡流比，实现柴油机在不同转速与负荷下的最佳进气涡流比。

四气门柴油机每缸两个气门气道组合有多种选择，进气道组合不同，相互作用对进气涡流、进气量的影响也不同，常见的气道组合形式如图4-14所示。

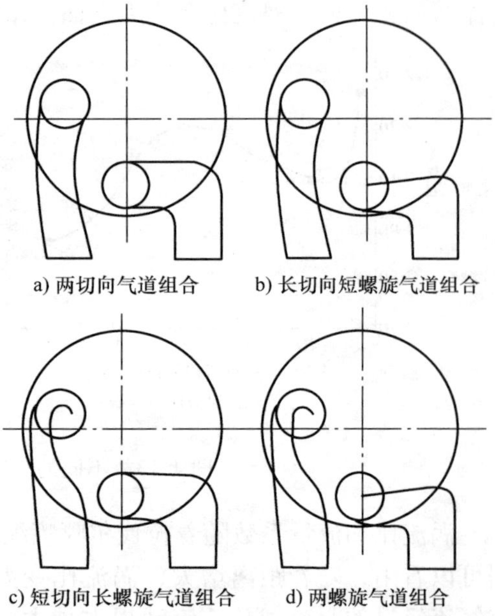

a) 两切向气道组合 b) 长切向短螺旋气道组合 c) 短切向长螺旋气道组合 d) 两螺旋气道组合

图4-14 常见的气道组合的形式

图4-14a所示的两个切向气道组合，气流干涉效应小，可获得较高的进气速度，切向气道形成的涡流强度较小；图4-14b、c所示的切向气道和螺旋气道组合，能产生适度的涡流，对需要涡流支持的油气混合极为有利。短的切向气道产生的高速气流会破坏螺旋气道的涡流，并形成气流阻塞，长的切向气道可以在充气速度和涡流强度两个方面获得折中；图4-14d所示的两个螺旋气道组合，当两个螺旋气道的旋向相同时，涡流过于强烈；当两个螺旋气道的旋向相反时，气门出口处的气流会产生强烈的互相影响，进气阻力增加，流通性能不好。

试验研究表明：并非所有的直气道和螺旋气道组合都可以实现缸内涡流调节增强。需要对进气道进行特殊设计和对两个气道进行合理组合。根据大量的稳流气道试验数据分析，得到可调涡流双进气道的组合设计原则，即被调节的进气道的流量系数应取较大值而涡流比取较小值；不调节的进气道的涡流比则取较大值。按照原机气道的入口尺寸和气门位置，根据可调涡流气道的设计原则，采用正向设计和逆向设计相结合的方法，设计出两组气道，分别如图 4-15 和图 4-16 所示。其中，Z1 和 Z2 为直气道，出口方向相反；L 为螺旋气道。

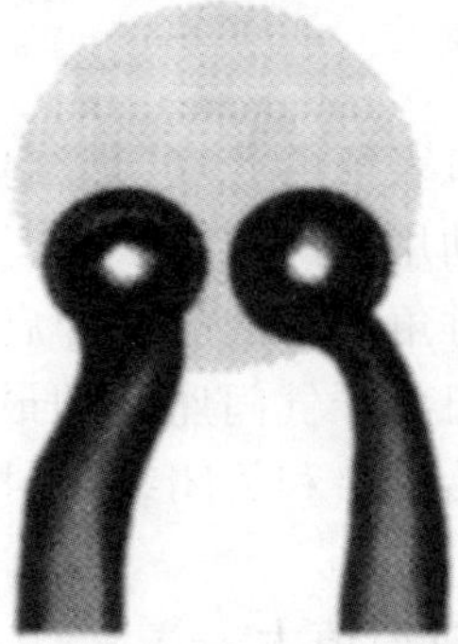

图 4-15　Z1 和 L 组合布置

图 4-16　Z2 和 L 组合布置

对两种组合气道试验件进行试验，Z1L 组合气道在转速 1300r/min 下的涡流比和流量系数与转角的关系曲线如图 4-17 所示，在转速 2100r/min 时的涡流比和流量系数与转角的关系曲线如图 4-18 所示。从图中看出：在转阀角度为 10°时，涡流比最小，但流量系数同转阀全开时接近；当转阀全闭时，涡流比最大，流量系数最小。从可调性的试验结果看，Z1L 组合气道的涡流调节能力很强。

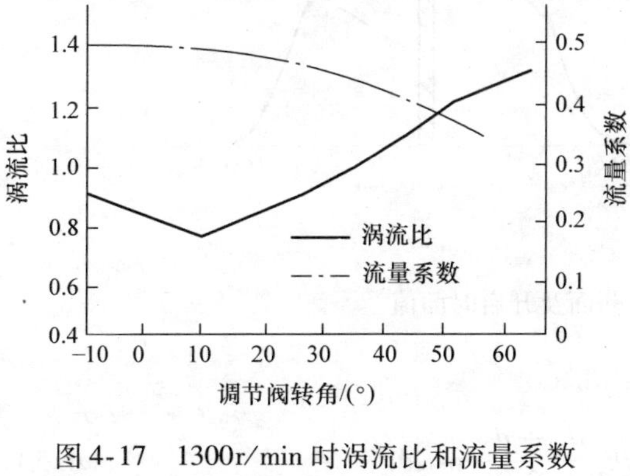

图 4-17　1300r/min 时涡流比和流量系数与转角的关系曲线

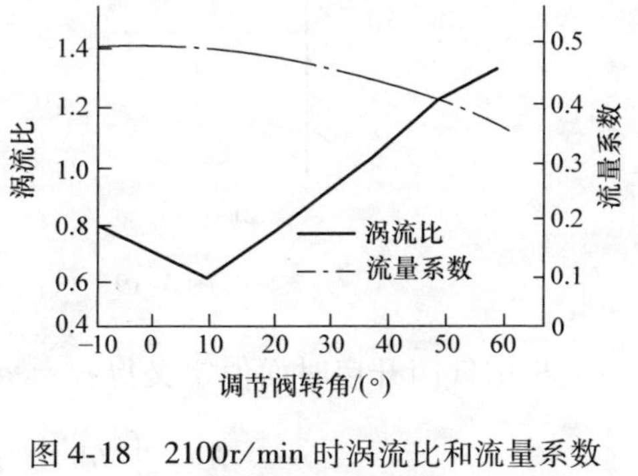

图 4-18　2100r/min 时涡流比和流量系数与转角的关系曲线

在 1132Z 型单缸机上安装新研制的可调涡流气缸盖，进行可调进气涡流对燃烧性能影响的实机试验。在 1300r/min 最大转矩点、调节阀关闭时，尽管进气流量有所降低，但由于涡流比的增加促进了燃油和空气的混合，提高了燃烧速度，缩短了燃烧持续期，改善了燃烧过程，油耗下降 7.1g/(kW·h)，烟度下降 50%，排气温度下降 17℃。

第三节　可变气门

一、电控可变气门系统

1. 气门参数

气体流过气门的通过能力是用气门开启时面值表征的。气门开启断面与对应开启时间的乘积称为气门开启的时面值，气门运动用气门升程表示，与气门正时角、气门最大升程和气门相位密切相关。气门正时角是指气门从开启到关闭落座的时间，其大小用曲轴转角表示。气门升程是气门离开气门座面的最大距离，反映了气门通道截面积大小。气门相位是指气门开始开启和关闭终了时刻所对应的曲轴转角，反映了气门开启早晚的程度。

气门开启时间长，开启断面大，则气门开启时面值大，气流通过能力越强，阻力越小。气门通道断面如图 4-19a 所示，气门开启时面值如图 4-19b 所示。

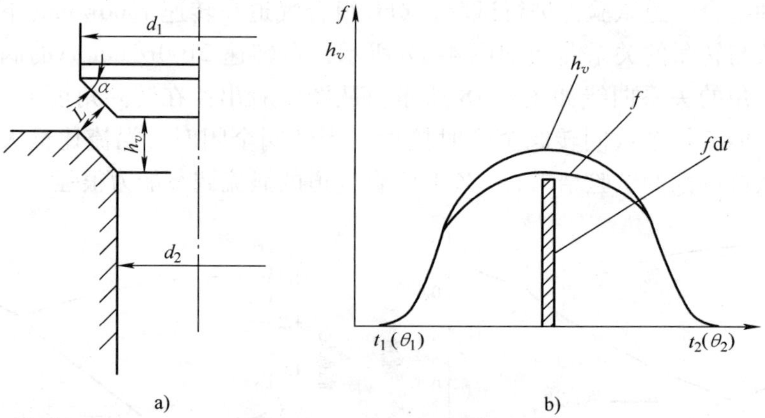

图 4-19　气门通道断面及开启时面值

根据气门开启时面值定义得：　　$dF = f\mathrm{d}t$

$$F = \int_{t_1}^{t_2} f\mathrm{d}t = \int_{t_1}^{t_2} \pi h_v \frac{d_1 + d_2}{2} \cos\alpha \mathrm{d}t \tag{4.5}$$

气门开启时面值 F 主要取决于气门头部直径 d_1 和 d_2、气门头部锥角 α、气门升程 h_v、气门开启时间 t 等。

柴油机在高速和大负荷工况下需要较大的气门重叠角和进气门关闭角，以得到较高的功率输出；反之，在怠速或低速小负荷工况下，则需要较小的进气门关闭角和气门重叠角，以获得较好的怠速平稳性和排放指标。电控可变气门控制系统能根据柴油工况和使用环境的变化，直接调节气门升程和配气相位，改善柴油机混合气质量，提高柴油机的充气效率和性能。电控可变气门控制系统改变气门正时和升程，达到以下目标：

1）通过改变配气正时，在全转速范围获得最大可能的转矩。

2）部分负荷下，减小进气门升程，提高进气流速，改善燃烧。

3）部分负荷下，调节配气正时，减小泵气损失。

4）优化配气正时，获得内部废气再循环优化。

2. 可变气门类型

可变气门是指通过电磁铁或其他驱动元件控制凸轮或气门改变气门升程的大小和时间长短。实现可变气门有多种方法，按照有无凸轮轴可分为有凸轮轴的可变气门机构和无凸轮轴的可变气门机构两类。可变气门机构特点见表4-5。两大类可变气门技术比较见表4-6。

表4-5 可变气门机构特点

方法	途径	可变级数	发动机性能	配套性
有凸轮轴	相位可变气门系统	连续	差	好
	升程及正时角可变气门系统	多级	一般	较好
	正时角可变气门系统	连续	中等	较好
	升程及正时角可变气门系统	连续	好	较好
无凸轮轴	电液压驱动气门系统	连续	好	较好
	电磁驱动气门系统	连续	好	好

表4-6 可变气门技术比较

方法	途径	优点	缺点
凸轮轴可变气门驱动机构	凸轮轴调相、多凸轮、三维凸轮	可变气门正时和持续期，结构简单	调节范围有限，气门运动规律受凸轮型线限制
	电磁铁改变励磁线圈的通电时刻	控制开启正时和持续时间，开启关闭迅速	气门落座冲击大，耗能大，结构尺寸大
无凸轮轴可变气门驱动机构	电控液压顶杆控制油腔容积	控制开启正时、气门升程，容易控制	调节范围受凸轮型线限制
	电动机控制凸轮转速	控制开启持续期，摩擦小，转速范围调节大	控制难度大

二、可变气门匹配

1. 柴油机性能影响

（1）可变凸轮机构

可变凸轮型线机构能同时改变气门的正时和升程。可变凸轮机构一般都是通过两套凸轮或摇臂来实现的，即在高速时采用高速凸轮，其升程与作用角都较大；低速时切换到低速凸轮，升程与作用角较小。

目前可变凸轮型线机构有阶段式改变与连续式改变两种方式：

1）阶段式改变方式。本田公司的可变气门正时和升程电子控制系统（VTEC）属于阶段式改变方式。在两进气门上采用了 3 个凸轮及 3 个摇臂，如图 4-20 所示。其中 3 个摇臂可独立运动，也可连成一体运动。当转速较低时，通过液压机构使主、次摇臂分别由主凸轮和次凸轮驱动，中间摇臂随中间凸轮运动，但是对气门不起作用，这样主、次进气门的升程曲线不同，可以形成涡流。转速较高时，通过液压机构使三个摇臂连成一体，并受中间凸轮驱动，以满足发动机高速的要求。这种改变仍只能优化某些工况，不能实现全工况性能的优化。

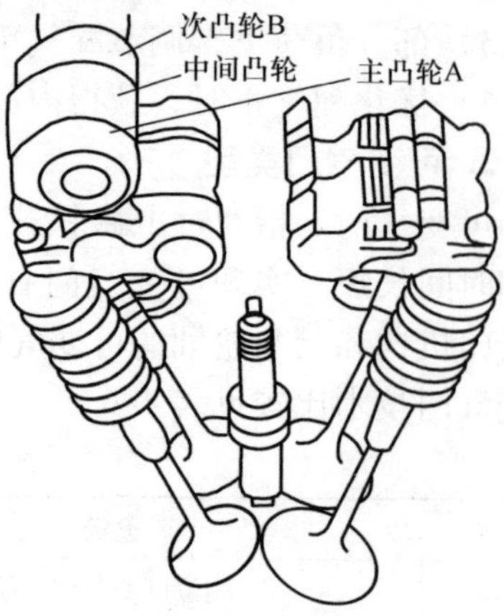

图 4-20　本田公司 VTEC 可变凸轮机构

其气门升程曲线如图 4-21a 所示。采用可变凸轮机构后，发动机的性能与传统配气机构的性能比较如图 4-21b 所示，显然，发动机低速转矩和高速动力性能都得到了改善。这种机构的气门只有高速和低速两种运动规律，而无中间过渡过程，故不够完善。

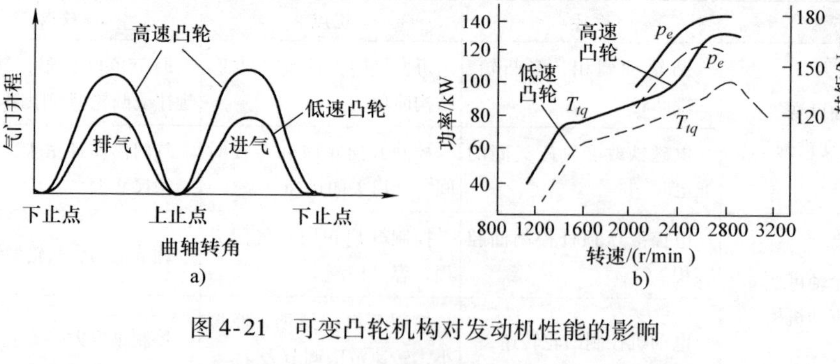

图 4-21　可变凸轮机构对发动机性能的影响

有凸轮轴的可变凸轮机构在改进凸轮驱动方案上的可变配气机构，本质上都是通过改变凸轮的型线或凸轮的相位角来实现的，因而无法满足实时全程控制的要求。

2）连续式改变方式。一种可使进气门升程曲线连续变化的凸轮机构如图 4-22 所示。一个特殊形状的杠杆 2 插在凸轮轴 3 与气门摆臂 6 之间，杠杆受偏心轴 1 控制。通过偏心轴移动杠杆 2 的位置即可改变气门升程曲线和开启持续角，从而改变柴油机的进气量。

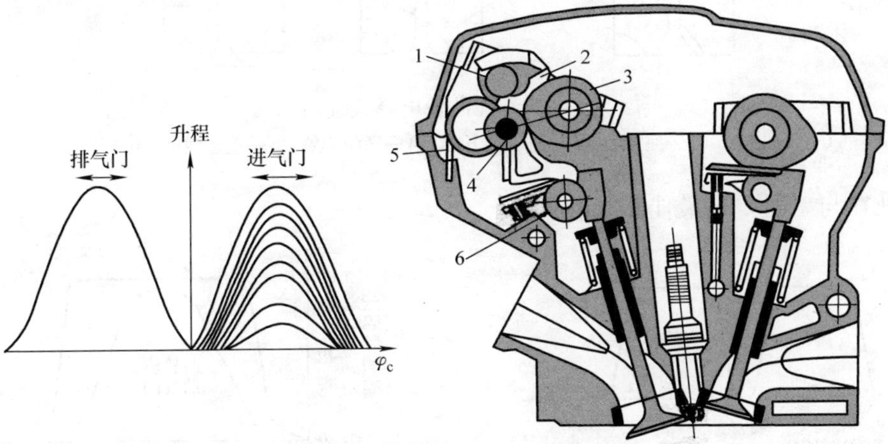

图 4-22 进气门升程曲线连续变化的凸轮机构

1—偏心轴 2—杠杆 3—凸轮轴 4—杠杆的滚轮 5—回位弹簧 6—气门摆臂

（2）可变气门正时机构

无凸轮气门正时机构（FVVT）彻底克服了可变凸轮机构的缺点。它取消了凸轮驱动，采用电磁驱动或电液直接驱动气门开启的方法。通过上下两个线圈的交替通电，由衔铁上下运动来控制气门的开启与关闭，如图 4-23 所示。电磁直接驱动气门机构存在尺寸大、能耗高、易磨损、落座冲击大、需要额外冷却与润滑系统等不足；电液驱动则用电磁阀控制高压流体的流入或流出控制室，利用高压流体驱动气门，从而实现气门的开启或关闭。电液驱动气门与电磁直接驱动气门机构相比，有许多独特的优势：动态快，输出力大，无需额外的冷却与润滑系统，无落座冲击等。

电磁驱动可变气门的运动是可以控制的。电磁驱动可变气门的升程变化如图 4-24 所示，开启和关闭气门的时间只占气门开启持续期的一小部分，气门升程随曲轴转角的变化接近一个梯形。气门的流通截面比随曲轴转角的变化如图 4-25 所示。这种进气门开启历程，使气门保持最大升程时间占整个开启时间的大部分，保证了较高的充气效率，有利于提高发动机的动力性、经济性，改善排放性。电磁驱动可变气门在控制理论上可以实现发动机工况全程控制，使气门升程和正时

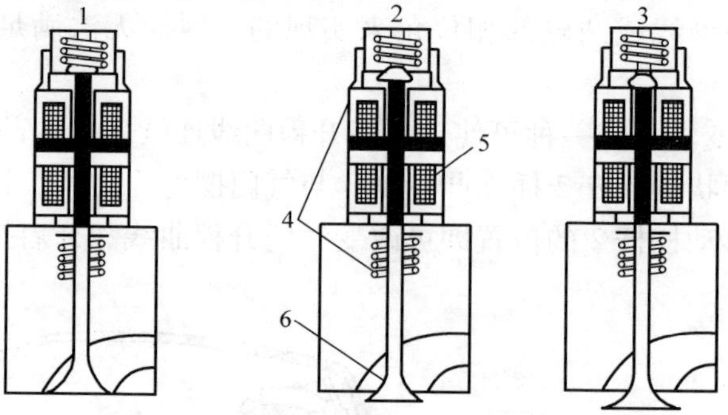

图 4-23 无凸轮电磁式气门

1—气门关闭 2—空档位置 3—气门开启 4—气门弹簧 5—电磁线圈 6—气门

始终处在与工况要求最佳匹配的状况。

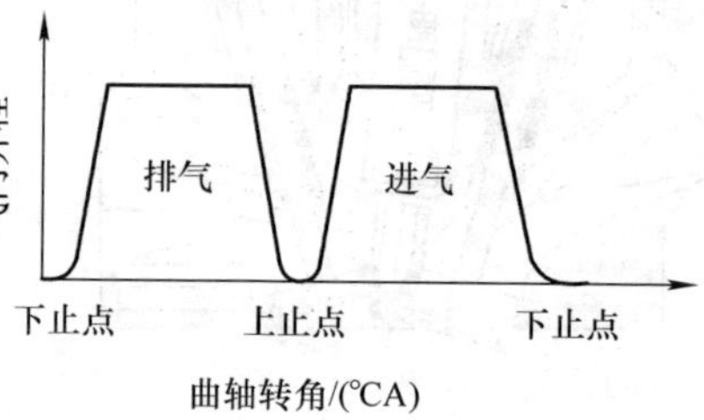

图 4-24 气门的升程随曲轴转角的变化

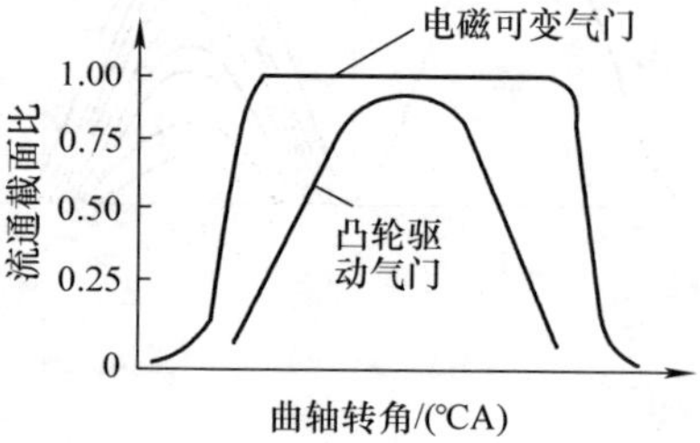

图 4-25 气门流通截面积比随曲轴转角的变化

德国 FEV 公司的电磁驱动气门机构如图 4-26 所示，图 4-26a 所示为结构简图由执行器弹簧 1、顶杆 2、衔铁 4、电磁铁线圈 3、5 组成。线圈 3、5 均不通电时，气门在上、下弹簧的作用下保持半开半闭；如果线圈 5 通电而线圈 3 不通电，衔铁 4 就会在线圈 5 电磁力的作用下带动气门克服弹簧的作用力向下运动，实现气门的开启；当线圈 5 断电后，气门在弹簧力的作用下向上运动，接近落座位置时，线圈 3 通电，以实现快速落座，此后线圈 3 继续通电，以保持气门的关闭。气门开启和关闭时间以及持续时间可以自由选择，可以灵活实现气门升程和正时的控制。气门的静止位置对应最大气门升程的一半左右。如果气门 7 被电磁振动推到上止点位置（气门关闭），只需很小的保持力就可保持气门在关闭状态，因为衔铁 4 与关闭电磁线圈 3 之间的距离非常小。当关闭电磁线圈 3 时（断电），只凭储存在执行器弹簧 1 中的势能，衔铁 4 就能到达下止点（气门全开）。气门的运动（开启和关闭）是气门 7 + 衔铁 4 + 顶杆 2 这一质量的自由振动，电磁力只用于把气门和衔铁保持在上下止点位置，因而电能消耗小，工作特性如图 4-26b 所示。

车用柴油机大部分时间工作在部分负荷下，采用电磁可变气门可以关闭部分气缸的进、排气门，并停止燃油供给，实现发动机可变排量，可以在不影响汽车

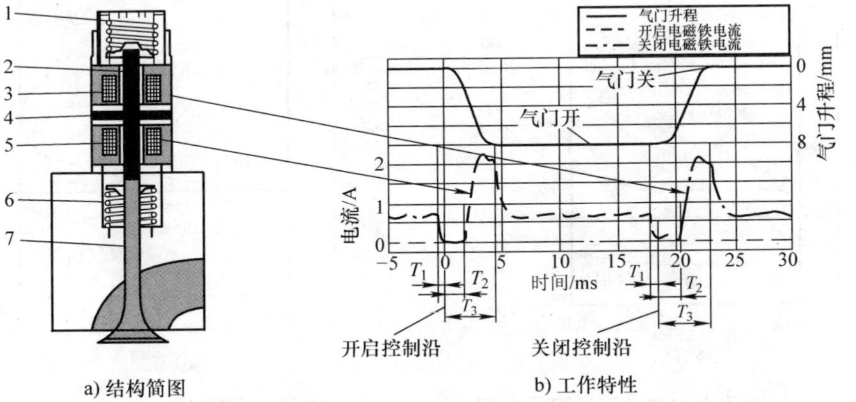

图 4-26　FEV 电磁驱动气门机构

1—执行器弹簧（气门开启弹簧）　2—顶杆　3—气门关闭电磁线圈　4—衔铁
5—气门开启电磁线圈　6—气门弹簧（气门关闭弹簧）　7—气门

动力性的情况下提高发动机负荷率，改善其经济性。根据实现机构的不同，这种改变又可以分成分级可变与连续可变两类，调节范围最高可达 60°CA。从图 4-27 可以看出，采用该技术可以使发动机的低速转矩性能得到较大幅度的改善。

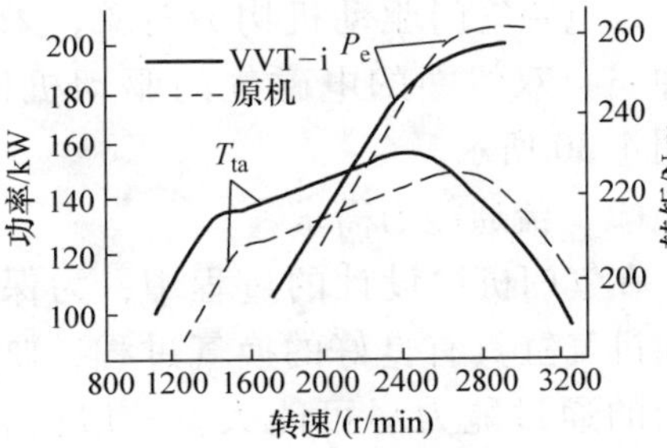

图 4-27　可变气门正时对发动机性能的影响

泵气损失是进气和排气行程中活塞克服气体阻力所做的负功。凸轮驱动机构的换气过程示功图如图 4-28 所示。在传统的配气机构中这种因气门所引起的节流损失，导致较大的泵气损失是难以避免的。四冲程发动机的泵气损失约占整个机械损失的 10% 左右，而且当负荷降低时，这个比例还要增加。

采用电磁可变气门，由于其气门升程和开启持续时间随发动机工况可变，可以使气门所引起的节流损失降低到最低程度，从而大大降低了泵气损失，特别在低负荷区。电磁驱动机构的换气过程示功图如图 4-29 所示。

在同样的低负荷运转工况下，传统气门和电磁可变气门的泵气损失有明显的差异。从图 4-29 可以看出，为了达到同样的低负荷要求，凸轮驱动气门的发动机由于节流作用，进气压力很低（比大气压力 p_0低），而电磁驱动气门的发动机由于气门开启速度很快，活塞向下运动时气缸压力几乎与 p_0 相等，从而使泵气损失明显下降。

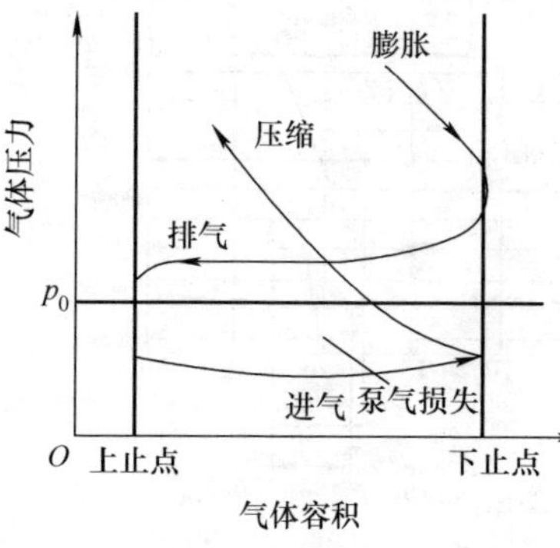

图 4-28　凸轮驱动机构的换气过程示功图

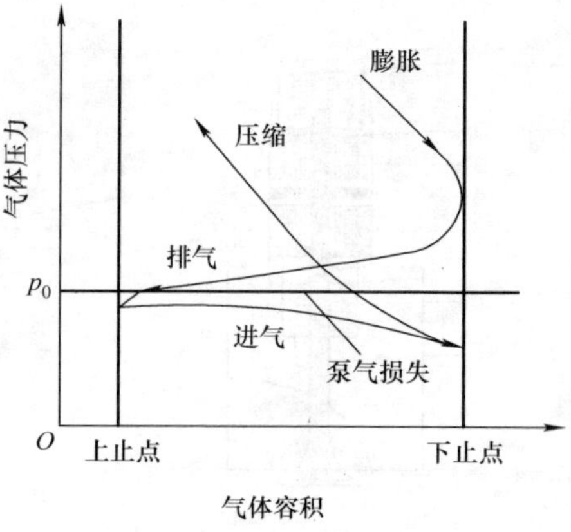

图 4-29　电磁驱动机构的换气过程示功图

2. 进气参数匹配

(1) 可变气门机构

以电磁气门驱动机构为对象，采用双弹簧、双线圈的电磁气门驱动机构，如图 4-30 所示。

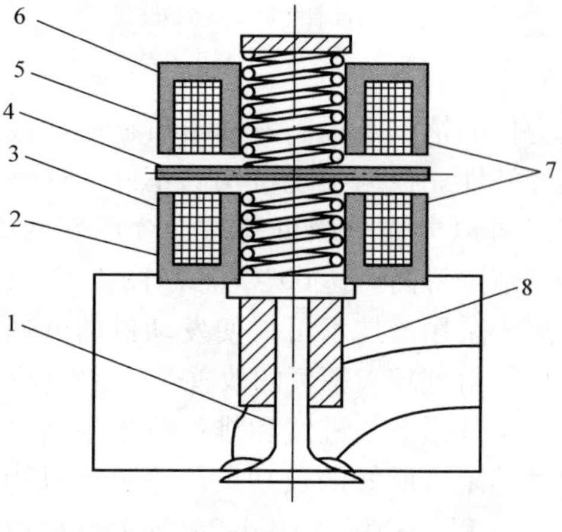

图 4-30　电磁气门驱动机构原理图

1—气门　2、3—开启线圈　4—衔铁

5、6—关闭线圈　7—弹簧　8—气门导管

(2) 流通能力需求

在气门机构设计的过程中，为保证发动机气缸具有良好的换气过程，要求气门的通过能力尽可能大。一般而言，在一定时间内，气门开启面积越大，其通过能力越强。因此在对气门的通过能力进行评价和比较时，常选取一些和气门通过断面相关的几何参数，如时间-断面和时间断面丰满系数。通常把任一气门开度下的气门开启断面面积 f 看作气门口气体通道的最小断面面积。且当气门升程不是太大时，气门开启断面面积计算公式如下：

$$f = \pi h(d_b\cos\gamma + h\sin\gamma\cos^2\gamma) = \pi h\cos\gamma\left(d_b\cos\gamma + \frac{h}{2}\sin2\gamma\right) \tag{4.6}$$

式中，f 为截锥体的侧表面积；h 为气门升程；γ 为气门密封锥面锥角；d_b 为气门喉口直径。

由公式 (4.6) 可知，当气门尺寸确定后，气门开启断面积仅和气门升程 h 相关，而气门升程在配气机构的驱动下随曲轴转角不断发生变化，因此气门开启断面面积是一个随时间或曲轴转角变化的变量。为便于讨论气门的通过能力，定义气门平均通过断面面积如图4-31所示，见下式：

$$f_{\mathrm{m}} = \frac{1}{t_2 - t_1}\int_{t_1}^{t_2} f\mathrm{d}t \tag{4.7}$$

式中，t_2 积分上限为进（排）气冲程的终点；t_1 积分下限为进（排）气冲程的始点。

通常，在比较同样大小的气门的通过能力时，运用平均通过断面面积与最大通过断面面积的比值来进行衡量，这一比值被定义为时间－断面丰满系数 ψ_{f}，其计算公式如下：

$$f_{\max} = \pi H\cos\gamma\left(d_{\mathrm{b}} + \frac{H}{2}\sin2\gamma\right) \tag{4.8}$$

$$\psi_{\mathrm{f}} = f_{\mathrm{m}}/f_{\max} \tag{4.9}$$

式中，$f_{\max}$为最大升程位置气门通过断面；H 为气门最大升程。

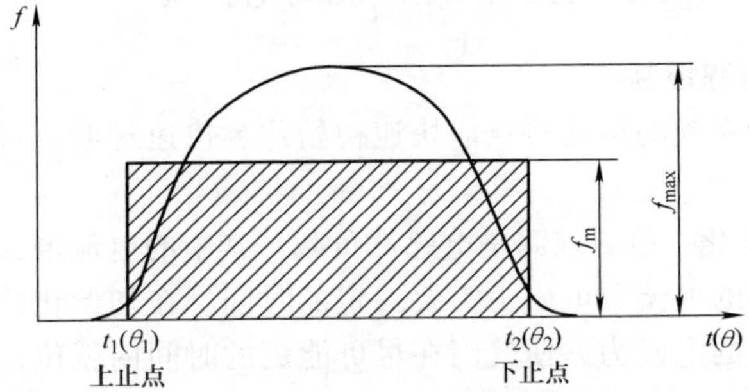

图4-31 气门平均通过断面面积

在柴油机转速为1500r/min、3000r/min和4200r/min时，电磁驱动气门机构和常规凸轮驱动气门机构的气门升程曲线对比分别如图4-32所示。在转速为1500r/min和3000r/min时，电磁驱动气门机构采用典型运行模式。而在转速为4200r/min时，采用无气门开启持续期的运行模式，设置最大气门升程为8mm，过渡时间为4ms，气门开启和关闭的时刻与凸轮驱动气门机构相同。

图中实线为常规凸轮驱动气门机构的气门升程曲线，其余线为不同发动机转速下的电磁驱动气门机构气门升程曲线。其中常规凸轮驱动气门机构的气门位置和曲轴转角之间的关系是一一对应的，而电磁驱动气门机构的气门运动完全独立于曲轴转角，即使在相同的气门运行模式下，发动机的转速不同，其气门位置和曲轴转角之间的关系也不相同。从图中可以看出，在中低转速下，应用电磁驱动气门机构可以达到较大时面值，具有更为优越的气体通过能力，从而改善发动机的换气过程。而在发动机转速为4200r/min、配气正时相同的情况下，若电磁驱动气门机构的时面值小于常规凸轮驱动气门机构的，则可能会影响进排气性能。这种情况可通过提前开启气门和滞后关闭气门得到改善。在发动机转速为4200r/min

时，与凸轮驱动气门机构相比，电磁驱动气门机构对发动机的性能已无明显优势。

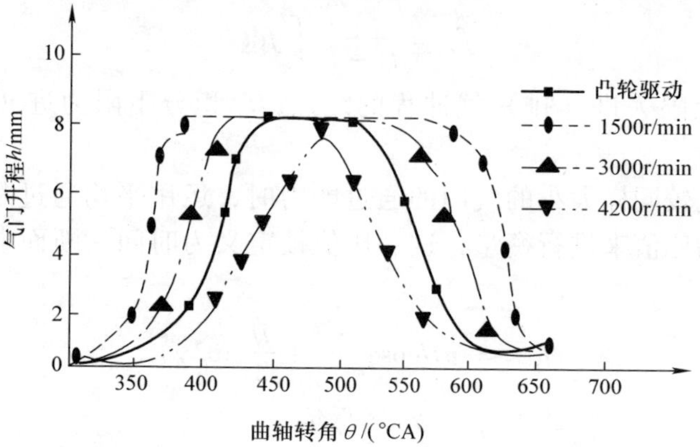

图 4-32 电磁驱动气门机构和常规凸轮驱动气门机构的气门升程曲线对比

3. 快速开闭过程控制

电磁气门驱动系统的运动特点应快速初始化、快速过渡，对控制系统的要求如下：

① 电流快速变化。电磁线圈是电感性负载，其中的电流增大和减小都需要一个过程，达到期望的电流和电磁力需要一定的时间。在初始化阶段，要求电流快速上升以获得较大的电磁力，使气门在尽可能短的时间内就位；在气门过渡过程的最后阶段，需要迅速减小电流而使气门以较小的速度落座，因而要求电流能快速增加或减小。

② 气门运动“软着陆”。电磁气门驱动系统的气门落座冲击是由电磁力和弹簧反力的特性共同决定的，这种冲击会导致机件出现寿命缩短、噪声过大、气门反跳等问题。

③ 能量消耗少。从能量的角度看，电磁气门驱动系统只在初始化时消耗较大的电能，气门达到极限位置后，大部分电能转化为机械能。电磁气门驱动系统正常工作时，消耗的能量包括两部分：一是电流通过电路和线圈中的电阻发热而消耗的电能；二是弹簧质量系统在往复运动中因阻力而消耗的机械能。

气门的落座特性是电磁驱动气门机构的关键之一。良好的气门落座特性可以保证配气机构可靠而稳定地工作，有利于降低发动机噪声，延长发动机寿命；反之则会降低发动机的性能和寿命。评价电磁驱动配气机构的气门的落座特性有两个指标：气门落座速度和落座保持力。

（1）气门落座速度

气门落座速度是指在气门关闭时气门接触到气门座时的相对速度，当气门的落座速度小于允许值时，可以认为落座过程实现了气门的“软着陆”。

在进行发动机机械配气凸轮设计时，在凸轮的速度轮廓曲线上气门关闭位置加入了一个缓冲段，以保证气门的“软着陆”。因此，在传统凸轮机构驱动的配气机构中，气门的落座速度在凸轮设计时就已经确定了，并与凸轮轴的转速及发动机转速成正比。气门的落座速度并没有实现实时主动控制，在发动机运行过程中容易受到气门弹簧的负载和发动机振动等因素的影响。而在无凸轮气门机构中，气门的运动由一个单独的执行器驱动，气门的落座速度以通过气门运动的精确控制而限制在一定范围之内。闭环控制可以消除这些因素对气门运动的影响，有利于气门落座速度的降低。

最大允许气门落座速度大都按照现有的凸轮驱动配气机构中的气门落座速度选取，综合考虑了发动机的振动和寿命等因素，按照现有标准选取可以节约开发时间和成本。双电磁铁型电磁驱动气门机构和电液驱动气门机构在气门落座瞬间的运动部件质量和凸轮驱动气门机构相当，因此当气门落座速度相同时，气门落座的撞击力和冲量也相当，看起来并不会产生噪声和振动问题。实际上，在传统的凸轮驱动气门机构中，每个工作循环只有气门、气门座之间的一次撞击，双电磁铁型电磁驱动气门机构除了在落座时气门与气门座之间存在撞击外，衔铁、电磁铁和气门杆之间还存在另外三处撞击，从而带来另外的噪声和振动问题。因此，双电磁铁型电磁驱动气门机构在选取最大允许气门落座速度时，应较凸轮驱动气门机构更为严格。由于电磁线圈直接和气门相连，电磁驱动气门机构和凸轮驱动气门机构相同，每个工作循环只产生一次撞击。如果电磁驱动气门机构气门落座时的碰撞冲量和凸轮驱动气门机构中相同，则撞击力也相当。因此，电磁驱动气门机构的最大允许气门落座速度可按照下式选取

$$v_e = \frac{m_c}{m_e} v_c \tag{4.10}$$

式中，v_e 为电磁驱动气门机构的最大允许气门落座速度；v_c 为凸轮驱动配气机构的最大允许气门落座速度；m_e 为电磁驱动气门机构的运动部件质量；m_c 为凸轮驱动气门机构的运动部件质量。

电磁驱动气门机构和凸轮驱动气门机构的运动部件质量见表4-7。

表4-7　气门机构的运动件质量对比

部件	气门质量/g	1/3 弹簧质量/g	弹簧座圈/g	合计/g
凸轮驱动	42	60/3	10	72
电磁驱动	42	3/3	71	114

在凸轮驱动气门机构中，设计怠速工况下凸轮速度轮廓曲线的缓冲段为0.025m/s。但在发动机转速高于4000r/min时，由于受到各种因素的影响，气门落座速度为0.5m/s，平均气门落座速度约为0.3m/s。因此，由式（4.10）可得，电

磁驱动气门机构的最大允许气门落座速度为 0.2m/s。

(2) 落座保持力

在柴油机工作过程中，气门关闭时应当与气门座紧密贴合，以保证气缸的密封。在凸轮驱动气门机构中，由气门弹簧提供保持力确保气门密封。而在电磁驱动气门机构中，保持力则主要由电磁力提供。在进气行程中，由于缸内压力明显低于排气管内的压力，排气门必须克服此压力差，保持气门密封，防止废气倒流回气缸内。排气门需要提供的保持力可以由下式计算：

$$F_{he}=\frac{\pi d_e^2}{4}(p'_r-p_a) \tag{4.11}$$

式中，F_{he}为排气门所需的保持力；d_e为排气门直径；p'_r为排气管中的气体压力；p_a为气缸内的气体压力。

在增压发动机中，排气行程末进气管内的压力明显高于缸内压力。在此压力差的作用下，进气门必须保持密封而不打开。此时，进气门所需的保持力可以由下式计算

$$F_{hi}=\frac{\pi d_i^2}{4}(p_c-p_a) \tag{4.12}$$

式中，F_{hi}为进气门所需的保持力；d_i 为进气门直径；p_c 为进气管中的气体压力；p_a 为气缸内的气体压力。

增压发动机在排气行程时的进气管和缸内的压力差 p_c-p_a，通常也可达到 0.05MPa。而在自然吸气式汽油机中，排气行程进气管和缸内的气体压力相差不大，此时只需提供较小的保持力即可。如果电磁驱动气门机构可以实现气门“软着陆”且能在必要的时候提供足够的保持力，则可以认为实现了良好的气门落座特性。

(3) 落座速度的控制

在落座过程阶段，最终控制的目标是气门的速度，因此落座过程控制阶段以速度-位移曲线为控制目标，控制气门的运动跟随此目标轨迹，目标的速度-位移曲线由开环试验获得。在开环试验中，落座过程控制阶段被分为三段进行控制，每个阶段施加一个固定的占空比，经过多组不同占空比的试验对比，选取落座速度最低，轨迹如图 4-33 所示。

当过渡过程结束时，气门的速度约为 0.7m/s，即落座过程的初始状态。在目标曲线下理想的气门落座速度设定为 0。

为了验证电磁驱动气门机构的气门落座速度控制和落座保持控制的效果，进行了试验。气门落座过程试验分别在最大气门升程为 8mm 和 4mm 两种情况下完成，气门过渡时间为 4ms。这两种情况在气门机构的所有运行模式中较具代表性，其他情况下的气门落座速度不会超过这两种情况。试验测得的落座过程气门速度

—位移曲线分别如图 4-34 和图 4-35 所示，每种情况下都采集了连续 5 个工作循环的数据。

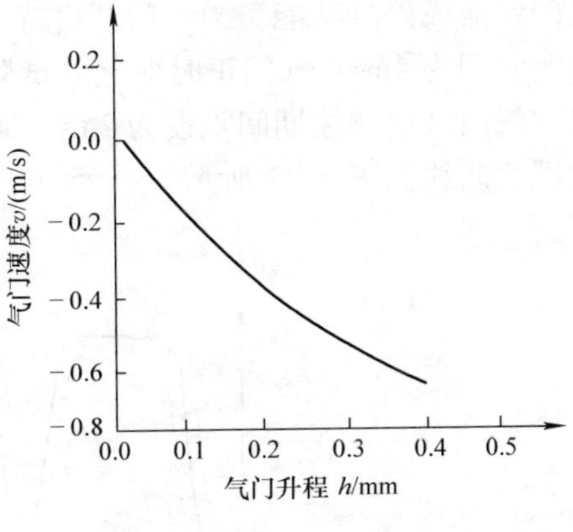

图 4-33 落座过程目标轨迹

当气门最大开启升程为 8mm 时，在气门位置到达 0.4mm 后，从过渡过程控制进入落座过程控制；而当气门最大开启升程为 4mm 时，气门位置到达 0.2mm 才从过渡过程控制进入落座过程控制，其目标轨迹只使用最大升程为时的后半程。从图4-34 中看出：试验测得的气门速度—位移曲线与目标轨迹相吻合且有较好的重复性，气门最大开启升程为 8mm 时的平均气门落座速度为 0.03m/s。从图 4-35 中看出：气门最大开启升程为 4mm 时的平均气门落座速度为 0.032m/s，明显低于要求的 0.2m/s。在发动机低转速工况下，允许使用较长的气门过渡时间，从而使落座过程也可以占用更长的时间，这对气门落座速度的控制是作常有利的。

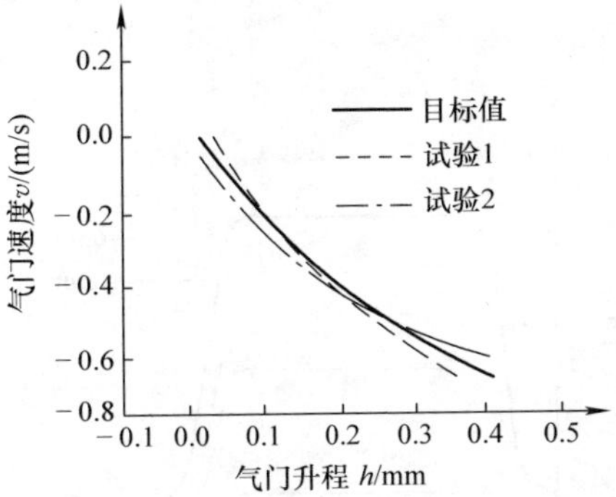

图 4-34 落座过程气门速度—位移曲线

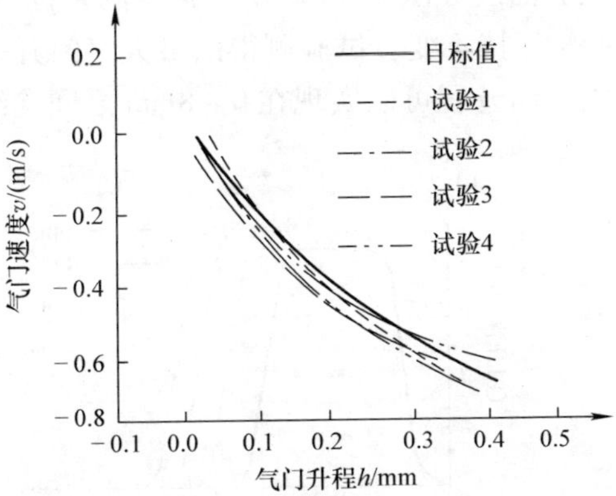

图 4-35 落座过程气门速度—位移曲线

三、可变气门性能

在电磁驱动气门机构中，气门正时的调节通过改变控制气门开启和关闭时刻的指令实现。而改变气门开启和关闭的时刻不仅可以改变气门正时，还可以改变气门开启持续期，实现柴油机负荷的控制。如果在柴油机的一个工作循环中，不向电磁驱动气门机构发送气门开启指令，使气门始终保持在关闭状态，即可实现气门停滞或停缸功能。当气门开启持续期不变时，设定气门最大开启升程为 8mm、过渡时间为 4ms，气门正时变化的试验曲线如图 4-36 所示。当气门开启时刻不变时，气门开启持续期间隔设为 2ms，通过改变气门关闭时刻而改变气门开启持续期的试验曲线如图 4-37 所示。

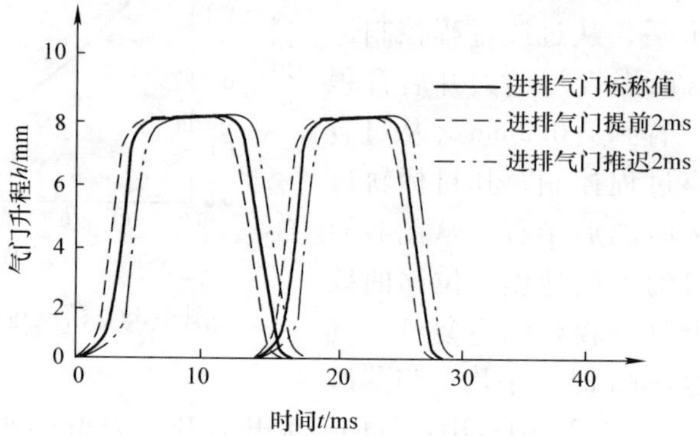

图 4-36　气门正时变化的试验曲线

在电磁驱动气门机构中，以最大气门升程作为气门开启过程时控制器的目标位置，改变控制器的目标位置即可实现气门升程的柔性化调节。可变气门升程的试验曲线如图 4-38 所示，选定的目标气门升程为 4mm、6mm、8mm，过渡时间为 4ms 保持不变。试验测得的最大气门升程分别为 3.96mm、5.95mm 和 7.93mm，最大气门升程可以实现在 0~8mm 之间连续可调。

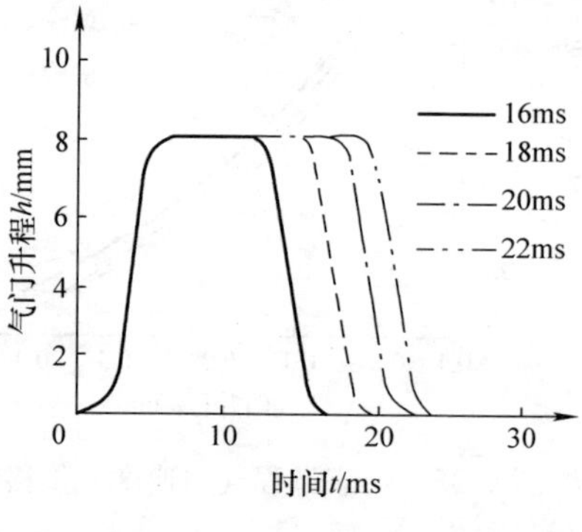

图 4-37　可变气门开启持续期试验曲线

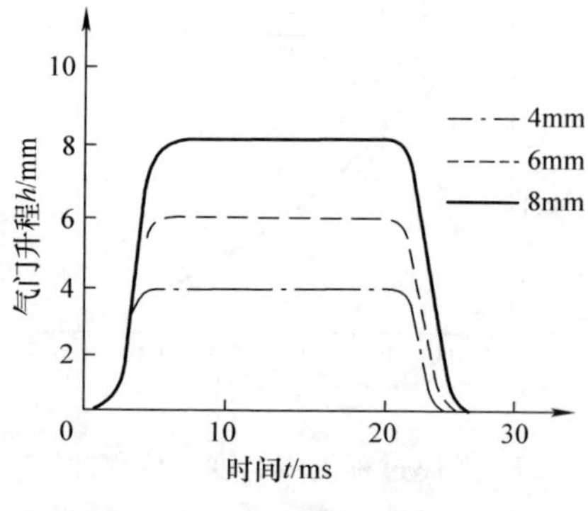

图 4-38　可变气门升程试验曲线

Chapter 5

第五章 燃油供给系统匹配

燃油供给系统匹配是使燃油供给系统的结构和特性满足柴油机性能要求的过程。燃油供给系统由低压输油部分，高压喷油部分、调控部分和溢流部分组成，其中高压喷油部分是柴油机的核心。电控柴油机的燃油供给系统实现电子控制后，电控喷油系统的灵活性和精确性是其显著特征。下面从电控喷油系统结构匹配、性能匹配和与其他系统匹配三方面考虑，研究电控喷油系统匹配的科学性方法和技术措施，使电控喷油系统匹配合理。

第一节　电控喷油系统

一、系统功能

电控喷油系统是电控技术在柴油机上最早应用的辅助系统。电控喷油系统是对机械喷油系统进行电控化，实现了随柴油机工况精确控制喷油量、喷油定时。随着电控喷油技术不断发展，电控喷油系统经历了升级换代，控制功能日益完善，主要有以下方面：

（1）高喷射压力

为满足排放法规的要求，燃油喷射压力提高到 135MPa 后，高喷射压力可明显改善柴油和空气的混合质量，缩短着火延迟期，使燃烧更迅速、更充分，降低废气排放。

（2）独立的喷油压力控制

机械喷油系统的喷射压力依赖于柴油机转速的高低，这不利于柴油机低转速、部分负荷工况下的燃油经济性和排放性的改善。最先进的电控喷油系统——高压共轨喷油系统，具有不依赖转速和负荷的调节喷油压力的能力，能以合适的喷油压力优化喷射过程，保证柴油机在各种工况下的经济性和排放性最优。

（3）改善柴油机燃油经济性

柴油机燃油消耗率的高低反映了柴油机的设计技术、制造水平，高喷射压力、独立的喷射压力控制和小喷孔等措施都能降低柴油机燃油消耗率，从而提高柴油机的燃油经济性。

（4）独立的喷油正时控制

喷油正时直接影响到柴油机活塞上止点前喷入气缸的油量，决定着气缸的最高爆发压力和最高温度。高的气缸压力和温度虽然能提高燃油的经济性，但会导致氮氧化物（NO_x）排放物增加。而不依赖于转速的喷油正时控制是实现燃油消耗率和排放两者平衡的关键措施。

（5）可变预喷射控制

预喷射既可以降低微粒（PM）排放，又不增加氮氧化物（NO_x）排放，还可改善柴油机冷起动性能，降低冷态工况下白烟的排放，降低噪声，改善低速转矩。但是预喷射量、预喷射与主喷射之间的时间间隔在不同工况下的要求是不一样的。因此具有可变的预喷射控制能力对改善柴油机的性能和排放极为有利。

（6）最小油量控制

由于车用柴油机的工况很复杂，怠速工况经常出现，而电控喷油系统在柴油机怠速时通过设定低喷油压力和小喷油持续期，容易实现柴油机最小油量控制。电控喷油系统的预喷射能力能使控制小油量更容易。

（7）快速断油能力

当柴油机喷油结束时，喷油系统必须快速断油。如果不能快速断油，低喷射压力下的柴油雾化不良，就会形成燃烧不充分而冒黑烟，增加碳氢化合物（HC）排放。电控喷油器的高速电磁阀具有较高的响应速度，断油指令的滞后时间能达到毫秒级，很容易实现快速断油。

（8）降低驱动转矩冲击载荷

燃油喷射系统对驱动系统平稳加载和卸载的能力，是衡量喷油系统性能的标准之一。燃油喷射系统在很高的压力下工作，既增加了驱动系统所需要的平均转矩，也加大了冲击载荷，电控高压共轨喷油系统能大大降低这种驱动转矩冲击载荷。

二、系统分类

电控喷油系统是采用电磁阀或步进电动机对机械式喷油系统的喷油泵或喷油器实施电子控制的。按对燃油泵控制方式的不同，电控喷油系统可分为电控单体泵喷油系统、电控泵喷嘴喷油系统和电控共轨喷油系统。其演变过程如图 5-1 所示。

1. 电控单体泵喷射系统

电控单体泵喷油系统是由机械单体泵喷油系统发展起来的电控喷油系统，由电控单元、机械单体泵、高速电磁阀、短高压油管和机械喷油器组成，如图 5-2 所示。单体泵是一个带有高速电磁出油控制阀的高压油泵，在油泵出油口加装了能精确进行燃油计量、时间控制的电磁阀，实现对喷油正时和喷油量精确控制，有利于喷油过程的优化。喷油器的喷油仍受弹簧压力控制，不能多次喷射。

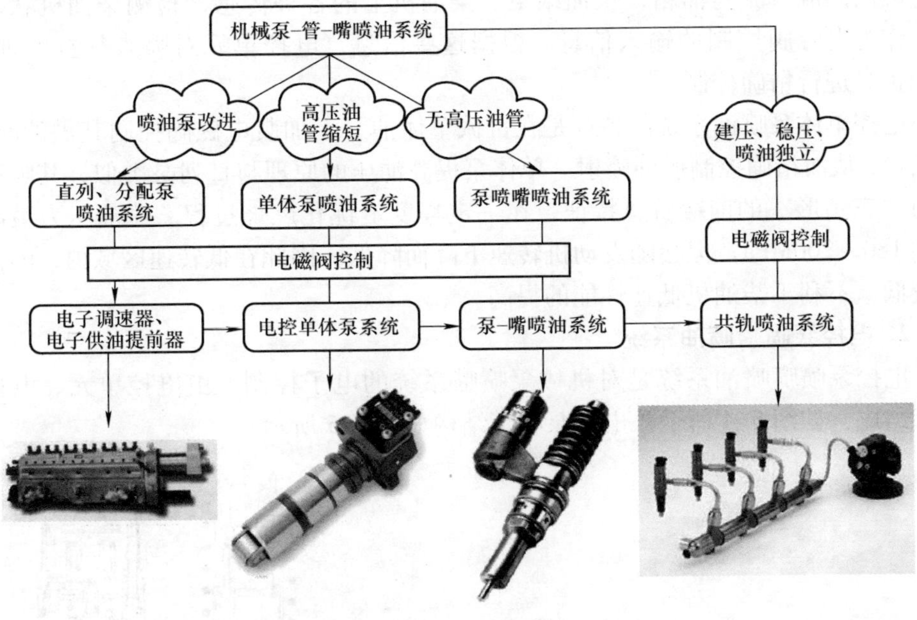

图 5-1　电控喷油系统的演变

电控单体泵的结构如图 5-3 所示。内滚轮随动机构由柴油机的凸轮驱动，推动套筒内的柱塞向上运动，产生喷油所需要的高压。电磁阀从电控单元接受脉冲宽度调制信号，使电磁阀关闭。当电磁阀阀关闭且凸轮轴推动柱塞向上运动时，电控单体泵开始供油；当电磁阀开启后并且柱塞在回位弹簧作用下向下运动时，燃油

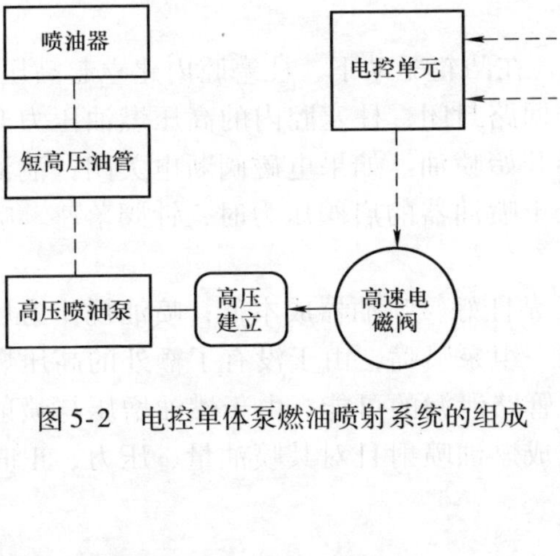

图 5-2　电控单体泵燃油喷射系统的组成

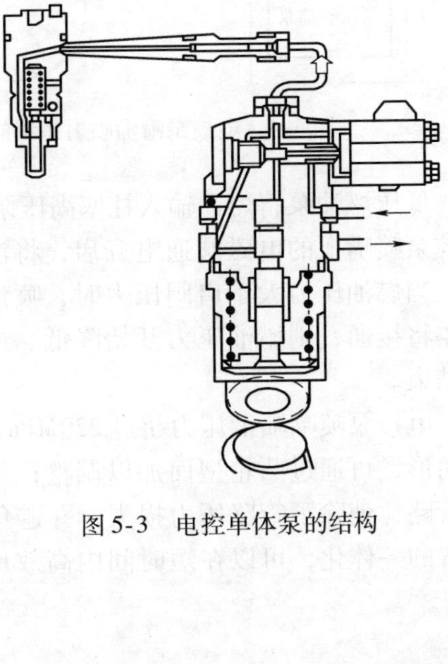

图 5-3　电控单体泵的结构

通过燃油回流口流向油箱，供油结束。柴油机上的各种传感器检测柴油机状态参数，作为电磁阀控制的输入信息。根据这些信息，电控单元对喷入气缸的油量、喷油正时进行精确控制。

电控单体泵喷油系统的特征是在机械单体油泵上加装电磁阀控制其供油时刻、供油量，从而精确控制燃油喷射。单体泵提高油压的原理与直列泵类似，其喷油规律为“三角形”的前缓后急特征，在一定程度上优化燃烧过程。喷油压力最高可达到 180 ~ 200MPa，但会随发动机转速下降而降低。因此在低转速区域内，喷油压力较低，不利于柴油机低速性能的提高。

2. 电控泵喷嘴喷油系统

电控泵喷嘴喷油系统是对机械泵喷嘴系统的电子控制，由电控单元、电控泵喷嘴组成，如图 5-4 所示。电控泵喷嘴结构如图 5-5 所示。

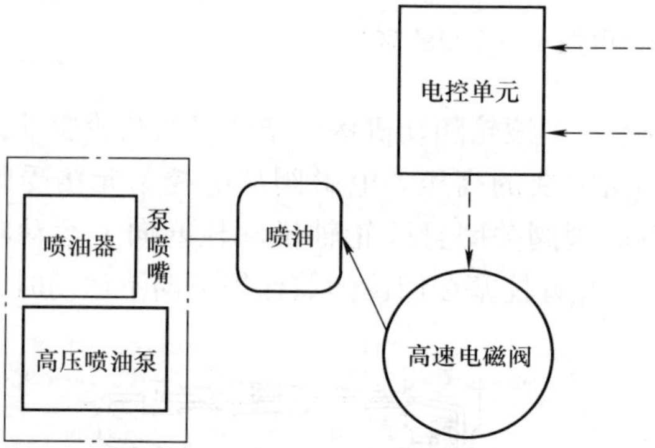

图 5-4　电控泵喷嘴喷射系统的组成

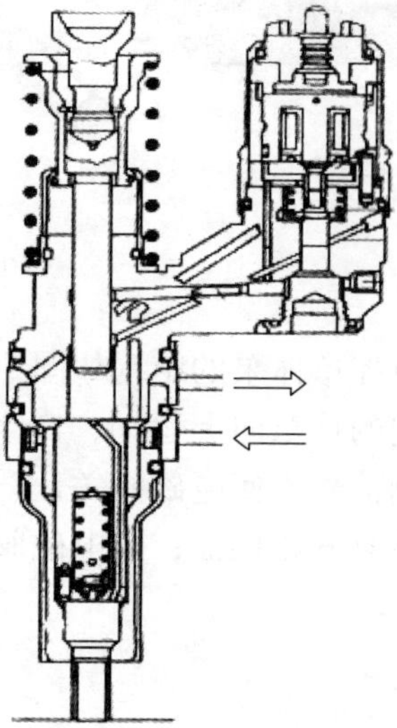

图 5-5　电控泵喷嘴的结构

低压燃油泵将燃油输入柱塞高压泵中，在凸轮驱动下，柱塞腔内建立起高压，电控泵喷嘴上的电磁阀通电开启，将泄油回路封闭，柱塞腔内的高压燃油压力升高。当燃油压力大于启阀压力时，喷油器开始喷油。如果电磁阀断电关闭，泄油回路将接通，则燃油压力开始降低。当低于喷油器的启阀压力时，针阀落座，喷油结束。

电控泵喷嘴喷油压力超过 220MPa，可靠性好，喷油器成本低；喷油规律为后三角形，可通过凸轮型面加以调整；每缸一组泵喷嘴，由于没有了额外的高压燃油管路，消除了管路压力损失，并避免了管路泄漏的可能。由于燃油增压与喷射装置的一体化，可以在短时间内高效地完成燃油喷射且对其喷油量、压力、正时进行灵活控制，其喷油压力超过共轨系统和单体泵系统所能够达到的水平。

电控泵喷嘴的喷油量和喷油正时都是由电控单元控制的。根据柴油机的转速和油门位置信号，电控单元将喷油脉宽（PWM）信号发送到电磁阀上，并持续一定的曲轴转角。在一定的转速下，电磁阀的通电时间越长，喷油量越多；反之亦然。泵喷嘴的喷油过程分为预喷射和主喷射。

（1）预喷射过程

当喷油凸轮旋转到凸轮直线段和摇臂接触时，电控单元开始向高速电磁阀供电，使电磁阀中的针阀向下运动，切断高压油腔与低压油腔的通路。同时，油泵柱塞在摇臂的作用下，克服泵油柱塞回位弹簧的弹力而向下运动，使高压油腔的油压迅速上升。当油压上升到18MPa时，燃油在喷油针阀中部锥面上的向上推力大于针阀的复位弹簧预紧力，喷油针阀被顶起，开始预喷射；当凸轮转过喷油行程的1/3时，喷油针阀阻尼器下端进入阻尼孔内，使针阀上部的燃油被迫通过小油道进入针阀复位弹簧的油腔中，复位弹簧油腔的燃油会阻止喷油针阀继续向上运动，限制预喷射量。泵柱塞继续向下运动，高压油腔的油压继续上升，辅助柱塞在高压燃油的作用下向下运动，使高压油腔的体积突然增大，燃油压力瞬间下降，针阀中部锥面的向上推力减小，针阀会在弹簧力的作用下复位，预喷射结束。

（2）主喷射过程

油泵柱塞继续向下运动，使高压油腔中的燃油压力上升。当油压大于30MPa时，喷油针阀上移，高压柴油迅速进入喷孔，主喷射开始。高压油腔中燃油压力迅速达到205MPa。

当电控单元发出指令切断高速电磁阀供电电流时，电磁阀的针阀在复位弹簧的作用下使高、低油腔接通，高压燃油迅速流入低压油路，高压油腔的燃油压力下降，喷油针阀在复位弹簧的作用下，辅助柱塞关闭高压油腔与喷油针阀复位弹簧之间的油路，主喷射结束。

3. 电控共轨喷油系统

电控共轨喷油系统摒弃了传统的柱塞泵脉动供油原理，由高压油泵、共轨管、喷油器和电控系统以及传感器、电磁阀组成，如图5-6所示。该系统采用时间-压力式计量原理，如图5-7所示。高压油泵只向共轨管提供足够燃油，按高压形成的不同分为中压共轨和高压共轨系统。两者硬件系统基本一致，都由油泵、共轨管、电控喷油器和电控单元组成，但喷油器结构不同。在中压共轨系统中，共轨管压力较低，喷油器内有压力放大装置，结构较为复杂。共轨管能积蓄高压油泵输送的燃油，并抑制压力波动。电控单元调节电控喷油器的控制脉冲形式，实现多次喷射。共轨系统的特征是喷射正时、喷油量和喷射压力各自独立控制。

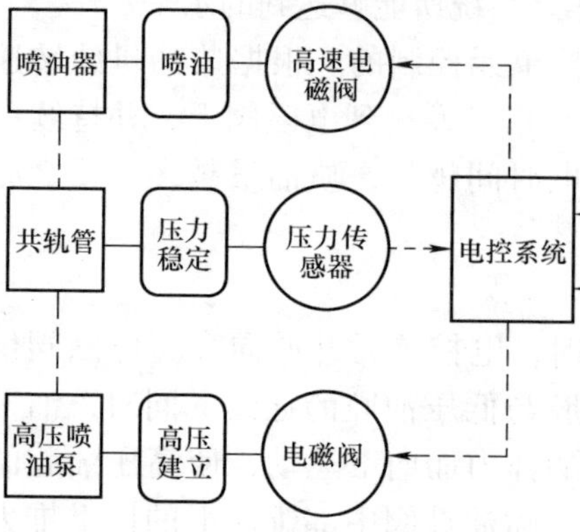

图 5-6 高压共轨燃油喷射原理

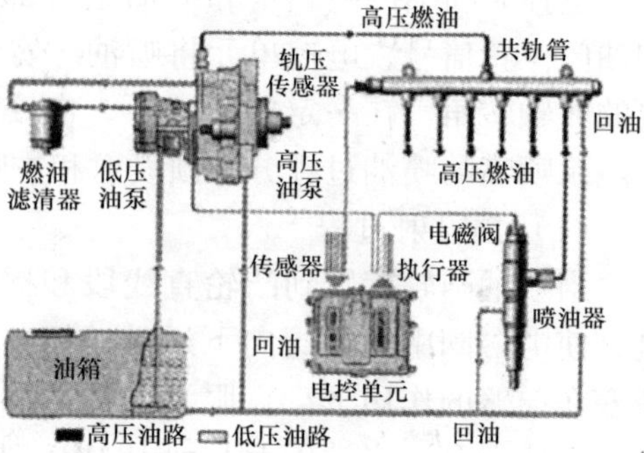

图 5-7 电控高压共轨燃油喷射系统

卡特彼勒公司蓄压式中压共轨喷油系统（HEUI）由高压机油泵、电磁控制阀，机油油轨、输油泵和喷油嘴组成，如图 5-8 所示。该系统有两条油道：一条是机油通道，由斜盘柱塞泵供油，存储于中压共轨管中，用以推动增压柱塞，共轨管压力为 4～23MPa，由电磁阀控制；另一条油道是燃油油路，向喷油器提供燃油，喷油器内设有增压活塞，面积比为 8～10，调节共轨管压力控制喷射压力。HEUI 喷油器采用液压增压活塞，喷射压力不受转速和负荷影响，能灵活控制，最高喷射压力达到 180MPa；采用预喷射计量控制初期喷油速率，通过柱塞和柱塞套上精密油孔的回油控制，实现预喷射；改变回油孔的直径获得不同喷油速率。系统能够灵活实现喷油压力、喷油量和喷油正时的控制；但喷油器结构复杂，需要两套液压油路，电磁阀容量和响应速度有限。

BOSCH 公司的高压共轨（Common Rail，CR）喷油系统由高压油泵、共轨压力控制阀、共轨管、压力传感器、电控单元和电控喷油器组成，如图 5-9 所示。高压油泵采用三柱塞间歇供油，三缸均匀布置，减小了凸轮轴的轴承载荷，如图5-10 所示。该系统使用柴油润滑，简化润滑油路，燃油经过电子断流阀后分成两路，一路流经凸轮室用于冷却，然后流经压力控制阀回油，其余的经三柱塞压缩后送至排油阀。

电控喷油器由喷油嘴、控制柱塞、进/出油量孔、电磁阀组成，如图 5-11 所示。当电磁阀不通电时，电磁阀关闭控制室的出油量孔，高压油轨的燃油压力通过进油量孔作用在控制柱塞上，使喷嘴关闭；当电磁阀通电开启时，电磁阀打开控制室的出油量孔，控制室的压力迅速降低，控制柱塞升起，喷油器开始喷油；当电磁阀断电关闭时，控制室的压力上升，控制柱塞下行，关闭喷油器，完成喷油过程。

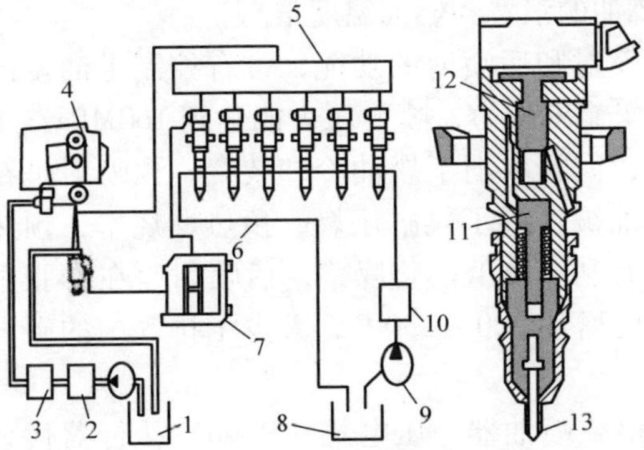

图 5-8　蓄压式中压共轨电控系统（HEUI）

1—机油箱　2—机油冷却器　3—机油滤清器　4—高压机油泵　5—机油油轨　6—回油管　7—电控单元　8—燃油箱　9—输油泵　10—燃油滤清器　11—增压活塞　12—电磁控制阀　13—喷油嘴

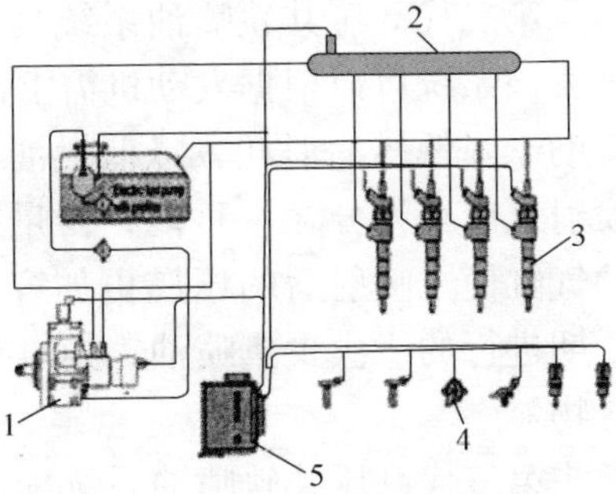

图 5-9　BOSCH 高压共轨系统

1—高压油泵　2—共轨管　3—喷油器　4—传感器　5—电控单元

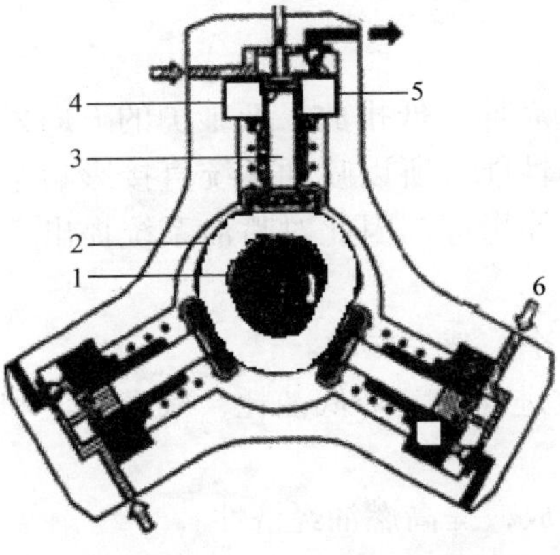

图 5-10　高压泵

1—驱动轴　2—偏心凸轮　3—泵油元件　4—吸油阀　5—排油阀　6—进油口

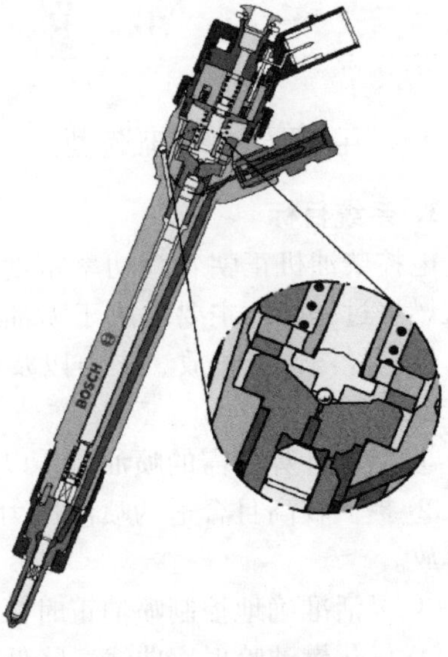

图 5-11　电控喷油器

共轨管上安装了压力传感器、限流器和压力限制器。压力传感器向电控单元（ECU）提供共轨管的压力信号；限流器保证在喷油器出现燃油泄漏故障时，切断共轨管向喷油器供油通道，并减小共轨管和高压油管中的压力波动；在共轨管出现压力异常时，压力限制器迅速降低共轨管中的压力。

第一代高压共轨喷油系统高压泵总是保持在最高压力，最高喷射压力为

145MPa，喷射压力为135MPa，导致燃油的浪费和燃油温度很高。

第二代高压共轨喷油系统具有预喷射和后喷射的功能，带有控制进油量的油泵。该系统可以根据发动机需求而改变输出压力，喷射压力能达到160MPa，不仅有助于降低燃油消耗、降低燃油温度，而且取消了燃油冷却装置。预喷射是在主喷射之前百万分之一秒内，少量的燃油被喷进了气缸压燃，预热燃烧室，预热后的气缸使主喷射后的压燃更加容易，有利于降低燃烧噪声。后喷射是在膨胀过程后期进行的一次少量喷油，使缸内温度增加200～250℃，减少了排气中的碳氢化合物。

第三代高压共轨喷油系统配有压电式喷油器。压电式（Piezo）执行器代替了电磁阀，能实现精确的喷油控制。压力调节范围为20～200MPa，最小喷射量可控制在0.5mm^3范围内，带预喷和后喷的喷油率曲线更为理想，有效地减小了微粒（PM）和氮氧化物（NO_x）的排放。

第二节　电控喷油系统匹配

一、电控喷油系统选型

1. 系统目标

电控柴油机正朝着高功率密度、高可靠性、低排放、低维护的方向发展。柴油机燃烧过程好坏主要取决于喷油系统的性能，所以喷油系统直接影响柴油机的动力性、经济性、排放、噪声以及可靠性等指标，因此对喷油系统提出了如下的目标：

① 精确计算所需的喷油量，以增加功率，减少振动。

② 提供较高且合适的喷油压力，以改进燃烧，降低油耗，减少烟尘和微粒物的排放。

③ 灵活准确地控制喷油正时，降低排放，提高燃油经济性。

④ 优化燃油喷射率曲线，降低噪声。

目前我国正在研发的四类电控燃油喷射系统有：电控共轨系统、电控组合单体泵、电控VE分配泵和直列泵加电控调速器。不同类型的柴油机选用电控喷油系统，一般要根据用途和性能要求进行选择。但考虑到我国柴油机行业的实际情况，我国汽车工业协会和内燃机工业协会在《关于我国燃油喷射装置行业为实施柴油机国三排放标准所做的准备工作汇报和我们的意见与建议》报告中，提出以下建议：

① 对于新开发的柴油机机型和技术较先进的高档老机型进行升级改造，适合采用电控高压共轨系统。

② 对于原采用机械式 VE 分配泵的老机型进行升级改造，适合采用电控 VE 分配泵。

③ 对于一般老机型的升级改造，适合采用电控组合单体泵，某些新开发机型也可采用。

④ 对于较低档老机型的升级改造，更适合采用电控调速直列泵（结合冷却 EGR 使用）的方案。

排放法规是目前国产柴油机必须满足的主要指标，在一些大城市，如北京、上海，已开始执行欧Ⅳ排放法规。欧Ⅴ排放法规将是今后 5 年内柴油机改进所要达到的目标，所以选定欧Ⅳ排放法规作为柴油机电控喷油系统选型的目标。柴油机的主要排放物是微粒（PM）和氮氧化物（NO_x）。欧Ⅳ排放法规中 PM 和 NO_x 的限值分别为 0.02g/(kW·h)和 3.5g/(kW·h)。

2. 系统选型

在柴油机电控喷油系统选型中，需要进行多方面因素的综合分析，权衡利弊，选择最佳折中方案。因此要针对所达到的目标，系统分析喷油系统性能、功能特性、成本费用、适应性等几个方面因素，引入评价指标，建立总体评价指标体系。

（1）评价指标

系统性能评价指标有：系统复杂度、技术成熟度、喷射特性、升级换代能力。

性能特性评价指标有：喷射压力、喷射次数、喷油规律。

成本费用评价指标有：配机成本、系统价格、性价比。

适应性评价指标有：系统获取度、配机改动量、应用范围、标定难度。

（2）评价指标集和评价标准

1）评价指标集。评价指标集是影响评价对象的各项指标所组成的一个集合。假设有 n 个评价指标，评价指标集表示为

$$U=\{u_1, u_2, \cdots, u_n\} \tag{5.1}$$

系统性能 SC_i 的评价指标有：系统复杂度 TC、技术成熟度 T、M、喷射特性 PC、升级换代能力 DU。

$$u_1 = \sum_{i=1}^{4} SC_i \tag{5.2}$$

性能特性 PC_i 的评价指标有：喷射压力 P，喷射次数 N_p、喷油规律 Q。

$$u_2 = \sum_{i=1}^{3} PC_i \tag{5.3}$$

成本费用 PF_i 的评价指标有：配机成本 E_r、系统价格 S_r、性价比 R。

$$u_3 = \sum_{i=1}^{3} PF_i \tag{5.4}$$

适应性 Cp_i 的评价指标有：系统获取度 T、配机改动量 M、应用范围 S，标定

难度 D。

$$u_4 = \sum_{i=1}^{4} Cp_i \tag{5.5}$$

得到评价指标集为 $U = \{SC, PC, PF, Cp\}$。

2）评价标准。假设有 m 个评价评语，评价评语集表示为 $V = \{v_1, v_2, \cdots, v_m\}$。

对电控喷油系统匹配的综合性能等级给出4个评语：优、良、中、差。则 $v_1 =$ 优，$v_2 =$ 良，$v_3 =$ 中，$v_4 =$ 差，评价评语集为：$V = \{$优，良，中，差$\}$。

评价限值是评价评语中分界点的具体数值。根据车用动力系统的使用条件，制定出各评语的限值见表5-1。

表 5-1 评语的限值

评价指标	评价评语			
	优	良	中	差
SC	9	7	5	3
PC	9	7	5	3
PF	9	7	5	3
Cp	9	7	5	3

注：2，4，6，8 分别表示相邻判断1～3，3～5，5～7，7～9 的中值。

（3）建立权重

权重是表征评价指标相对重要性大小的度量值，反映每个评价指标在评价中的相对地位与作用。权重可根据经验方法或者数学方法得出，权重值及含义见表5-2。

表 5-2 权重值及含义

权重	含义
25%	表示该项指标最重要
20%	表示该项指标明显重要
15%	表示该项指标稍微重要
10%	表示该项指标需要考虑
5%	表示该项指标需要提到

（4）评价过程

针对可选的电控系统，对每一评价指标进行打分，具体按照评价评语进行。最后总分（ZF）为各项指标权值与其评价评语分值的乘积之和，分值越高，说明系统最优。

$$ZF = \sum_{i=1}^{4} Cp_i \cdot w_{\mathrm{cp}i} + \sum_{i=1}^{4} SC_i \cdot w_{\mathrm{sc}i} + \sum_{i=1}^{3} PC_i \cdot w_{\mathrm{pc}i} + \sum_{i=1}^{3} PF_i \cdot w_{\mathrm{pf}i} \quad (5.6)$$

二、匹配内容及要求

1. 匹配内容

电控喷油系统匹配是根据柴油机指标要求，选择合适功能的喷油系统，确定喷油系统的相关部件技术参数，并在喷油试验台架上完成基本试验，验证喷油系统具备的功能。其内容主要有以下四项：

① 燃油系统选型。燃油系统匹配工作主要就是选用合适的喷油装置，进行机、泵参数的合理匹配。首先考虑选用何种形式（结构）的燃油系统；其次考察其工作能力，如单缸功率、许用转速、喷射压力等。

② 电控燃油系统功能开发。为了满足某种特定的功能要求，需要开发新结构的燃油系统或增加新的功能。

③ 燃油系统参数选择。在燃油系统选型和功能确定后，需要对燃油系统的具体匹配参数做出合理的选择，然后进行试制。电控喷油系统的开发分三个步骤进行：

第一步，开发出具有基本控制功能（喷油量和喷油正时）的电控系统。确定电子控制是否能满足柴油机性能和可靠性的要求。

第二步，开发有效的控制软件，扩展电控系统控制功能和提高控制精度。这一阶段要充分发挥软件作用，开发电控喷油系统的全部潜能。

第三步，集成柴油机电控喷油系统与车辆其他电控系统。

④ 喷油系统试验。首先进行性能开发，检查基本油量、功能能否满足要求，测量喷油压力、针阀升程、喷油规律、喷油持续期、喷雾性能等。进行可靠性开发，试验结果应达到技术协议书的要求，并符合有关标准规定。

2. 匹配要求

针对柴油机所要求的喷油系统目标，燃油喷射系统的选型、参数优化以及匹配试验成为柴油机设计、改进和性能开发过程中的关键工作。燃油喷射系统要满足以下要求：

① 工作能力足够。燃油系统必须能够满足柴油机工作的所需结构参数和工作参数，包括缸数、允许的单缸功率、最高许用转速、最高喷射压力等。

② 高喷油压力。在柴油机全转速范围具有较高的喷射压力，尽可能提高低速低负荷工况的喷油压力，做到喷油压力与转速、负荷无关，且可灵活控制。

③ 喷油量精确计量和控制。特别是最小稳定喷油量要小而且可控。

④ 良好的喷雾特性。贯穿度、喷雾锥角、喷雾粒径及其分布要适当，油束要与燃烧室形状和燃烧室中的空气运动相匹配。

⑤ 准确的喷油正时，且可以根据负荷、转速灵活可控；要有合适的喷油持续时间。

⑥ 高喷油速率。以充分利用喷射能量来促进扩散燃烧，改善燃油消耗率，减少炭烟形成，降低微粒排放。

⑦ 良好的喷油规律。应具有“先缓后急”的喷油规律，喷油开始时的速率要低，能够实现多段喷射（预喷或多次喷射），以控制燃烧速率形状和压力升高率，控制氮氧化物和噪声，并通过快速断油以减少微粒和碳氢化合物的排放；要能够控制喷油率的形状。

⑧ 低噪声。一方面要减小喷油系统本身的机械噪声，另一方面通过控制喷油过程来降低燃烧噪声。

⑨ 良好的废气再循环（EGR）适应性。要有较高的平均有效喷油压力（MEIP），特别在柴油机的部分负荷时，可以减少微粒排放，通过提高 EGR 率，降低氮氧化物排放。

⑩ 合适的转矩特性，转速适应范围宽广。

⑪ 低成本。喷油系统不同，价格不同，在发动机上的设计和布置（特别是系统配置、缸盖和传动系统的设计等）也不同，从而对发动机的成本有较大影响。发达国家的燃油系统的成本通常要占柴油机总成本的 25% ~40%。

⑫ 安全性、可靠性和维修性能等要好，使用寿命长。

三、基于 KBE 的喷油系统匹配

在机械式喷油系统匹配中，喷油系统的匹配参数占燃烧过程匹配参数总和的 50% 以上，而喷油系统性能试验及其与柴油机匹配试验的工作量约占柴油机全部匹配工作量的 60%。匹配过程涉及机械设计、流体力学、仿真计算、实验设计等方面的知识和经验，要求设计者具备丰富的设计经验。设计者在匹配过程中的不同时间内需要共享设计参数和设计要求等信息、各种学科的设计经验、规范标准。高压共轨电控喷油系统是目前最先进的电控喷油系统之一，比机械喷油系统更为复杂，它涉及油泵油嘴技术、液压技术、电磁技术和电子控制技术。为了解决高压共轨系统匹配过程中信息集成和知识经验共享问题，将基于知识的工程（Knowledge Based Engineering，KBE）技术引入高压共轨喷油系统匹配过程，并构造了基于 KBE 的高压共轨系统匹配系统，采用了特征技术和知识工程解决设计各阶段的信息问题。

1. KBE 技术

工程设计是一个知识驱动的创造性过程，它包含了对知识的继承、集成、创新和管理。基于知识的工程（KBE）正是面向现代设计要求而产生、发展的新型智能设计方法和设计决策自动化的重要工具，已成为促进工程设计智能化的重要途径。KBE 是由多种技术相互交叉、渗透与集成而建立的一种新型的开放式技术，通过知识的驱动和繁衍，对工程问题和任务提供最佳解决方案的计算机集成处理技术。

在传统的设计过程中，创新的设计过程完全以设计者为中心，重复性的设计任务需要技术人员完成，导致了设计过程的繁杂。而基于 KBE 的工程设计是以知识模型为中心，各类数据库、知识库、设计事例库等均与产品模型相关联。KBE 的工程设计过程如图 5-12 所示。设计者的任务只是提供输入要求和做重要的设计决定，可以极大地提高设计效率，提高设计质量。

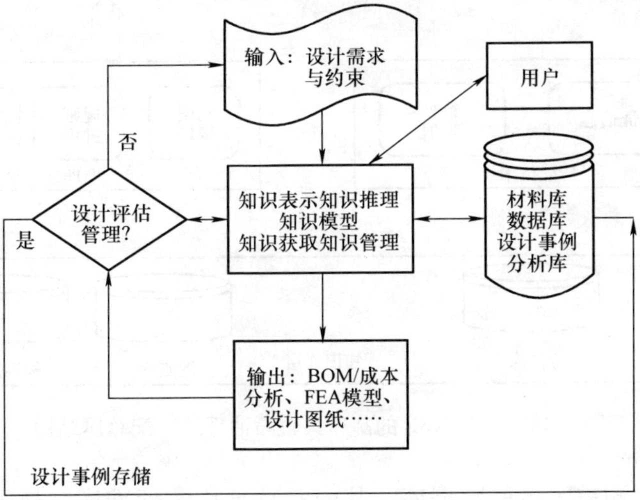

图 5-12　KBE 的设计过程

2. 匹配总体方案

高压共轨喷油系统的匹配应按照机械复杂系统设计匹配过程进行，引入 KBE 技术，将存在于图纸、资料和专家大脑中的设计经验、知识收集起来，服务于匹配中设计开发，建立基于 KBE 的电控高压共轨喷油系统匹配总体结构，如图 5-13 所示。系统包括四个层次：系统表示层、应用逻辑层、特征技术层/推理层和知识库层。

系统表示层：作为体系的最顶层，全面监控匹配进度、流程、任务状态，并与下层数据有动态关联。

应用逻辑层：显示系统匹配各阶段任务、工作状态、任务顺序流程。

特征技术层：存放系统匹配各阶段零部件设计开发的基本信息、最终信息，以及信息传递途径和条件。

推理层：对零部件设计开发中的主要信息和特征进行判断、推理，可由人工或计算机实现。

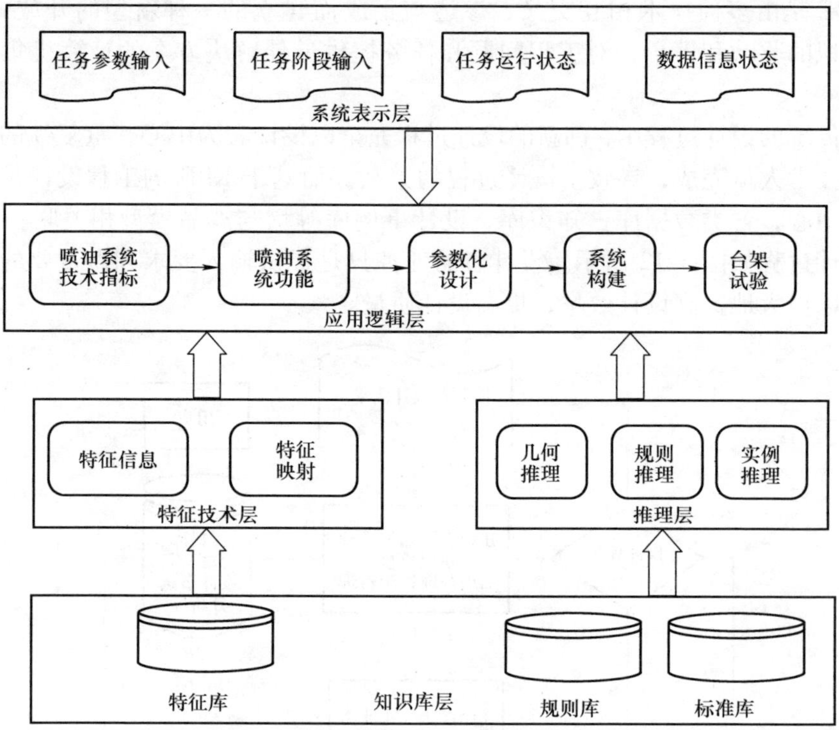

图 5-13　基于 KBE 的高压共轨喷油系统匹配总体结构

知识库层：涵盖了各种数据库，其中有特征库、标准库、规则库，存储各种部件设计、试验的所用数据、中间数据、结果数据，并以电子文档形式备存。

3. 喷油系统匹配流程

由于高压共轨系统零部件增加，调整参数和控制参数增加，匹配过程更加复杂，工作量增加，需要有一个清晰有序的系统流程图，依据科学合理的开发流程进行，建立高压共轨系统匹配导向树，如图 5-14 所示。KBE 系统主要由任务建立、知识工程、部件设计、仿真计算、部件试验、匹配报告主干部分组成。

知识工程部分主要包括喷油器、高压泵、共轨管，以及电控单元的设计经验、标准、设计规范、试验规程、测试指标、测试设备等，相关以及相近的技术设计资料，各部分相关的专利。在设计部件时，以机械设计、流体设计手册和材料应用手册为主，兼顾关键部位的密封与间隙，给出明确的范围，指导实际设计工作。

部件设计部分主要以参数化设计为主，进行几何参数、结构强度、流体流场的计算，借助标准库和规则库的要求，进行初步判断推理，最后确定完整的部件几何参数。仿真计算部分根据几何参数进行三维实体建模，建立系统性能模拟模型，并进行多方案参数优化。

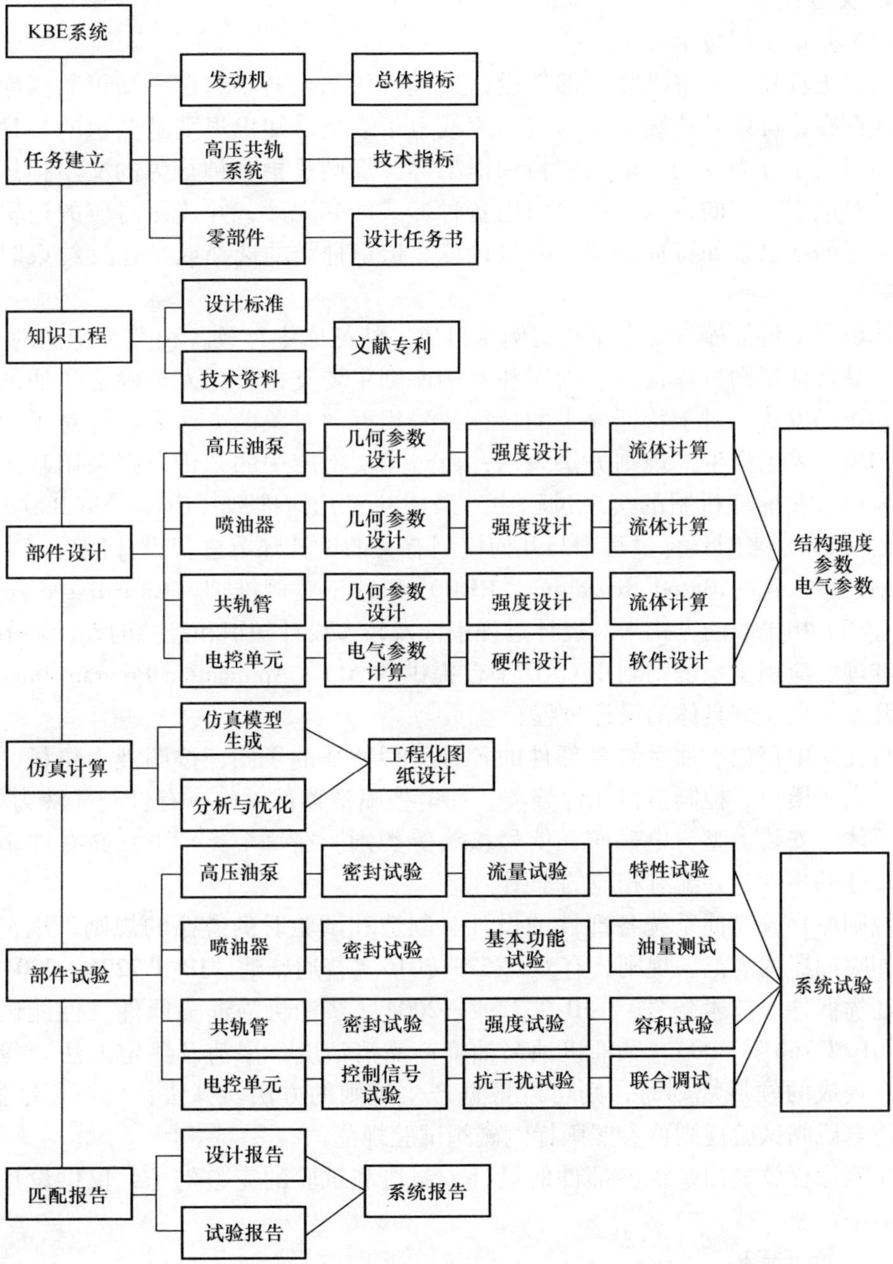

图 5-14　高压共轨喷油系统匹配导向树

部件试验部分是喷油系统匹配必需的环节，按照相关部件的试验规程，进行台架试验，检验相关的技术指标是否合格，整个喷油系统是否能满足总体指标要求。所有试验必须在相应的试验技术规范下进行。

4. 关键技术

（1）知识工程技术

知识工程技术要解决喷油部件设计过程中的知识共享问题。知识数据库以多种形式存在，可以是持续存在的数据库或电子表格。知识规则是知识的一种表示法。知识表示分为规则、谓词逻辑和框架等。规则是指一种行为的文本描述，这种行为对应于一定的输入，可以引用各种形式的知识库，并按照对应的逻辑条件产生一定的结果，如特征造型、参数计算、指定种类的选择或是违反约束时产生警告等。

知识库由特征库、规则库和实例库组成。特征库中存放各种类型特征的子图，支持产品特征识别过程；而规则库和实例库则主要支持设计人员确定喷油部件的大小和布局方式。对于特征库中的特征，采用面向对象的方法表示；对于规则库中的知识，采用产生式规则方法表示；而对于实例库中的知识，则采用基于实例方法表示。在推理机制的实现过程中，采用基于几何推理（Geometric Based Reasoning，GBR）来对设计过程中与几何模型有关的设计环节进行设计推理，采用基于规则推理（Rule Based Reasoning，RBR）和基于案例推理（Case Based Reasoning，CBR）相集成的方式来对设计过程中涉及较多设计知识和经验的设计环节进行设计推理。应用子系统则利用 CAD 平台提供的 API（Application Program Interface）进行开发，以实现具体的设计过程。

特征库中存放喷油系统各部件的各种类型特征的子图，按照液力机械、机械零件、电子模块、控制执行元件分类。如电控喷油器部件中，有针阀、液力柱塞、喷油器体、安装类型、电磁阀、信号接头等类别。在每个类别下，又有许多不同结构尺寸的零件，并配有相应的子图。

规则库存放喷油系统各部件的设计、制造和试验时的遵循的规则、规范、标准，如喷油器的规范、规则，有 GB 252—2015《普通柴油、JB/T 7296—2004 柴油机喷油嘴偶件　技术条件》、JB/T 7297—2004《柴油机喷油嘴偶件　性能试验方法》、JB/T 7661—2004《柴油机油泵油嘴产品清洁度　限值及测定方法》等。对于没有现成的领域规则时，则可以根据产生规则的方法、算法、相关标准制订，如高速电磁阀试验规则可参照国标电磁阀试验规范。

实例库存放喷油系统各部件的设计、制造和试验的完整例子，仅供设计者学习和借鉴。

（2）特征建模

特征是一组与零件的设计或制造、检测、管理相关的信息集合，它涵盖了零部件生产过程中的设计特征、制造特征、检验特征和装配特征，也包含了具体的形状特征、精度特征、材料特征，还包含了一些方法和概念，如功能特征、特征识别和特征映射等。因此特征技术主要解决喷油部件设计各阶段的信息集成问题。

在电控高压共轨喷油系统匹配中，不仅要有零部件形状特征、精度特征、材料特征，制造特征、检验特征和装配特征，而且要有部件在各阶段上的特征指标。特征指标是对零部件具体特征的最终表述，直接反映出零部件的功能。高压共轨喷油系统的特征指标如图5-15所示。

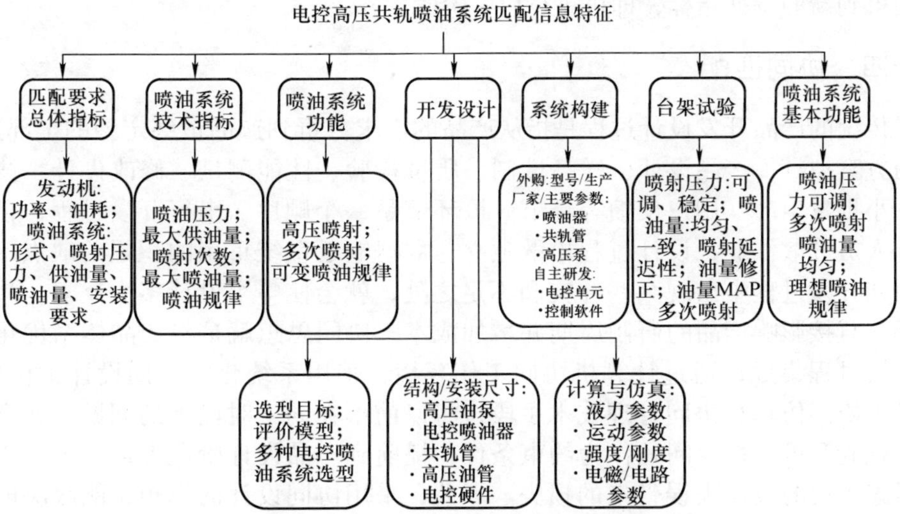

图5-15 高压共轨喷油系统匹配的特征指标

(3) 评判方法

评判方法是保证系统匹配正常进行的必需环节。对于不同的特征，应用相应的方法判断其合理性。由于特征分为具体特征、功能特征、指标特征，它们由具体细节逐渐到总体概括，应按照不同级别评判方法进行评判：专家评审、达到标准、满足技术要求。特征评判的应用如图5-16所示。

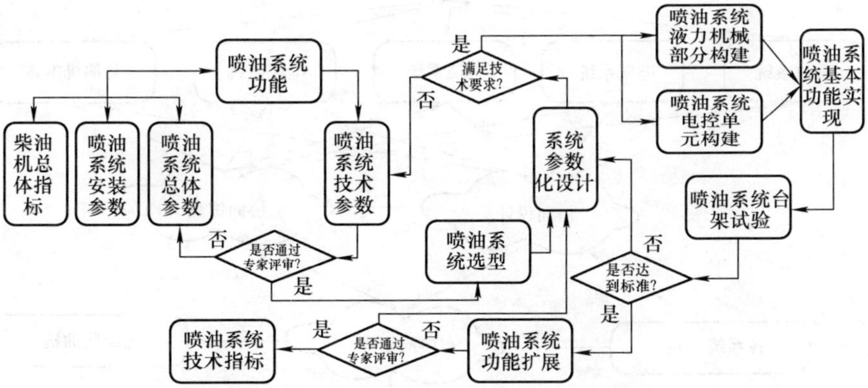

图5-16 高压共轨喷油系统匹配的特征评判

专家评审主要用于系统级的特征判断，采用行业和研究领域的专家开会和盲审的方式，利用专家知识对指标特征进行判断并给出结论。是否达到标准主要用于部件的特征判断，采用油泵油嘴和电子行业的相关标准，对其指标进行判断；是否满足技术要求则用部件设计过程中的具体指标进行判断，判断形状特征、精度特征、材料特征的合理性。对满足评判条件的，可以得到向后的特征指标，即可进行后一阶段任务指标；对于不满足评判条件的，要修改本阶段的其他特征，以便得到新的特征指标，即可进行后一阶段任务。

四、协同匹配

传统的产品开发设计过程是指从产品的需求分析到产品最终定型的全部过程，经历方案拟订、产品设计、样品试制、质量检验、性能测试、修改设计、技术鉴定、小批量生产、用户反馈等环节。该环节是一个顺序、串行开发过程，存在着设计人员分散作业，设计过程松散独立，数据缺乏系统重用的积累的缺点，一旦在后期开发过程中出现某些冲突和不足之处，就会使整个设计多次反复，甚至被推翻，直接影响产品的研制周期并增加成本。协同思想就是将产品体系优化建模和开发过程集成，通过计算机协同工作环境，采用系统化的协同设计工作模式，借助于协同仿真和协同管理技术手段，将以前不在同一时段上的问题，如产品制造、试验和可靠性等问题作为约束条件，提前到产品设计阶段考虑，进一步减少因考虑不周的设计失误带来的损失。因此，采用协同设计的思想，能解决电控柴油机匹配中复杂交错、跨时域、多目标的问题，提高产品开发效率。高压共轨喷油系统匹配协同设计方法如图 5-17 所示。

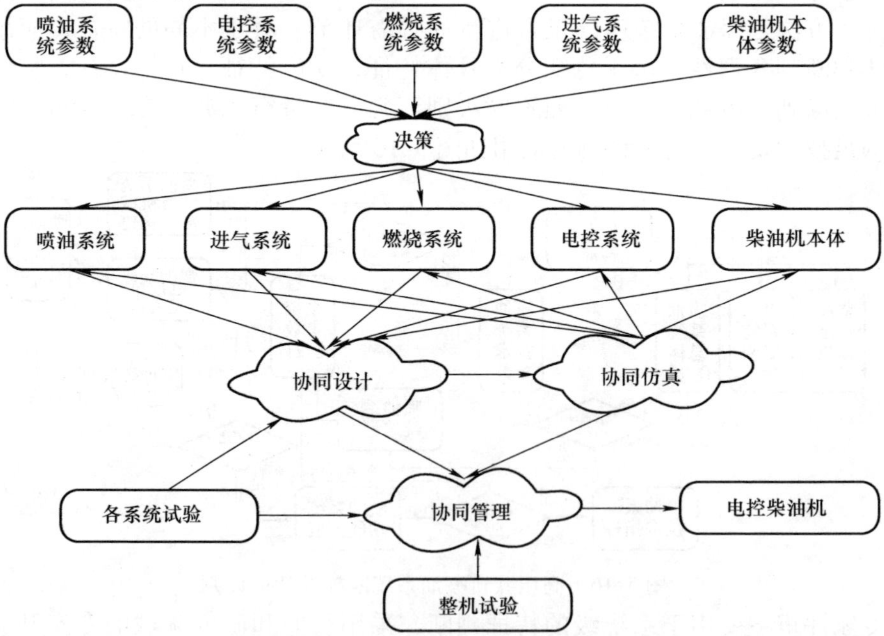

图 5-17 高压共轨喷油系统匹配协同设计方法

在各个辅助系统及相关部件设计应用协同设计，使整个设计过程呈现为一个并行过程。通过不同的设计手段和方法，对部件参数和结构进行计算和优化。部件协同设计关系如图 5-18 所示。

在各个辅助系统及相关部件优化设计时应用协同仿真，通过对单个辅助系统和多系统联合仿真，使整个设计结果在设计阶段有一个量化指标。通过对量化指标的评价，进一步对系统部件参数和结构进行调整计算和优化。各辅助系统协同仿真关系如图 5-19 所示。

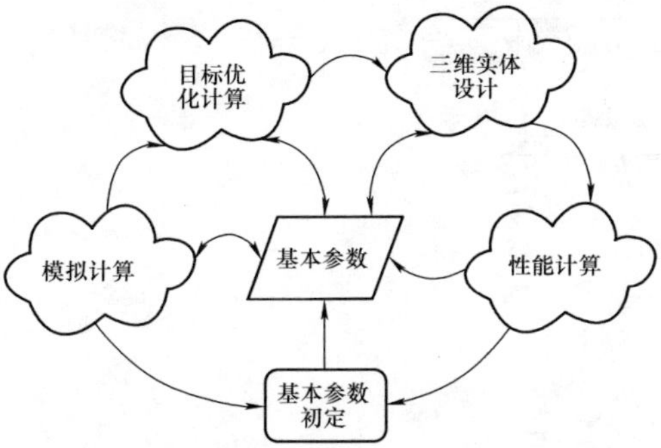

图 5-18 喷油系统部件协同设计关系

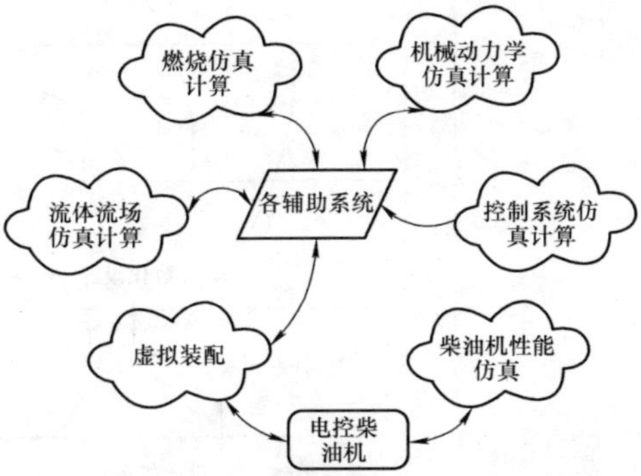

图 5-19 柴油机各辅助系统协同仿真关系

协同管理是通过动态的任务和计划管理对资源和技能进行优化组合。协同管理功能包括进度管理、资源管理、协同信息发布、项目跟踪和信息安全管理等。项目初期依据用户权限创建、共享和管理项目信息，包括协同记事簿和协同电子文档等，使不同时段、不同组别的人员方便地交换信息，管理信息。对项目管理是通过对任务执行过程管理实现的，即通过对工作流程管理实现的。工作流程管理功能包括工程数据的提交和修改、监督和管理、工程变更影响范围分析、文档分布控制、自动通知控制。因此在电控柴油机匹配中，采用信息共享权限设置、工程技术信息分级、项目进度列表、任务跟踪等措施进行协同管理，工作流程管理选用工程数据的提交和修改，监督、协同电子文档、协同记事簿、文档分布控制等形式。

五、匹配流程

高压共轨喷油系统性能匹配应按照复杂系统的匹配过程进行，从方案层、技术层、试验层面完成所有的设计和匹配工作，如图 5-20 所示。

各阶段所涉及的内容有：

① 总体基本指标：根据电控柴油机的用途、功能、形式、使用环境和工况，要求匹配柴油机的基本性能参数。

② 总体技术参数：对柴油机的性能、结构、动力性、经济性、排放性等要求进行综合分析，进行喷油系统选型，确定喷油系统的结构形式和技术参数。

③ 各部件总体方案：需要对部件的设计方案或改进方案进行设计评审，以确定总体方案，并提供总体方案图。

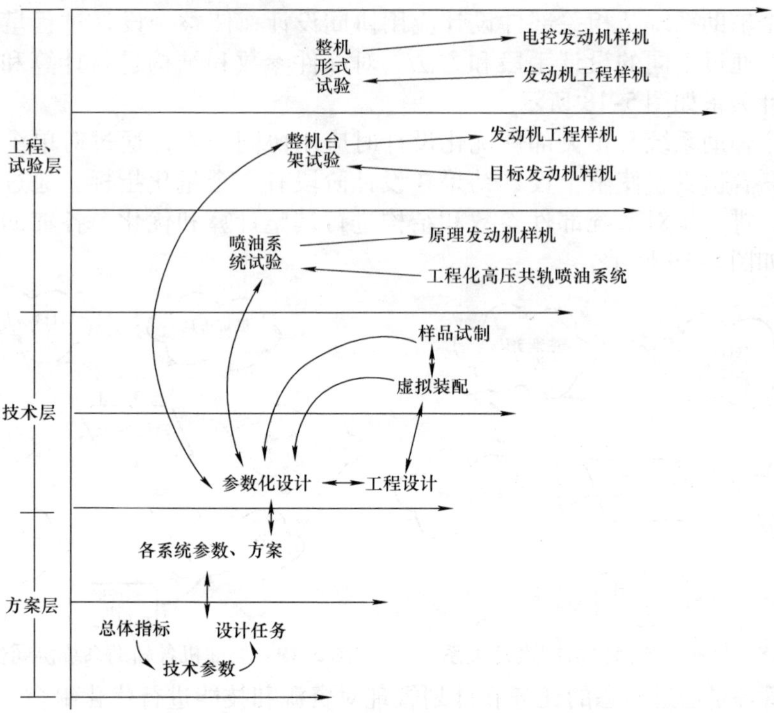

图5-20　高压共轨喷油系统匹配流程

④ 参数化设计：运用经验估算法初步确定喷油系统匹配参数的选择范围，在有条件的情况下还应进行喷油特性的模拟计算以及柴油机工作过程的模拟计算，对各种喷油系统参数对柴油机工作过程的影响做出分析、评价，更好地确定匹配参数的取值或取值范围。

⑤ 工程设计：需要对工程设计或改进方案进行设计审核，以确定高压油泵、共轨管、电控喷油器和相关阀件的工程设计图。

⑥ 虚拟装配：根据部件工程设计参数，进行各部件及其与发动机本体虚拟装配的检验，消除部件尺寸和结构的干涉因素。

⑦ 样品试制：各零部件工程设计图经工艺、标准等部门会审后，进行样品试制。试制样品必须经过全面计量、检测，必须满足图纸要求。

⑧ 原理系统试验：针对各工程化高压共轨喷油系统进行相关的台架试验，检验高压共轨喷油系统的功能，考核高压共轨喷油系统指标。

⑨ 原理样机：对原理样机进行台架性能试验，制订试验规范，达到电控柴油机的系统总体技术指标要求。

⑩ 目标样机：将原理样机转化为目标样机，进行装车试验准备。

a. 形式试验：经样机配试，并按照有关汽车、柴油机标准进行定型试验和典型用户使用试验，并把配套、定型试验和典型用户使用试验的结果反馈，载入图样技术文件中。

b. 高压共轨喷油系统经小批生产验证，投入批量生产。

各阶段的技术参数和技术指标可在高压共轨喷油系统性能匹配的步骤图中查出，如图 5-21 所示。

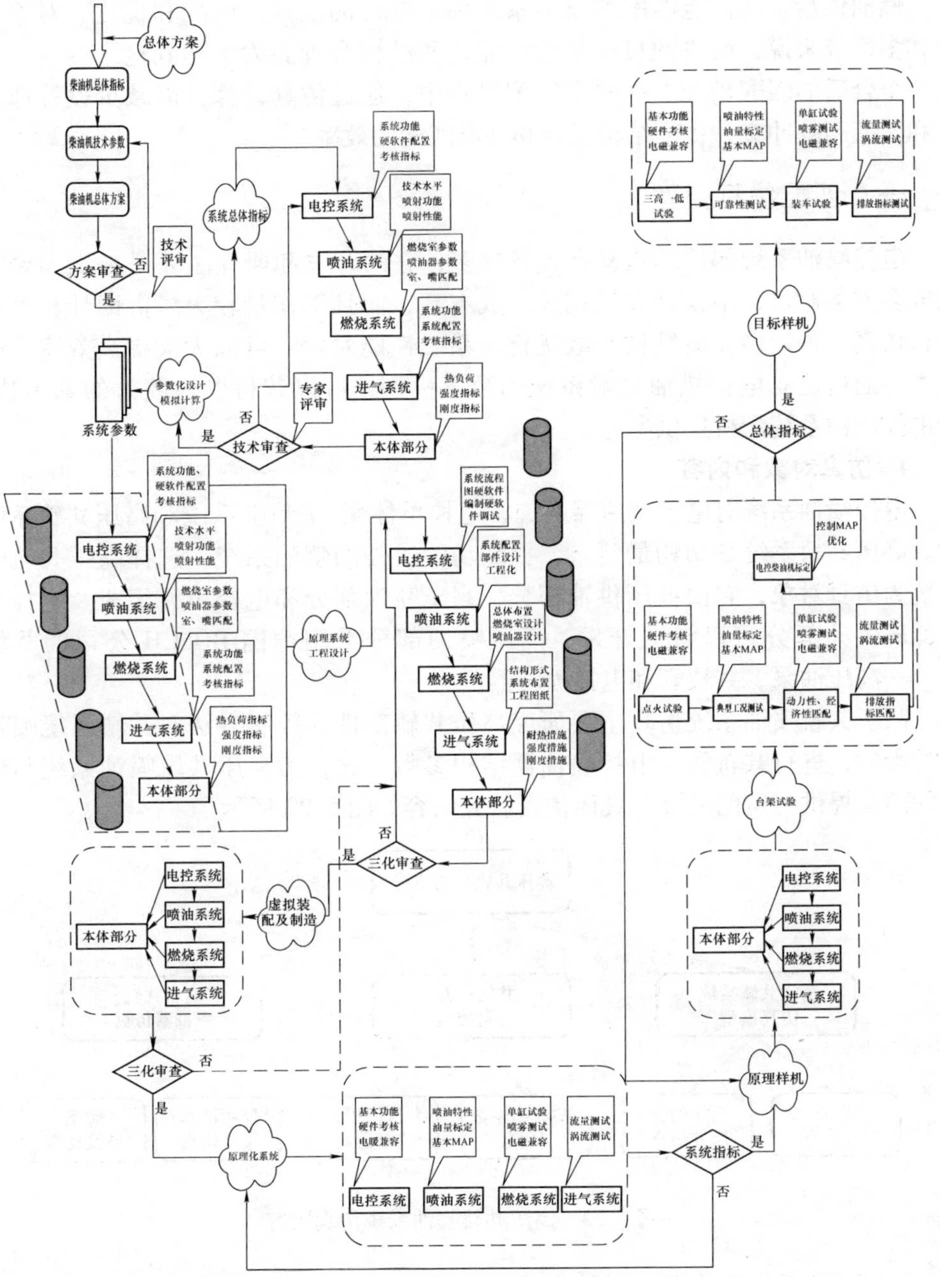

图 5-21　高压共轨喷油系统匹配步骤

第三节　结构和性能仿真匹配

燃油供给系统性能匹配涉及多系统和多部件的设计、匹配和优化。对于多部件和多系统来说，最终的目标是功能完善和结构合理。为了达到这个目标，需要有一个合适的匹配措施。在整个匹配过程中，通过仿真计算，能减少设计修改次数和匹配问题冲突，提高结构设计和性能匹配的效率。

一、匹配仿真模型

电控喷油系统部件结构复杂、参数多，它的开发和研究主要是在试验台架上完成多方案对比，不仅开发周期长，成本高，而且工作量较大。借助计算机对其进行仿真，进行多方案结构参数优化、系统性能对比，可以大大提高效率，降低成本。通过建立电控燃油喷射系统的数学模型，可以获得燃油喷射的基本特性，为电控喷油系统配机提供参考。

1. 仿真对象和内容

电控喷油系统有电子调速器系统、电控单体泵/泵喷嘴系统和高压共轨系统三种。高压共轨系统是结构最复杂、控制功能最强的喷油系统。选择高压共轨喷油系统为仿真对象，它由低压供油部分、高压喷油部分和电控单元组成。电控单元和低压供油部分可以自主开发，高压喷油部分采用德国 BOSCH 公司的共轨组件——高压油泵、共轨管和电控喷油器。

高压共轨喷油系统仿真主要研究高压共轨部件、控制方法对共轨系统喷油性能的影响，进行共轨管、电控喷油器结构参数优化，为高压共轨喷油系统与柴油机的匹配提供一定的指导。具体仿真研究内容如图 5-22 所示。

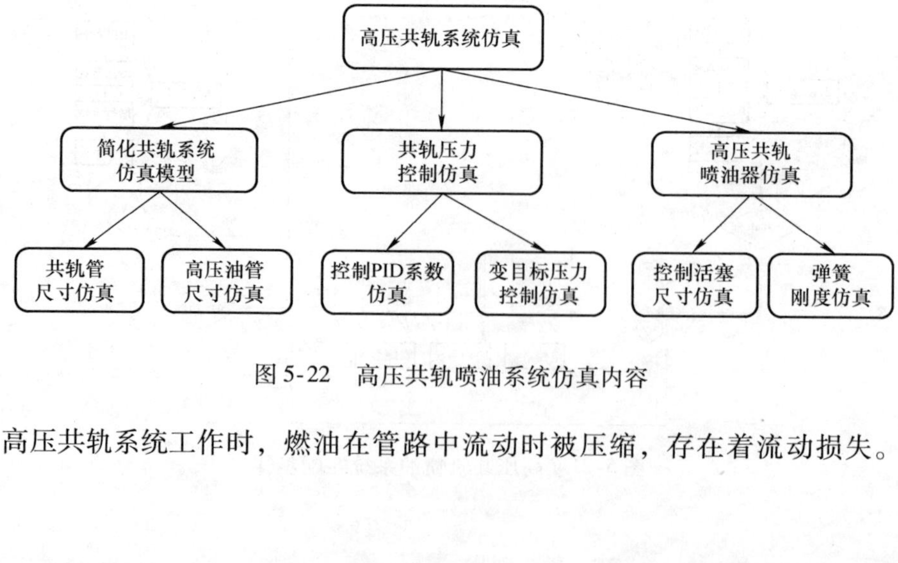

图 5-22　高压共轨喷油系统仿真内容

高压共轨系统工作时，燃油在管路中流动时被压缩，存在着流动损失。根据高压共轨系统的特点和仿真计算要求，做如下假定：

① 在一次喷油过程中，燃油的温度不变。

② 燃油的黏度、密度和弹性模量取为常数。

③ 不考虑高压系统中各个零件弹性变形。

④ 假定各腔为集中容积，燃油向各腔流动，不考虑压力传播时间。

⑤ 假定供油泵出油口处的单向阀的开启动作很快，不计算其开启和关闭时间。

⑥ 不考虑平面密封和锥面密封因加工问题造成的泄漏，只考虑圆柱运动副的泄漏及其对于各腔压力的影响。

2. 系统计算模型

高压共轨系统中的喷油泵、喷油器是柴油机最精密、最复杂的部件。燃油在喷油泵和喷油器中流动，经过不同管径和有效截面，燃油被压缩和高压喷出，针对系统建压、喷油各自独立的特点，没必要把所有燃油喷射过程的相关因素都考虑进去，因此将高压共轨系统简化成液压力部件和其边界组成的一个系统。高压泵、共轨管、喷油器的边界主要是体积流量，通过确定 PID 控制、共轨管、喷油器、喷油泵的边界条件，真实地反映共轨管的输入、输出，构成一个共轨系统的压力控制仿真系统。针对试验研究目的，高压共轨管上去掉了限流器、缓冲器等附件，简化了系统结构，突出主要部件的特性。

（1）流体方程

燃油在高压共轨喷油系统中流动，其流动按一维流动方法计算。

燃油在管内流动，满足流体的可压缩性方程：

$$\Delta p = E\frac{\Delta V}{V} \tag{5.7}$$

式中，E 为燃油体积弹性模量；$\Delta V/V$ 为燃油体积变化率；Δp 为燃油压力增量。

流体连续性方程：

$$\frac{\partial \rho}{\partial t}+\frac{\partial \rho}{\partial x}+\rho\frac{\partial u}{\partial x}=0 \tag{5.8}$$

动量方程：

$$\frac{\partial u}{\partial t}+\frac{\partial u}{\partial x}+\frac{1}{\rho}\frac{\partial p}{\partial x}=-F+\frac{4}{3}\mu\frac{\partial^2 u}{\partial x^2} \tag{5.9}$$

式中，u 为燃油流速；ρ 为燃油密度，且 $\rho=\rho(p)$；p 为压力；μ 为燃油动力黏度；x 为平行于油管轴线方向的坐标；t 为时间；F 为作用在受控流体上流动阻力的合力。

（2）边界条件

① 高压泵。BOSCH 公司的高压泵是三柱塞泵，在凸轮一圈之内，三柱塞间歇供油，三缸均匀布置，结构紧凑，柱塞供油量随凸轮转角变化而变化，体积油量变化关系分别为

$$V_1=\frac{V_{max}}{3}[1-\sin(\varphi)]$$

$$V_2=\frac{V_{max}}{3}[1-\sin(\varphi+120°)]$$

$$V_3=\frac{V_{max}}{3}[1-\sin(\varphi-120°)] \tag{5.10}$$

式中，V_{max}为柱塞最大供油量。

② 共轨管。共轨管的入口边界为体积流量，由三柱塞泵供油，通过设置柱塞泵参数及泵控制阀（PCV）控制脉宽来设定共轨管的入口体积流量。随着柱塞泵的行程变化和管道等因素的影响，入口体积流量是不断变化的。出口边界属于压力边界，由高压油管和喷油器相接，通过设置环境压力设定高压共轨的出口压力。随着喷油和其他因素的影响，这个边界也是不断变化的。

共轨管与喷油器的通道处采用“T”形接头简化为一进两出，共轨管的流动方程为

$$\frac{V}{\alpha^2\rho}\frac{\mathrm{d}p}{\mathrm{d}t}=u_1A_1-u_2A_2-u_3A_3 \tag{5.11}$$

式中，V为共轨体积；p为某处共轨压力；a为音速；u_1为流入速度；u_2、u_3分别为流出速度；A为流通截面积。

共轨管内流体连续方程为

$$\frac{V_{CR}}{\alpha^2\rho}\frac{\mathrm{d}p_{CR}}{\mathrm{d}t}=\sum u_{in}A_{in}-\sum u_{out}A_{out} \tag{5.12}$$

式中，V_{CR}为共轨体积；p_{CR}为共轨压力；u_{in}为流入速度；u_{out}为流出速度；A为流通截面积。

③ 喷油器。喷油器流出的流量方程为

$$Q=C_dAt\sqrt{\frac{2\Delta p}{\rho}} \tag{5.13}$$

式中，C_d为流量系数；A为流通面积；t为喷油器通电时间；Δp为液压腔之间的压差；ρ为燃油密度。

④ PID 控制。采用脉宽调制信号（PWM）控制轨压调压阀，PWM 信号的大小采用增量式 PID 算法确定，算法表示如下：

$$e(k)=r(k)-y(k) \tag{5.14}$$

$$\Delta u(k)=k_p[e(k)-e(k-1)]+k_ie(k)+k_d[e(k-1)-e(k-2)] \tag{5.15}$$

$$u(k)=u(k-1)+\Delta u(k) \tag{5.16}$$

式中，$r(k)$为给定目标共轨压力；$y(k)$为实测共轨压力；$u(k-1)$为$k-1$时刻的 PWM 输出量；$\Delta u(k)$为k时刻的输出 PWM 增量；$e(k)$、$e(k-1)$、$e(k-2)$分别为

k、$k-1$、$k-2$ 时刻的共轨压力偏差；k_p、k_i、k_d 分别为比例、积分、微分系数。

3. 仿真模型

（1）仿真建模

以四缸柴油机为研究对象，采用通用液压软件 AMESim 建立共轨管、喷油器、喷油泵等部件的液压模型；用管道、节流、容积，活塞、弹簧和电磁铁等基本元件，按相互之间的关系，通过液力、机械及特殊方式连接，构成喷油器和喷油泵模型；将共轨管各段分别视为集中容积，采用多分支管路构成共轨管模型，能够减少因数学近似和计算简化带来的误差；采用压力传感元件形成反馈，用比例、积分、微分元件构成 PID 边界条件；采用 AMESim 软件建立高压共轨系统仿真模型，如图 5-23 所示。

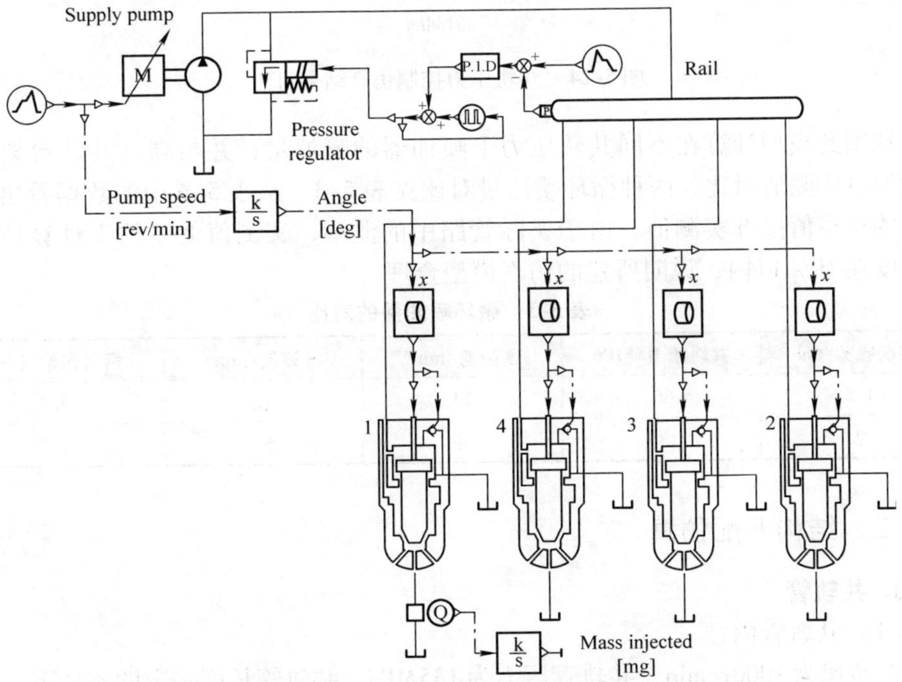

图 5-23　高压共轨系统仿真模型

（2）模型验证

共轨系统组件采用德国 BOSCH 公司第一代电控喷油器、CP3. 3 型高压油泵和共轨管。喷油器的喷孔数目和孔径为 5 × 0. 205mm，最大循环喷油量为 $57mm^3$，CP3. 3 型高压油泵最大供油压力为 135MPa，在此条件下进行了仿真计算值与试验结果对比。在凸轮转速 1000r/min，喷油器循环喷油量为 40mg，喷油脉宽为1. 5ms、2ms，目标共轨压分别为 80MPa、120MPa 时，比例、积分、微分系数分别 0. 05、

0.9、0时，压力控制的效果如图5-24所示。实测值压力波动在所要求的误差内，仿真结果有较好的压力趋势，说明仿真模型是基本合理的。

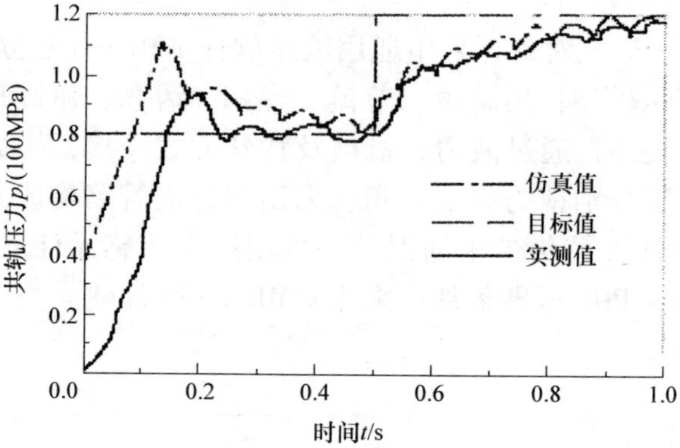

图5-24 共轨压力控制仿真结果对比

利用此模型计算在不同共轨压力下喷油器的喷油量，并与高压共轨台架喷油器喷油量实测值对比，两种循环喷油量对比见表5-3。从表5-3中的数据看出：喷油量的计算值接近实测值。由于实际管路中的泄漏，实测值低于仿真计算值，计算精度在10%以内，说明所建的仿真模型合理。

表5-3 循环喷油量的对比

控制脉宽/ms	共轨压力/MPa	试验值/mm^3	计算值/mm^3	相对误差（%）
1.5	60	34	37	7.2
2	135	60	62	3.0

二、结构匹配仿真

1. 共轨管

（1）共轨管内径

在转速为1000r/min、共轨管压力为135MPa、共轨管长度一定的条件下，对共轨管内径对轨压波动的影响进行仿真计算。计算结果如图5-25所示。表5-4是不同共轨管内径的压力比较。

（2）共轨管长度

当共轨管容积一定时，共轨管形状对轨压波动有一定影响，对不同共轨管长度进行轨压波动仿真计算，计算结果如图5-26所示。从图中可以看出，细长共轨管的轨压波动大于粗短共轨管。表5-5是不同共轨管长度条件下共轨管的压力波动和压力建立时间。从表中可以看出，当共轨管长度增加时，共轨管中的压力波动先减小，但是共轨管中的压力建立时间随着长度增加逐渐增加，有较好的线性关系。因此，基于压力波动考虑，共轨管长度必须在一定范围内变化，需要在压力建立时间和压力波动之间进行折中。

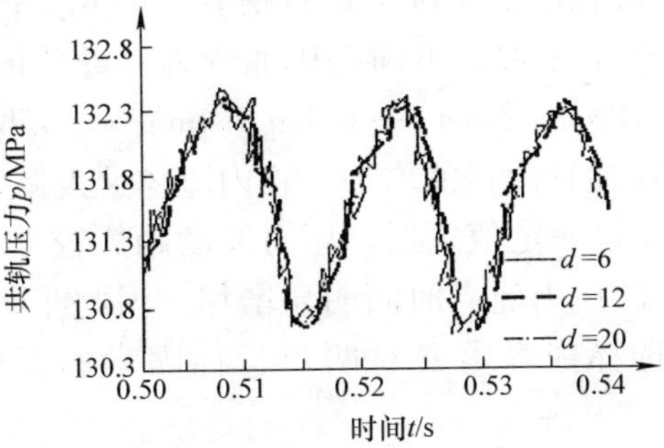

图 5-25 共轨管直径与共轨压力变化

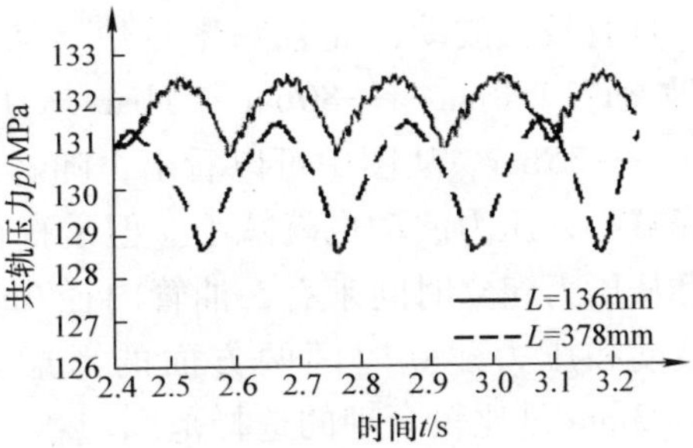

图 5-26 共轨管长度与共轨压力变化

表 5-4 不同共轨管内径的共轨压力比较

内径 D/mm	压力波动幅值 d$p$max/MPa	压力建立时间 t/s
6	5. 45	0. 2387
12	2. 76	0. 2871
20	1. 12	0. 7477

表 5-5 不同共轨管长度共轨压力比较

长度 L/mm	压力波动幅值 d$p$max/ MPa	压力建立时间 t/s
136	1. 39	0. 2822
380	2. 5	0. 5074
1510	3. 62	0. 7534

（3）双共轨管

通过上面的分析，可知当每根共轨管容积均为21mL时，共轨管结构尺寸取：内径为12mm，内腔长190mm。在柴油机额定工况下，双轨结构的共轨管压力波动情况如图5-27所示。从图中可以看出，在喷油状态下，双共轨结构的共轨压力波动小。由于每根共轨管只受三次喷油的影响，双共轨管的压力波动比单共轨管明显减小。

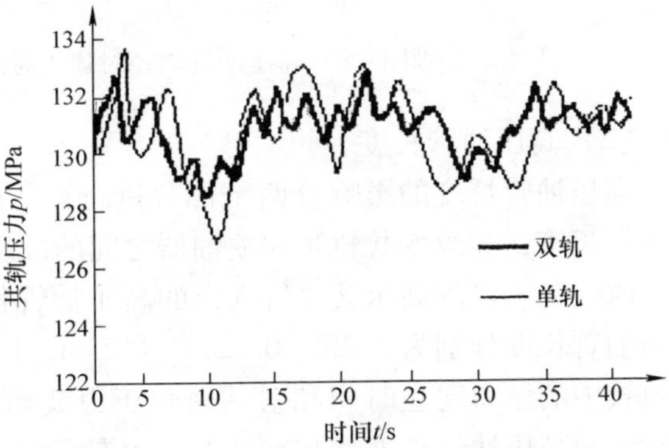

图 5-27 双轨结构的共轨压力变化

2. 高压油管

因为高压油管连接了高压泵、共轨管和电控喷油器，高压油管结构参数对系统性能有一定的影响，高压油管体积直接增大了共轨管体积，所以对高压油管内径、长度有一定要求。

（1）高压油管内径

选择内径为1.8～6mm的高压油管，在不喷油条件下进行仿真。共轨管出口的压力波动如图5-28a、b所示。高压共轨系统在喷油工况下进行仿真，因此共轨管出口具有较大波动，而且频率较快。从整体上来说，不同高压油管内径导致的压力波动：1.8mm——80bar（1bar = 0.1MPa）；3mm——60bar；4mm——45bar；6mm——35bar。从图中可以看出，随着高压油管内径的增加，管内流体速度减慢，压降减小，压力波动也就减小。但是直径超过一定值之后，压力波动趋势较平缓。而且从压力建立时间来看，油管内径6mm的压力建立时间明显增加，因此兼顾压力波动和压力建立时间两方面的考虑，选择内径需要对两个目标因素的折中，1.8～3mm是比较合理的选择范围。

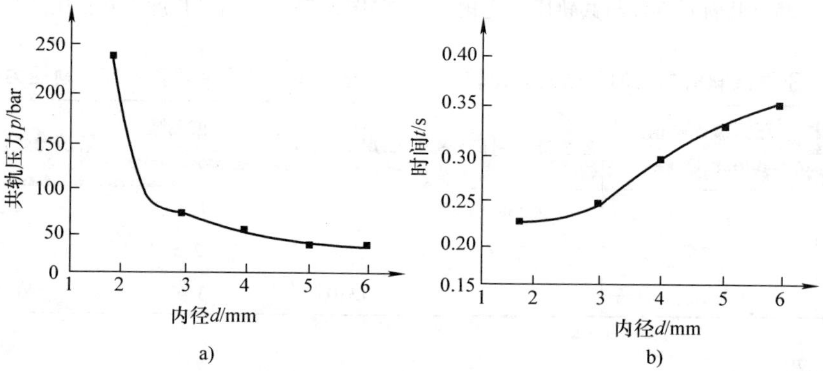

图5-28 高压油管内径对建压时间和压力波动的影响

（2）高压油管长度

高压油管长度的影响分两个部分进行：①改变泵出口到高压共轨管之间的高压油管长度；②改变共轨管和喷油器之间的高压油管长度。

改变泵出口到高压共轨管入口的高压油管长度。在不喷油条件下的仿真结果，高压油管长度分别为0.2m、0.72m、1.25m、1.80m。图5-29为高压油管的长度对共轨管中的压力建立时间和对共轨管压力波动的影响。从图中可以看出，压力建立时间随高压油管长度增加而增加，共轨管中的压力波动的影响随长度变长，波动值时大时小变化。因此存在一个最佳的长度，能使压力波动较小和建压时间适中。

改变共轨管和喷油器之间的高压油管长度，喷油器端的压力波动与油管长度的变化关系如图5-30所示。从图中可以看出：高压油管长度的变化对压力波动幅度的影响呈现周期性变化。这是因为波在一个传播过程中，传播路程长度变化决定了包括由于喷油引起的各种波的叠加相位不同，从而使波产生周期性变化。因

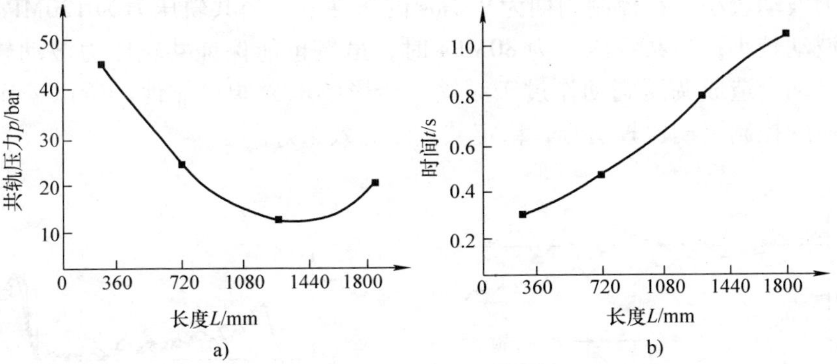

图 5-29　高压油管长度对建压时间和压力波动的影响

此，对于高压油管的长度，只有根据实际系统进行确定。

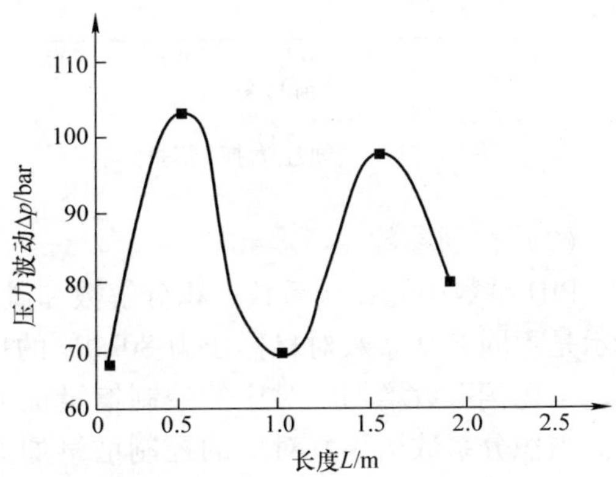

图 5-30　喷油器端的压力波动

三、性能仿真匹配

1. 压力控制仿真

共轨压力闭环控制采用 PID 增量算法后，PID 的采样周期、PID 系数决定了共轨压力的控制效果，变目标对 PID 系数有不同要求。

采用压力不控制和压力 PID 控制方法进行模型验证。目标压力设为 100MPa 时，不同方法的共轨压力变化对比如图 5-31 所示。从图中可以看出：当无压力控制时，随着喷油过程的进行，共轨压力逐渐降低，不能稳定在 100MPa；采用 PID 压力控制，尽管共轨压力有波动，但仍在目标压力 100MPa 上下波动，表明压力控制动态模型的有效性。

（1）控制周期

喷油量和喷油频率取决于柴油机的负荷和转速，在高压共轨喷油系统中，喷油量和喷油频率直接决定着共轨压力变化。为使共轨压力稳定在一定范围内，采用每缸喷油后压力调节 1 次的控制方法，分别选取柴油机怠速、最大转矩转速、最大转速对应的时间 42ms、13. 6ms、9. 3ms 作为控制周期，对共轨压力 80MPa、120MPa、135MPa 进行 PID 控制。图 5-32 所示是不同周期下共轨压力控制效果的对比。从图 5-31 可以看出：在控制周期为 42ms 的条件下，在共轨压力 80MPa 时，共轨压力波动较小；但当共轨压力提高到 120MPa 时，由于喷油频度增大，共轨压力波动较大。在控制周期为 13. 6ms 的条件下，在共轨压力为 80MPa、120MPa 时，共轨压力波动较小。在控制周期为9.3ms的条件下，当共轨压力为120MPa时，共轨压力波动较小；当共轨压力为80MPa时，虽然也能保证共轨压力波动较小，但小控制周期会造成调压阀动作过于频繁，会影响电磁阀可靠性。所以采用最大转矩时对应的控制周期比较适合，稳定共轨压力效果好。

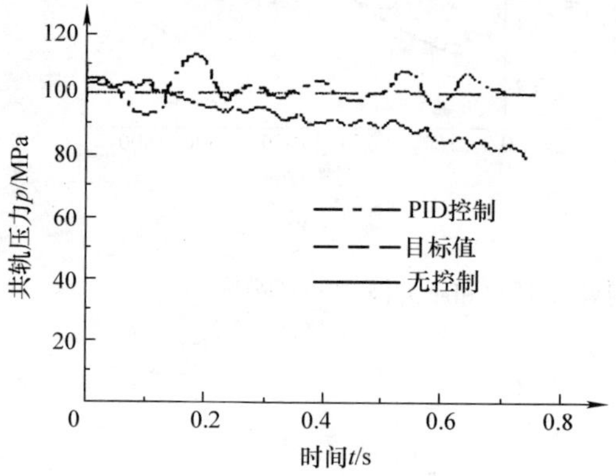

图5-31 共轨压力控制对比

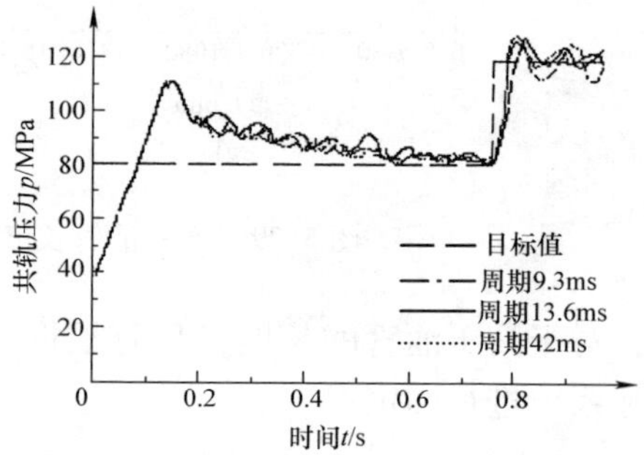

图5-32 不同控制周期共轨控制效果

（2）控制参数

PID系数中的比例系数、积分解数和微分系数对控制效果的影响不同。图5-33所示是不同PID系数对目标压力80MPa的控制效果对比。在积分系数不变的条件下，当比例系数增加、对应的控制增量加大时，控制稳定时间和压力波动都会增大。当积分系数增加、对应的控制增量加大时，压力超调会减小，压力波动也会减小。

（3）目标控制

当柴油机在不同工况时，共轨压力目标值是变化的，如在怠速工况和正常工况的共轨压力设定为60MPa、100MPa。图5-34所示的是同一套PID系数对60MPa、100MPa变化过程的控制效果。当PID比例、积分、微分系数分别为0.03、0.5、0.1时，对60MPa共轨压力控制效果较好，而对100MPa共轨压力控制跟踪响应较慢。当PID比例、积分、微分系数分别为0.06、0.7、0.1时，对100MPa共轨压力控制效果较好。对不同压力目标值，应采用不同的PID系数，以具有良好的动态控制效果。

2. 电控喷油器仿真

电控喷油器是高压共轨喷油系统中的核心部件，能实现高速响应和多次喷油，其结构参数和电磁参数对喷油器的性能有重要影响。建立电控喷油器精细仿真模型，分析其结构参数对喷油的影响，实现结构参数化设计优化。

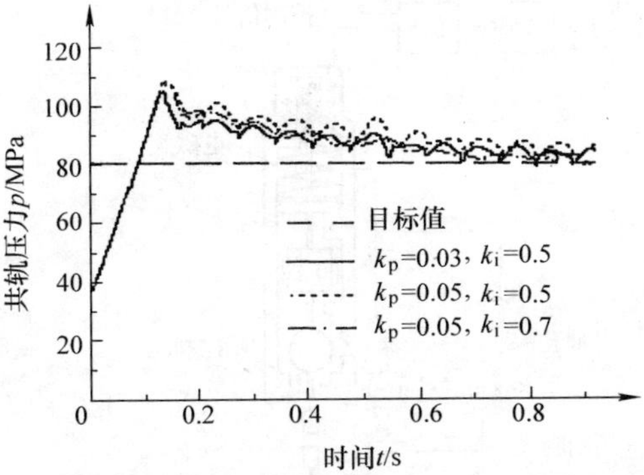

图 5-33　不同 PI 系数共轨压力控制效果

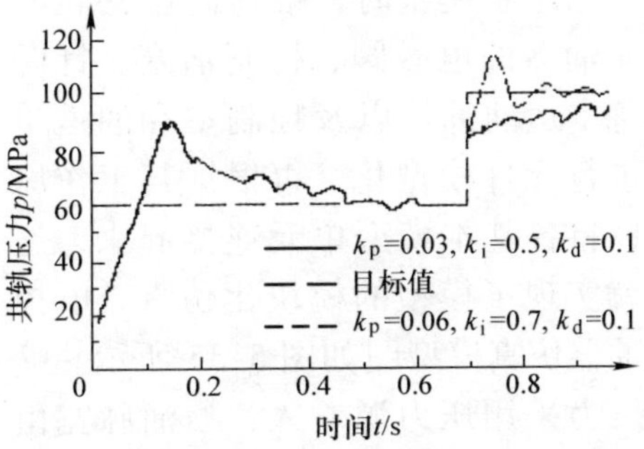

图 5-34　变目标值共轨压力控制效果

(1) 数学模型

根据流体的可压缩性和连续方程，控制室内燃油压力变化的数学表达式为

$$\frac{\mathrm{d}p_{\mathrm{b}}}{\mathrm{d}t}=\left(\frac{\mathrm{d}Q_{\mathrm{i}}}{\mathrm{d}t}-\frac{\mathrm{d}Q_{\mathrm{o}}}{\mathrm{d}t}-\frac{\mathrm{d}Q_{\mathrm{l}}}{\mathrm{d}t}-\frac{\mathrm{d}h_{\mathrm{p}}}{\mathrm{d}t}\cdot A\right)\frac{E}{V_{\mathrm{b}}} \tag{5.17}$$

其中，$Q_{\mathrm{i}}=\alpha\frac{\pi\mu_2}{4}d_{\mathrm{i}}^2\sqrt{\frac{2(p_{\mathrm{b}}-p_{\mathrm{c}})}{\rho}}$　　$Q_{\mathrm{o}}=\alpha\frac{\pi\mu_2}{4}d_{\mathrm{o}}^2\sqrt{\frac{2(p_{\mathrm{b}}-p_{\mathrm{c}})}{\rho}}$

当电磁阀打开后，如果通电时间足够长，控制室的压力最终会达到平衡，即控制室的进油量和出油量相等，得到

$$d_1^2=\frac{d_{\mathrm{i}}^2}{d_{\mathrm{o}}^2}=\sqrt{\frac{p_{\mathrm{b}}}{p_{\mathrm{r}}-p_{\mathrm{b}}}} \tag{5.18}$$

式中，Q_{i}为控制室进口流量；Q_{o}为控制室出口流量；d_{i}为控制室进口直径；d_{o}为控制室出口直径；Q_{l}为泄漏量；p_{b}为控制室压力；p_{r}为共轨压力；p_{c}为背压；h 为控制活塞升程；E 为燃油体积弹性模量；V_{b}为控制室容积；μ_1、μ_2分别为流量系数；α 为阶越函数；A 为流通面积；ρ 为燃油密度。

在高压共轨电控喷射系统中，针阀靠控制活塞的液压力实现开启和落座。即针阀的开启条件为

$$p_{\mathrm{b}}\cdot A_{\mathrm{p}}<p_{\mathrm{r}}\cdot A_{\mathrm{n}} \tag{5.19}$$

式中，A_{p}为控制活塞受力面积；A_{n}为喷嘴针阀受力面积。

控制活塞力平衡方程：

$$m_{\mathrm{p}}\cdot a=p_{\mathrm{b}}\cdot A_{\mathrm{p}}-p_{\mathrm{r}}\cdot A_{\mathrm{n}}-F_{\mathrm{f}} \tag{5.20}$$

式中，m_{p} 为控制活塞质量；a 为控制活塞运动加速度；F_{f} 为控制活塞运动阻力。

电磁阀动态过程微分方程：

$$L\frac{\mathrm{d}i}{\mathrm{d}t}+Ri+U_{\mathrm{c}}=0 \tag{5.21}$$

（2）仿真建模

在建立模型时，根据高压共轨电控喷油器的电磁阀、控制活塞、针阀等基本运动部件以及控制室和油道单独进行元件模型化，再根据其工作原理，将各基本模型单元连接起来，这样就实现了模型的模块化仿真。电控喷油器仿真模型图如图5-35所示。喷射压力采用压力源输入，喷油脉宽由模块提供。

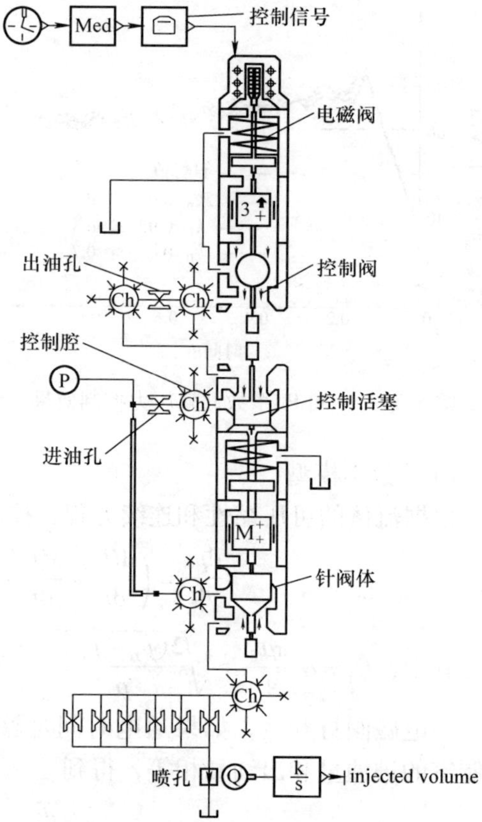

图5-35 电控喷油器仿真模型

（3）结构参数影响分析

对喷油器液力过程影响的主要结构参数有：控制室进口直径 d_i、出口直径 d_o、控制活塞受力面积 A_p、控制室容积 V_b、针阀弹簧刚度 K。下面分析这些参数对喷油的影响。

① 进、泄油孔直径。高压共轨电控喷油器的量孔对喷油器的喷射压力和喷射特性有着重要的影响。在给定喷油压力和喷油脉宽的条件下，不同进油孔直径对喷油的影响如图5-36a、b所示。当进油孔直径减小时，喷油结束时间会滞后。这是由于进油孔变小后，在结束喷油时，流入控制室的流量变小，导致控制室压力上升较慢，从而延长了压力平衡的时间，针阀关闭时间延长。在压力波动较大时，这种变化不利于精确控制。

在给定喷油压力和喷油脉宽的条件下，不同泄油孔直径对喷油的影响如图5-36c、d所示。当泄油孔直径减小时，从控制室流出流量减小，在开始喷油时刻控制室泄压速度变慢，针阀开启速度也随之变缓慢，开启时间拖长；但喷油结束时间，主要是通向控制室的流量与通向喷油嘴的进油槽的流量相对稳定，对结束喷油时针阀的响应速度影响较小。

② 控制活塞面积。在给定喷油压力和喷油脉宽的条件下，控制活塞不同面积 A_p 对喷油的影响如图5-37a、b所示。从图中可以看出，当活塞面积 A_p 增大时，喷油速率曲线上升过程明显缓慢，喷油响应迟滞效果越明显。由于控制活塞面积增大后，作用在控制柱塞的压力变大，使其与通向喷油嘴的进油槽内压力间的压差增大。

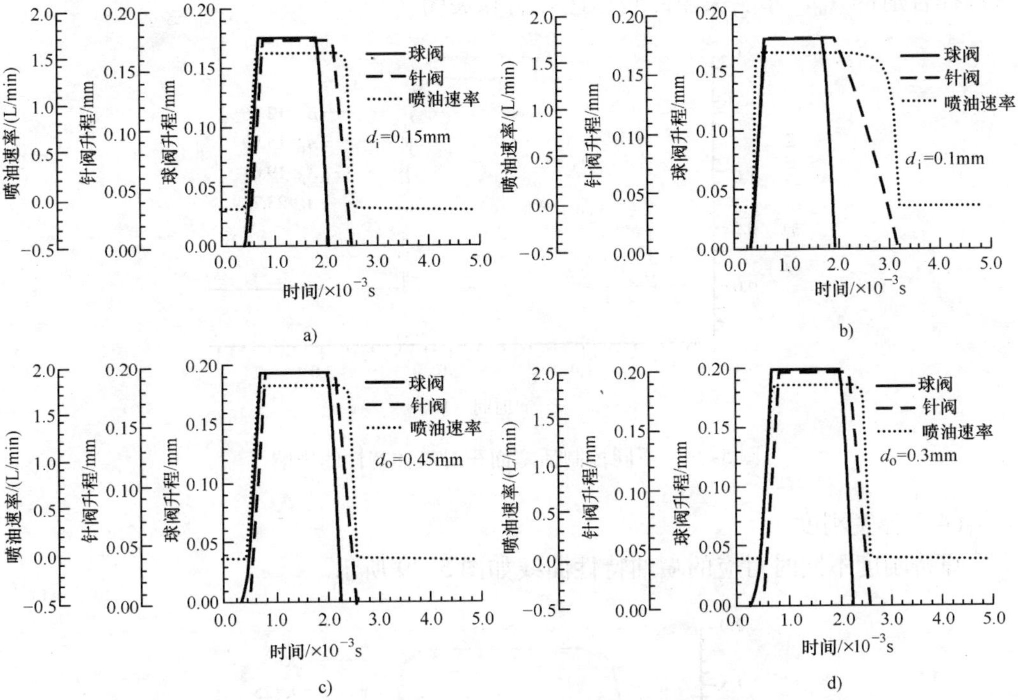

图 5-36　进油孔、泄油孔不同直径对喷油的影响

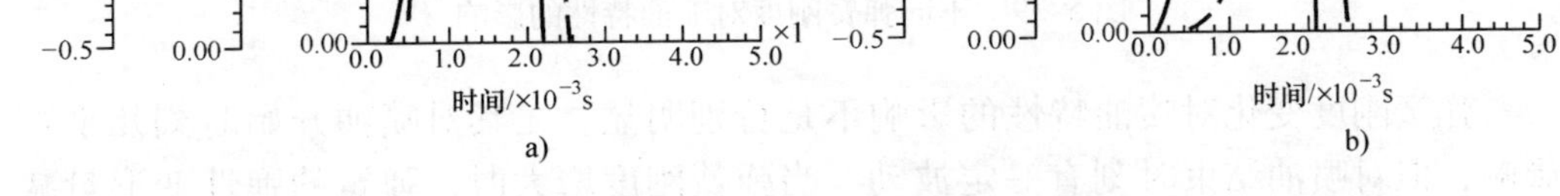

图 5-37　不同控制活塞面积对喷油的影响

不同控制活塞面积对喷油速率的影响如图 5-38 所示。从图中可以看出，随着活塞面积增大，针阀抬升响应速度相应地变慢，因而使喷嘴的流量呈缓慢上升趋势；而在结束喷油时，作用在控制活塞上的压力增大，能使针阀落座响应速度加快，针阀迅速落座，断油迅速；但过大的控制活塞面积会导致压力过大，使针阀一直处于关闭状态，不能实现喷油，当 $A_p=23.75\text{mm}^2$ 时，喷嘴流量为零。因此只

有选择合适的 A_p，才能保证针阀迅速开启和关闭。

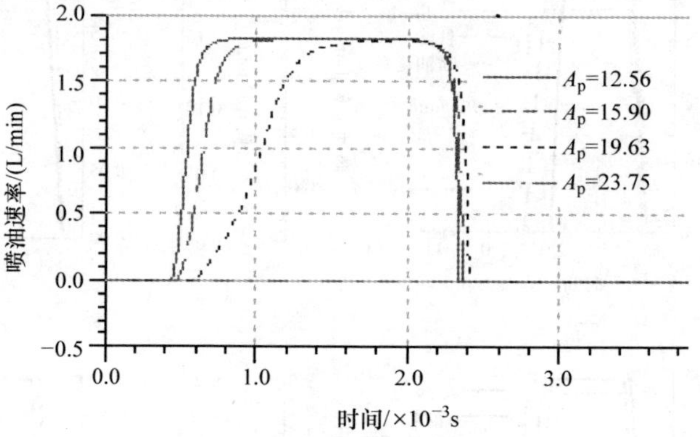

图 5-38　不同控制活塞面积对喷油特性的影响

（4）弹簧刚度

弹簧刚度不同时对应的喷油特性曲线如图 5-39 所示。

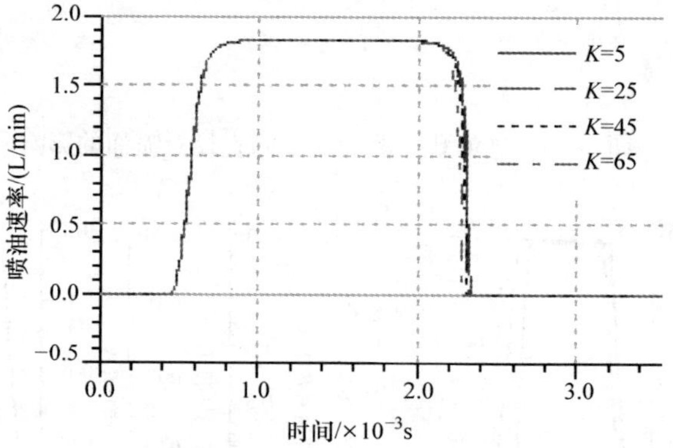

图 5-39　不同弹簧刚度对喷油特性的影响

弹簧刚度变化对喷油特性的影响不是特别明显。尤其对喷油开始时刻几乎不影响，但对喷油结束时刻有一定波动。当弹簧刚度增大时，弹簧的弹性变形量减小，提高了针阀响应速度；当弹簧刚度减小时，弹簧弹性效果变好，使弹力缓冲时间延长，从而降低了针阀的响应速度；而过长或过短的喷射响应时间不利于喷油雾化效果，即弹簧刚度过小或过大都不适合于提高喷油效果。选择合适的弹簧刚度，有利于保证针阀迅速落座，避免出现滞后喷射现象。

通过以上分析，喷油器的结构参数影响如下：

① 高压共轨电控喷油器进泄油孔大小的取值，既要保证针阀的迅速开启，又要保证针阀提升后无法落下或一直关闭，进、泄油孔存在一个合理的范围。

② 控制活塞面积的大小会影响针阀启阀响应速度。适当增加活塞面积，可以提高喷射效果。

③ 针阀弹簧刚度决定了喷油结束时刻，刚度太小不利于结束喷油点，易产生滞后喷射。

3. 高压油泵

高压油泵的主要作用是产生压力和提供足够的供油量，确保系统在所有工况下都有正常工作所需的流量。常规的供油泵只要求供油量的调整精度和稳定性，压力是由系统的结构参数决定的。而共轨系统的高压油泵是通过调整供油量来达到所要求的压力，压力值是由控制器根据发动机的工作需要决定的。所以共轨系统的供油量取决于共轨压力值和系统所需的流量。共轨系统中压力调节是通过液力过程实现的。总的供油量分为调节过程中高压燃油回油量 Q_{ci}、密封间隙的泄漏量 Q_{lk}、调节油量 Q_{drv} 和喷油量 Q_{inj} 四部分，因此高压油泵必须提供喷油量多几倍的供油量才能满足系统工作需要。供油量可按式（5.22）计算：

$$Q_{PUMP} = \sum_{i=1}^{n} Q_{inj} + \sum_{i=1}^{n} Q_{cj} + \sum_{k=1}^{n} Q_{lk} + Q_{drv} \tag{5.22}$$

式中，n 为柴油机缸数。

对于某一工况下，当共轨压力为 135MPa、转速为 2000r/min 时，液力调节过程所消耗的高压油所占的比例分别为：喷油量 Q_{inj}21%，回油量 Q_{ci}12%，泄漏量 Q_{lk}7%，调节油量 Q_{drv}60%。随着转速的增加，喷油量 Q_{inj} 增大到 35%，确定供油量为喷油量的 3～5 倍。因此，供油量可按式（5.23）计算：

$$Q_p = kg \tag{5.23}$$

式中，Q_p 为供油量；g 为喷油量；k 为比例系数，3～5。

最大循环喷油量按式（5.24）计算：

$$g_{max} = \frac{1000N_e \cdot g_e \cdot \tau}{120n\rho i} \tag{5.24}$$

式中，g_e 为燃油消耗率，g/(kW·h)；N_e 为柴油机功率，kW；n 为柴油机转速，r/min；i 为气缸数；τ 为冲程数；ρ 为燃油密度，g/cm³。

由式（5.23）、式（5.24）得到：最大供油量 $Q_{pmax} = 5g_{max}$。

在柴油机额定转速 3600r/min 时，由式（5.24）计算最大循环喷油量为 57mm³，所需的最大供油量 285mm³，因此选用供油量 820mm³/r、最大转速 3750r/min的 BOSCH CP3.3 型高压油泵。

由于柴油机喷油齿轮的传动比为 1∶2，供油泵要提供满足共轨管容积为 23mL 的供油量，所需的柴油机最低转速为 140r/min，而柴油机的最大起动转速为 250r/min，所以在柴油机起动转速范围内，能保证共轨管的建压要求。

由于 493 柴油机喷油齿轮的传动比为 1∶1.6，供油泵要提供满足共轨管容积为

23mL 的供油量，所需的柴油机最低转速为 60r/min。而 493 柴油机的最大起动转速为 250r/min，所以在 493 柴油机起动转速范围内，能保证共轨管的建压要求。

在怠速和额定转速下，不同的传动比时对应的供油量见表 5-6。

表 5-6 不同传动比的高压泵流量

传动比	最大转速 3600 r/min	对应流量 /(L/min)	怠速 750r/min	对应流量 /(L/min)
1:2	1800	1.44	325	0.26
1:1.6	2250	1.80	468	0.374

4. 低压输油部分

由于高压共轨系统一直处于高压油作用下，一旦燃油杂质损坏喷油嘴座面或针阀密封不良，喷油器漏油使喷油量增加，在短时间内气缸中有大量燃油，将引起不正常的燃烧；由于高压共轨喷油器的喷孔较小，燃油杂质容易堵塞喷孔。因此高压共轨系统对燃油滤清质量提出更高的要求，ISO/TR13353—1994 要求燃油的滤清精度为 3 ~ 5μm、过滤达 70% ~ 95%；低压系统采用一级滤油器和二级滤油器，滤清精度提高到 3μm，满足燃油滤清质量要求。低压输油部件参数见表 5-7。设计溢流阀保证 BOSCH 高压油泵的进口压力为 0.05 ~ 0.15MPa。因为供油压力极高，压力升高引起温度变化，使燃油密度变化，造成供油泵容积效率损失，所以在系统中增设燃油冷却器，使燃油温度保持在 35℃范围内。

表 5-7 低压输油部件参数

部件	形式	参数
电动机	Y08 - 4	0.55kW，转速 1450r/min，15A
齿轮泵	CB - C	转速 1450r/min，流量 6mL/r
一级滤清器（粗）	MAN208	40mL 精度 5 ~ 10μm
二级滤清器（精）	MNL40.3VVG30EP	40mL 精度 3μm
板式换热器	BR0.05 - 1.5	1.5m^2

Chapter 6

第六章 燃烧室匹配

电控喷油系统能实现高压喷射和不同的喷油规律，使燃油与空气在柴油机燃烧室内混合，形成油气混合气。混合气的均匀性不仅受燃油喷射特性的影响，而且与燃烧室中的气流运动、混合过程、燃烧室结构等因素密切相关。

第一节　匹配分析

一、燃烧室协同化匹配

柴油机的燃烧优劣取决于油气混合质量。影响混合气形成的主要零部件有：活塞、气缸盖气道、高压油泵、喷油器等。在喷油系统确定后，影响燃烧过程的主要因素有：燃油喷射质量、涡流强度和燃烧室形式，涉及涡流比、压缩比、燃烧室形状、喷油器喷孔大小等参数。结构参数匹配是确定进气涡流比、压缩比、燃烧室形状、喷油器、喷孔参数以及油束与燃烧室配合等。鉴于这些参数相互影响，计算量较大，故引入协同设计思想。电控柴油机燃烧室协同匹配如图 6-1 所示。协同仿真贯穿于设计匹配中，通过多个不同功能的仿真软件运行结果，修正设计方案。

二、高压喷射油束雾化分析

1. 高压喷射油束特征

当喷油压力提高到 135MPa 左右时，燃油从喷孔喷出时具有很高的速度，能使油束获得较高的喷射动能，油束的贯穿距离增大，与空气混合的时间增长，促进燃油雾化，在能量高的局部区域中，空气能比较活跃地进入油雾内部，形成均匀的混合气，燃烧充分。这要求燃烧室内空气流动状况相对均衡，挤流较大，涡流较小。

高压喷射能获得更好的油气混合气。在柴油机上安装高压喷油系统，必须改

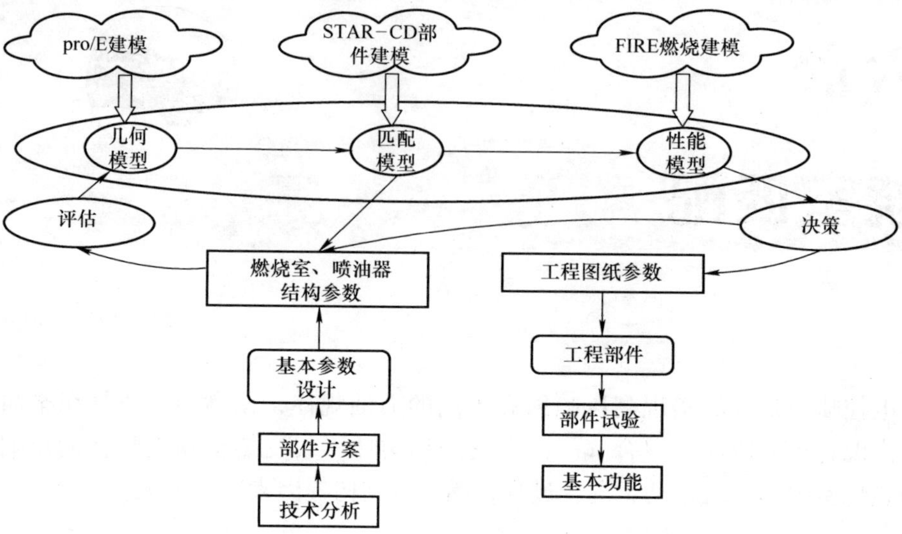

图 6-1 电控柴油机燃烧室协同匹配

进相应的燃烧室。由于直喷式柴油机燃烧室是高涡流的小口径 ω 形，高压喷射系统能以很高的速率喷射燃油，使油雾的贯穿距离增大，导致大量油滴碰到气缸和活塞壁。较高的喷射速率要求燃烧室具有大口径以适应喷雾贯穿长度，才能减少碰壁，来加强与空气的混合，实现烟度减少，以满足未来的烟度排放标准。因此利用低烟度燃烧室，可以采用延迟喷射策略，减少氮氧化物（NO_x）。

高压喷射对油束气相扰动和平均流场特征的影响很大。当空气高速进入油束内部时，扰动会加强与周围空气的相互作用。由于油气混合气是通过由高速喷雾所引起的气相的液体动力状况获得的，高压喷油系统的使用允许在进气后期较小的涡流运动。与高涡流口相比，低涡流口流量具有较高的排气系数。

2. 高压喷射用燃烧室

直喷式燃烧室由气缸盖底平面、活塞顶部的凹坑和部分气缸套内壁三者共同形成。当柴油机工作时，喷油器将柴油直接喷射到凹坑内，柴油靠雾化和燃烧室内的气流运动形成可燃混合气，并在上止点附近由压缩空气的高温点燃。燃烧室承担着燃油与空气进行混合和形成燃烧的任务，其主要作用有：①引导空气并加速进气涡流的旋转，在上止点附近形成挤流和逆挤流，促进混合气的形成。②引导喷注前锋，如球形燃烧系统沿壁面涂布油膜或 TR 燃烧系统使燃油尽可能远离壁面向燃烧室中心分布。③通过边、角等部位组织微涡流，促进燃油与空气以分子尺度均匀迅速混合，进一步完善燃烧。直喷式燃烧室要求喷油器喷孔较小、喷孔多、喷油压力高。如 YC6M220 增压直喷柴油机的喷油器有 7 个喷孔，最高喷油压力可达到120MPa。

高压喷油系统的喷油压力在不断提高，如高压共轨系统喷油压力已达180MPa，这就要求燃烧室的油束落点处直径增大，才能满足油束不碰壁，或者是落点处要有型面上的巨变，如有直口与圆弧的交界，能使油束产生二次雾化；而在中心部位，剧烈的气流运动会加速混合气的形成，造成喷嘴处温度过高。要求燃烧室中心部空气流动不能很大，因此燃烧室中心部形状较为平坦为好。因此，大口径燃烧室能够使燃烧各处与氧气很好地混合，减少油滴的碰壁量。为了保证稳定燃油速率，需要避免在自由喷雾形成过程中碰壁，喷雾扰动形成混合，允许最终的涡流比R_S从1.8减少到0.5，低涡流口形成高排量系数，提高功率密度。国外研究和试验表明：缩口燃烧室不但可保持柴油机的动力性、经济性不变或略有改善，而且由于缩口燃烧室油气混合作用加强，使喷油时间可以更加推迟，为降低氮氧化物（NO_x）创造了有利的条件。缩口燃烧室还能使排气烟度有明显的降低，由于缩口燃烧室加强了缸内后期燃烧的气流运动，促进了后期燃烧的进行，有利于所生成的炭烟氧化。因此采用缩口燃烧室较好地解决氮氧化物（NO_x）和微粒（PM）排放的矛盾关系。

缩口燃烧室的中心凸台在压缩比保持不变时，相当于增加了燃烧室周边的体积，提高了空气利用率。这是因为燃烧室内的涡流运动是周边处线速度最大，中心处线速度最小，所以中心处不仅燃油少，而且涡流与紊流也弱，使油气混合差。因此，底台体积增大，可充分利用底台的导流作用，形成所要求的挤流和逆挤流，促进油气混合。

3. 高压喷射用喷油器

要充分发挥高压喷射的优势，必须减小喷孔的直径，以提高燃油的雾化质量。一般根据柴油机的功率和喷油量循环要求，喷油孔直径为0.10～0.20mm，喷孔数目为6～8。喷孔数目过多会使加工复杂程度增加，燃烧室内的涡流导致喷油器相邻油束之间相互干涉，进而影响燃烧室内的混合气形成和混合气浓度的空间分布，不利于发动机燃烧和排放。高压喷射要求电控喷油器具有高速响应的能力，电执行器的响应时间要小于0.2ms。采用高速电磁阀作为执行器，高速电磁阀的高喷油压力和系统效率有限，只能实现预喷、主喷；采用压电晶体作为执行器，响应速度大幅度提高，脉冲周期可以减小到0.13～0.21ms，保证在喷射压力为20～150MPa时，针阀都能迅速关闭，多次喷射中增加了引导喷射和后喷。

4. 涡流比

为了保证柴油机的油气能良好混合，在进气道阻力尽可能小的条件下，还要求进气道产生适当强度的涡流。涡流比影响喷雾前缸内流场分布和油气混合质量，涡流比越大，预混合气越多，滞燃期越短，上止点前放热量越大，对输出功率产生负面影响。高涡流比使相邻油束发生重叠，恶化油气混合。高压喷射不宜用高涡流比。

第二节 缩口燃烧室

一、结构参数

直喷式柴油机 ω 形燃烧室结构形状取决于燃烧室口径比、燃烧室底台的形状、体积大小和燃烧室底台与侧壁间的过渡半径等参数。每一种缩口形燃烧室，都存在一个最佳的燃烧室口径比和相应的缩口度。在设计燃烧室形状时，要使喷注穿透率保持在合理的范围内，最佳的口径比是在柴油机整个负荷和转速范围内的一种折中值。ω 形燃烧室最早在日本五十铃柴油机上使用，它是通过切向进气道或螺旋进气道形成进气涡流，在压缩行程中使大部分有涡流的空气进入燃烧室内增强涡流，促进混合气的形成和燃烧。ω 形燃烧室可分为浅 ω 形、深 ω 形和缩口 ω 形三大类，如图 6-2 所示。

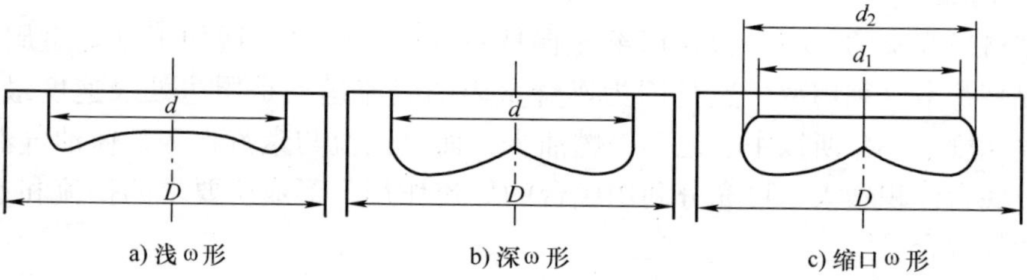

图 6-2 ω 形燃烧室

1. 浅 ω 形燃烧室

浅 ω 形燃烧室如图 6-2a 所示，其凹坑径比 d/D 一般为 0.8 ~ 0.9。它是典型的空间喷射雾化燃烧，一般不组织进气涡流，采用多孔喷油嘴（一般有 6 ~ 10 孔，孔径 0.25 ~ 0.8mm）。它的优点是结构简单，易于制造，热损失小，经济性好，缺点是工作噪声大，对车速的适应性差，加速时烟度很大，氮氧化物排放较差，所以一般用于农用柴油机和船用柴油机。

2. 深 ω 形燃烧室

深 ω 形燃烧室如图 6-2b 所示，其凹坑径比（d/D）一般为 0.45 ~ 0.5。它是在浅 ω 形燃烧室基础上适当加深凹坑的深度，更加注重利用空气涡流运动。这样可以增强燃烧室内涡流强度，促进油气的混合，在一定程度上改善了性能和排放。另外，它的结构简单，易于制造，动力性好，但是仍然存在着噪声大、烟度高的缺点。这种燃烧室一般配备 4 ~ 6 孔喷油嘴、喷油压力为 20MPa。

3. 缩口ω形燃烧室

为了解决ω形燃烧室共同存在的问题，这种燃烧室的设计向缩口方向发展，缩口程度定义为缩口率（d_1/d_2），如图6-2c所示。它一般需要使用4~6个喷孔喷油嘴，将燃油喷射在燃烧室缩口最大处。为了减小喉口热负荷，一般在喉口处做出倒角。缩口的作用是相对无缩口型增强了绕气缸中心线旋转的进气涡流和压缩涡流，在燃烧室内形成了沿Z轴竖直平面内的挤压涡流（上止点前）和逆挤压涡流（上止点后），加快了油气的混合，亦加快了燃烧速度，因此燃烧持续期缩短，缸内温度升高。这样就可以增强燃烧室内的涡流保持率，降低对气道涡流比的要求，实现了发动机的经济性、动力性和排放指标的折中，特别是创造了氮氧化物（NO_x）和微粒（PM）排放同时降低的条件。但它的缺点是结构工艺性差，缩口处的热负荷大，容易产生烧蚀和热裂。

哑铃形燃烧室是最新的直喷式燃烧室，如图6-3所示。在日本五十铃493柴油机、莱动4035B柴油机上均已应用，AVL、里卡多等著名内燃机公司对此均有研究和成果报告，普遍认为是一种很好的直喷式燃烧室。

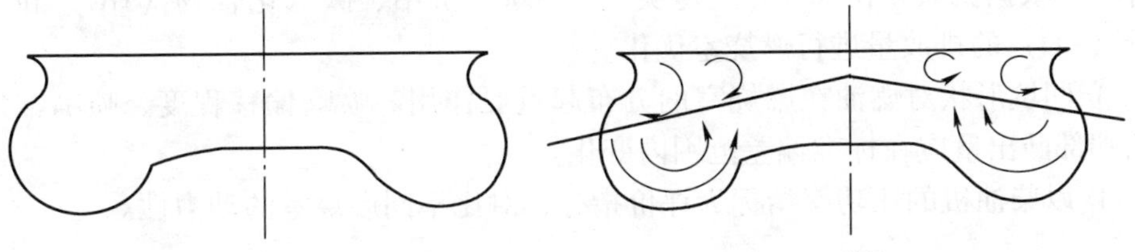

a) 形状　　b) 流场

图6-3　哑铃形燃烧室

哑铃形燃烧室在中央有凸台，其作用主要体现在以下几个方面：一是由于燃烧室底部中央气流运动较弱，燃料喷注不易到达，混合气较稀，空气利用率差，底部中央的体积较大的凸台可以占去这部分容积，提高空气利用率；二是底部凸台可将旋转的气流挤向燃烧室的外侧，使其转动惯量增大，且涡流强度的保持性得以提高，促进了混合气的热混合效应；三是具有导流作用，使燃烧室的气体形成较为强烈的挤流和逆挤流。总之，凸台的作用使哑铃形燃烧室涡流的强度和保持率都相应提高，因此无论是油气混合还是燃烧速度都较快。试验发现，随着中央凸台的增大，排放性能有所改善，但过大的凸台又影响了油气的混合，造成了烟度和油耗的增加。另外，有些哑铃形燃烧室的缩口处变为圆柱和圆弧相交，此时多孔喷油嘴的油线落点按等弧等高落在圆柱和圆弧交界处，具有尖点撞击“碎化”作用。

哑铃形燃烧室有许多优点：首先，对进气涡流要求低，在气道涡流比低于1.8时仍可取得最低的油耗和烟度指标；其次，供油提前角范围宽广，最佳供油提前角减小。哑铃形燃烧室多用在增压柴油机上，有较强的进气涡流和挤压涡流，混合气形成较好，起动容易，空气利用率大于60%，燃油消耗率较低。它还有很好的低速转矩特性，特别适合非道路用移动机械如拖拉机的使用。山东华源莱动内燃机有限公司在自行开发的1115 型柴油机上把原来的花瓣形燃烧室改为哑铃形燃烧室，有效地改善了柴油机的排放和性能。哑铃形燃烧室的缺点是热负荷、最高爆发压力和噪声较大。

二、设计目标

燃烧室设计目标需要考虑以下因素：

① 全负荷性能：指在全负荷工况下，满足烟度、排气温度、最大气缸压力的条件时，发动机低速段转矩和最大功率。

② 在部分负荷时，根据排放特性及其在新欧洲试验循环（NEDC）中的时间份额选定，确定排放限值和噪声水平。喷油正时是排放值达标的主要调节参数，共轨压力是噪声达标的主要调节参数，不同的燃烧室可在相同的噪声、燃油水平条件下，根据氮氧化物（NO_x）与炭烟（Soot）折中、碳氢化合物（HC）和一氧化碳（CO）的排放量进行燃烧室优化。

③ 凹坑形状对燃油在燃烧室的分布起重要作用。喷嘴偏移程度、喷嘴锥角和喷嘴端部凸出量应在标准偏差范围内变化。

④ 以柴油机的比功率指标为评价指标，对比不同燃烧室的动力性。

三、结构优化

结构参数不同，燃烧室的形状也不同，影响柴油机的性能。缩口形燃烧室结构参数有：挤气唇部收缩量、燃烧室凹坑直径、最大直径、阶跃锥体等，如图6-4 所示。

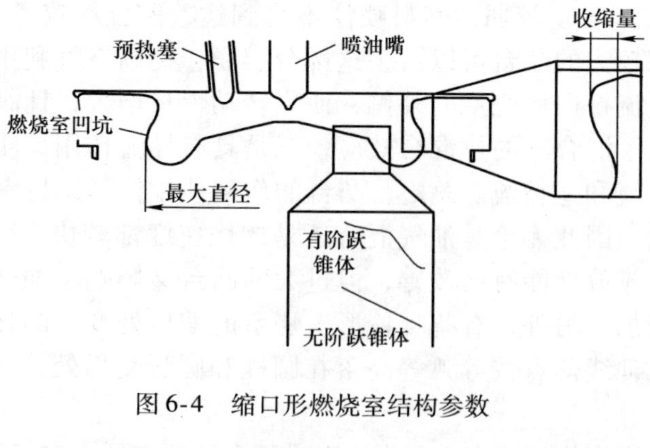

图6-4 缩口形燃烧室结构参数

当这些参数变化时，形成五种结构不同的燃烧室，具体参数见表6-1。优化方法允许对几个优化目标同时优化，并且优化过程是双重的，一方面，该方法设计成针对所有目标和所有选择的运转工况能寻找出一种比基本型燃烧室好的燃烧室；另一方面，优化过程的结果能确定整个优化排序的前列，因而能按照每个目标获得最佳性能的燃烧室。

表 6-1　燃烧室结构尺寸

燃烧室号	1	2	3	4	5
最大直径	大	极大	大	大	大
收缩量	中等	中等	小	中等	小
阶跃锥体	无	无	无	有	有

为了分析燃烧室形状，借助 FIRE 软件的参数化网格生成器，对于几何参数的每一种的组合，生成一种燃烧室的轮廓形状，使得燃烧室容积保持相同，并确保相同的压缩比和挤流的容积，网格生成器所用的燃烧室基本参数和每一种参数的变化范围见表 6-2。

表 6-2　燃烧室参数变化范围及基本值

参数	基本值	变化范围
燃烧室喉口直径	21.5	15 ~ 34
收缩量	中等	—
阶跃锥体锥角	67.89	45 ~ 90
过渡圆弧半径	5.55	2.0 ~ 14.0
活塞余隙	2.5	1.0 ~ 4.5
油束喷射角	80	50 ~ 80

在 1 号燃烧室的基础上，通过计算不同结构燃烧室的空气流场。五种不同结构形式的燃烧室的空气流动变化如图 6-5 所示。五种不同结构燃烧室的性能对比如图 6-6 所示。

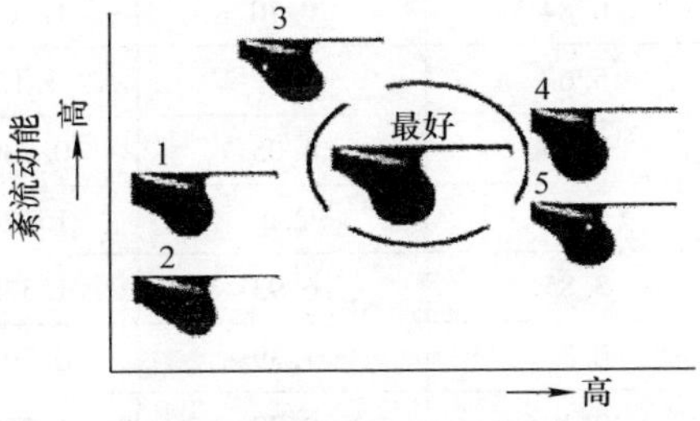

图 6-5　燃烧室结构形式的空气流动比较

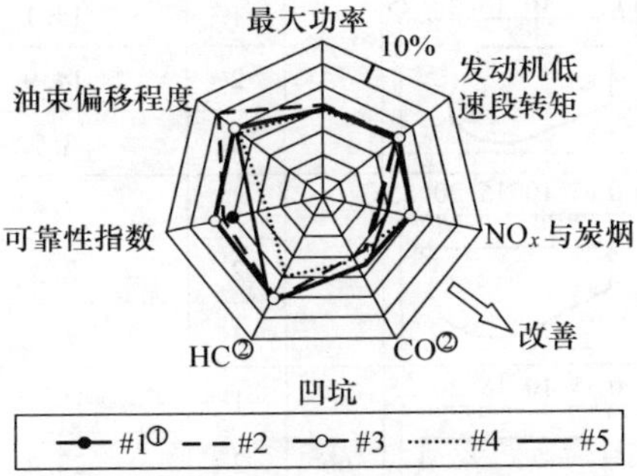

图 6-6　缩口燃烧室指标优化

①基准凹坑；②g/km，按 NEDC。

考虑设计目标，选择3号燃烧室，与1号燃烧室比较，这种燃烧室的结构在提高转矩、可靠性和油束偏移程度的同时，可使HC排放减少，且保持最大功率和炭烟排放不变。

加大直径的2号燃烧室在部分负荷时的排放不佳，说明在初选的最大直径的燃烧室对新发动机仍需优化。

3号燃烧室的优点是缩口比较小，对油束偏移比较敏感，成为这种燃烧室在批量生产时排放性能保持稳定的一个关键参数。

由于燃烧室形状对流场以及空气－油束相互作用产生影响，燃烧室形状对发动机性能的影响非常复杂。现已发表的文献结果证实，因受发动机规格及喷油的影响，要确定一种优化的燃烧室非常困难，此外燃烧室的凹坑形状对排放水平的影响依赖于柴油机的负荷情况。随着三维燃烧计算软件KIVA－Ⅲ的应用，计算缸内燃烧状况的微观机理和柴油机各种指标具有较高的准确性，通过计算获得不同结构燃烧室的性能，因此优化算法与三维燃烧计算软件KIVA－III的耦合是燃烧室参数优化的技术途径。

在不同工况下，将每种燃烧室柴油机氮氧化物（NO_x）、炭烟、碳氢化合物（HC）的排放，与基本型燃烧室排放进行比较，按照不同工况对应的加权系数形成不同工况的排放的总体水平。五种不同结构的燃烧室及其排放见表6-3。

表6-3　五种不同结构的燃烧室及其排放

燃烧室形状/mm	Φ	工况	NO_x/[g/(kg·h)]	Soot/[g/(kg·h)]	HC/[g/(kg·h)]	IMEP/MPa
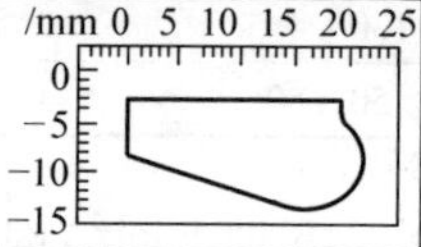	80	1	11.2	0.92	2.22	0.796
		2	21.0	0.49	0.8	1.211
		3	6.2	3.48	4.3	1.279
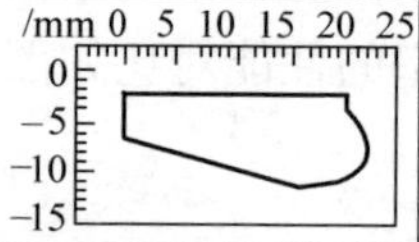	74	1	11.2	0.4	0.63	0.756
		2	12.3	1.0	0.38	1.118
		3	3.6	6.63	20.6	1.241
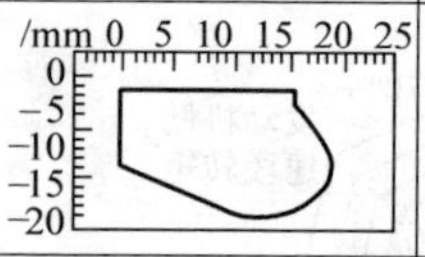	74	1	14.1	0.31	0.66	0.795
		2	14.9	0.84	0.70	1.162
		3	3.9	5.63	12.7	1.12
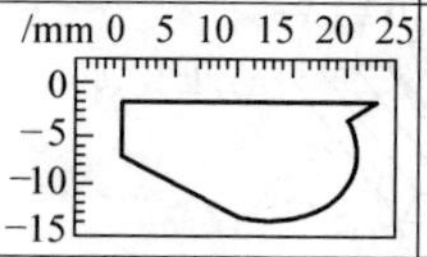	80	1	7.4	2.75	4.05	0.730
		2	8.3	2.83	2.4	1.124
		3	7.7	3.85	6.93	1.338
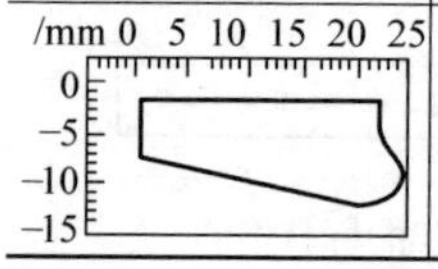	66	1	15.1	0.33	1.39	0.796
		2	23.4	0.19	0.70	1.226
		3	13.4	3.46	4.67	1.434

四、流场分析

在电控柴油机上采用缩口低排放型燃烧室后，为定量地评价这种燃烧室的结构及其内部气流特点，对直喷式燃烧室内气流的空间分布及其时间变化规律进行数值计算，结合软件计算燃烧室内的瞬态涡流强度保持性大小，由此分析不同燃烧室结构参数对燃烧室内气流特性及其涡流强度保持性的影响。通过缩口形燃烧室结构参数的优化，可有效地组织和控制燃烧室内气流分布规律及其强度，而且对于这种燃烧室结构存在着最佳的喷射位置和进气涡流强度，使得在动力性和经济性基本保持不变的条件下，可有效地改善柴油机的排放特性。

为了定量地评价膨胀过程中燃烧室内瞬态气流运动强度的变化特性，定义涡流强度保持性为上止点后任意曲轴转角位置上的平均涡流速度（S_{wz}或S_w）与上止点时的涡流速度之比。当燃烧室内的S_{wz}（或S_w）随曲轴转角φ的变化规律为$S_w(\varphi)$时，可按式（6-1）计算任一曲轴转角位置$\varphi=\alpha$上的燃烧室内挤气涡流强度保持性S_{wz}［或涡流强度保持性$S_w(\varphi)$］，即

$$S_{wz}(\alpha) = \frac{1}{(\alpha-\alpha_{TDC})S_w(\alpha_{TDC})}\int^{\alpha_{TDC}} S_w(\varphi)\mathrm{d}(\varphi)$$

或

$$S_{wh}(\alpha) = \frac{1}{(\alpha-\alpha_{TDC})S_w(\alpha_{TDC})}\int^{\alpha_{TDC}} S_w(\varphi)\mathrm{d}(\varphi) \tag{6.1}$$

式中，α_{TDC}为膨胀过程中最大涡流强度所对应的曲轴转角；S_{wz}由软件计算求得；S_{wz}是指平行于气缸轴线的燃烧室断面（图6-7a所示断面）上，绕其1/2断面形心旋转的挤气涡流；S_{wh}也由软件求得，是指垂直于气缸轴线的燃烧室横截面上绕燃烧室中心旋转的涡流。

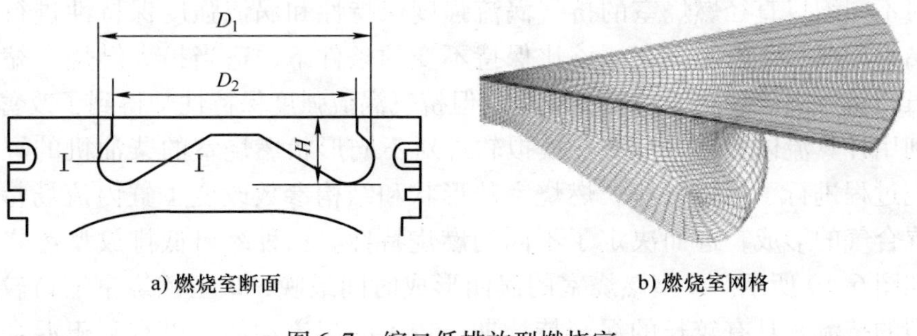

a) 燃烧室断面　　b) 燃烧室网格

图6-7　缩口低排放型燃烧室

图6-7b所示为图6-7a所示的燃烧室的网格图。当缩口直径$D_2=79$mm时，计算燃烧室内纵向断面上的气流和横向气流随曲轴转角的变化，缩口燃烧室内流场

分布特性如图 6-8 所示。将直喷式燃烧室形状改成底部中央凸起的缩口型形状后，当活塞往复运动时，在燃烧室形状的导向作用下，在上止点沿喷注方向形成纵向挤流，随膨胀过程绕燃烧室中心旋转的横向涡流偏向燃烧室底部，促使燃烧室内保留更多的气流。

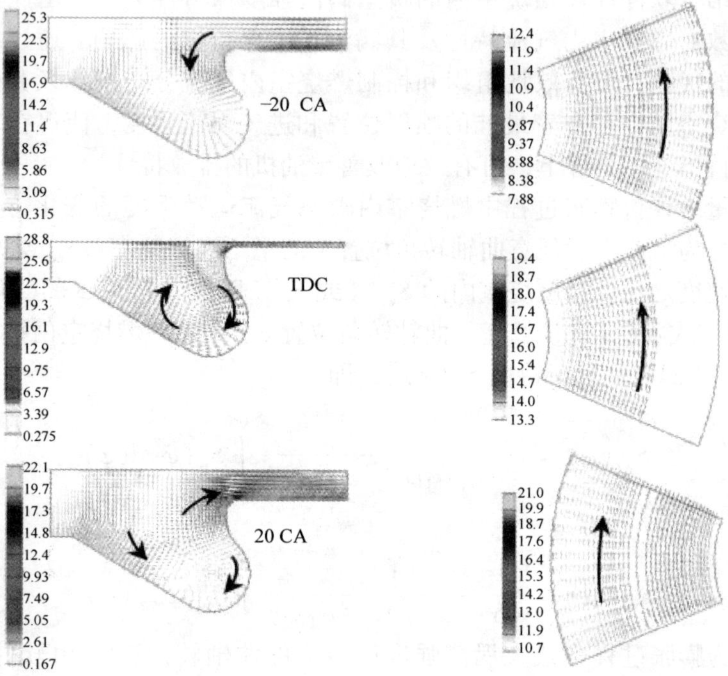

a) 纵向挤流变化　　b) 横向涡流变化

图 6-8　缩口低排放型燃烧室流场分布

对不同缩口直径燃烧室的挤气涡流强度保持性和涡流强度保持性进行计算对比的结果如图 6-9 所示。在压缩比保持不变的条件下，适当扩大燃烧室缩口直径时，虽然挤气涡流和涡流的峰值减小，但挤气涡流强度保持性却得到了改善。

利用计算流体力学（CFD）模拟软件对不同形状燃烧室的柴油机的缸内喷雾与燃烧过程进行了模拟分析。燃烧室的形状和结构参数改变了缸内流场特性，影响了混合气的形成，进而决定了不同的燃烧特性。三种缩口低排放型燃烧室流场分布如图 6-10 所示。A 型燃烧室的涡团形成时间最晚；B 型燃烧室缩口较大，产生强烈的挤流，具有较长的涡流持续期，较大的湍流动能，更有利于混合气的形成，可以进一步加强扩散燃烧，充分改善燃烧品质；C 型燃烧室的流场强度比 B 小。由于缸内流场较弱，A 型燃烧室喷雾贯穿距较大，侧壁燃油堆积严重，燃烧主要发生在燃油堆积处，容易造成燃烧室烧蚀；B 型燃烧室缸内流场强度大，燃油分布均匀，燃烧发生在整个燃烧室内，但较高的涡流持续期容易造成残余废气系数较大，不利于向增压强化方向发展；C 型燃烧室的挤流唇比较光滑，进入挤流区的燃油较多，容易增加炭烟的生成，燃油粘壁和油气混合的均匀性是影响烟度（Soot）生成的重要因素。

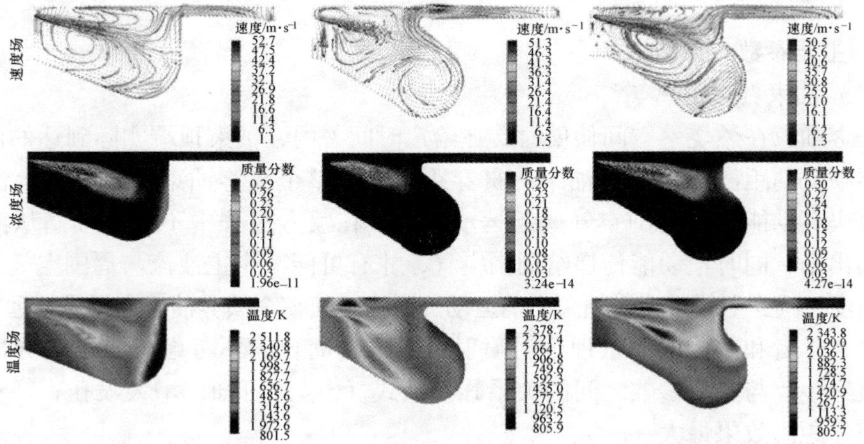

a) A型　　b) B型　　c) C型

图 6-9　ATDC 10℃A 时刻燃烧室速度场、浓度场及温度场对比图

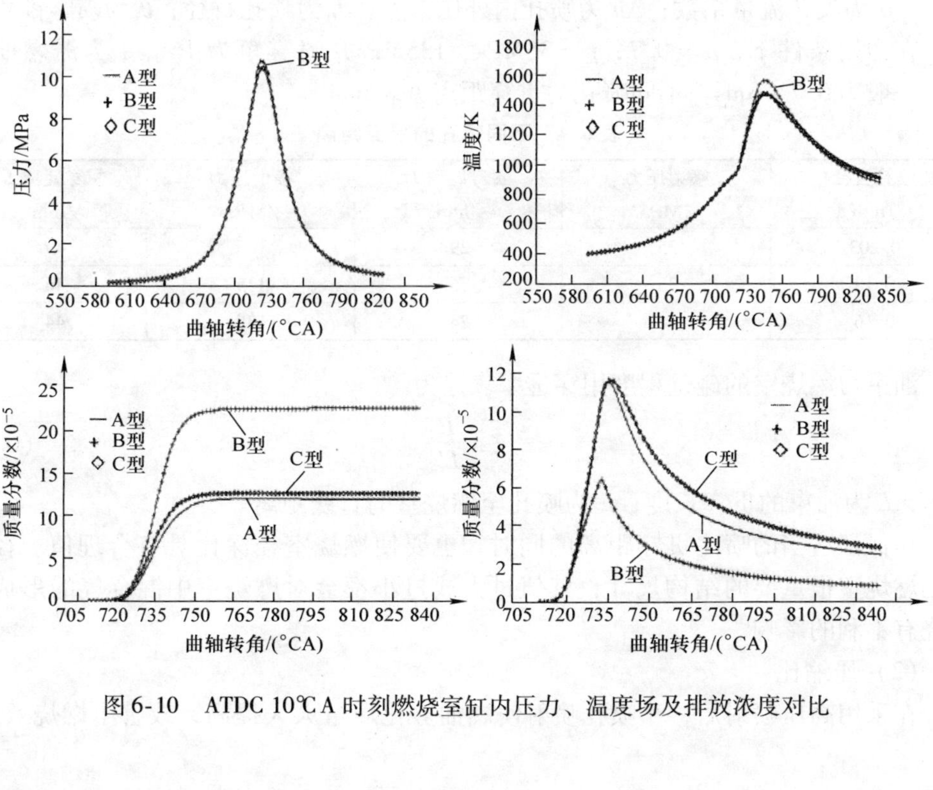

图 6-10　ATDC 10℃A 时刻燃烧室缸内压力、温度场及排放浓度对比

第三节　燃烧室匹配设计

一、燃烧室设计

1. 主要参数

（1）油束贯穿距离

喷雾油束在燃烧室空间伸展时，在给定时间 t_1 内，油束顶端实际到达的位置与喷油器喷孔的距离称为喷雾油束的贯穿距离。对整个喷雾油束而言，单个油滴很容易丧失其动能而与周围空气一起运动。由于在喷雾过程中不断有油滴从液体流中分离出来，同时把动能传递给周围空气，才有可能减少主液流与周围空气之间的相对速度，减少空气对喷射油束向前运动的阻力，使整个喷雾油束走得足够远。

日本学者和栗根据动量理论对喷射过程进行简化，不考虑气流运动导出喷雾油束贯穿距离与主要参数之间的关系式。从式（6-2）可知，增大喷孔直径对增加喷雾贯穿距离效果最大。

$$L = \sqrt[4]{\frac{2\mu\Delta p}{\rho_a}}\sqrt{\frac{d_0 t}{\tan(\theta_s/2)}} \tag{6.2}$$

式中，μ 为喷孔流量系数；Δp 为喷孔内外压力差；d_0为喷孔直径；θ_s为喷雾锥角。

在初始条件下，$\mu=0.7$，$p=35\text{MPa}$、135MPa，喷雾角为 16°，t 为滞燃期时间，一般为 0.7～3ms。不同喷孔的贯穿距离见表 6-4。

表 6-4　不同喷孔的贯穿距离

喷孔直径 /mm	喷射压力 /MPa	贯穿距离 L /mm	喷射压力 /MPa	贯穿距离 L /mm
0.203	35	29	135	49
0.18	35	26	135	46
0.16	35	24	135	44

油束与燃烧室的碰壁程度用穿透率表述为

$$\zeta = \frac{L}{L'} \tag{6.3}$$

式中，L 为油束的贯穿长度；L'为喷孔至燃烧室的直线距离。

在保证适当的喷注贯穿距离的同时，也要使燃烧室径深比具有合理值。径深比是燃烧室很重要的结构尺寸，其值过大或过小都会对燃烧室中混合气的形成和燃烧有不利的影响。

（2）压缩比

在采用高压喷射后，小喷孔喷射使燃油雾化质量大大提高，改善了燃烧效果。

同时，最高爆发压力明显增大，给柴油机的机体强度带来不利因素。所以适当降低压缩比，有利于降低最高爆发压力和机械负荷，同时对发动机低速、全负荷工况非常有利。特别是不改变原机机构强度时，随着喷射压力的提高，减小压缩比可提高输出功率，如图6-11所示，还可提高废气再循环（EGR）在必须增加的进气总量中的比率。因此降低NO_x排放，也不会影响燃油经济性，如图6-12所示。在部分负荷时，与基准发动机压缩比18相比，压缩比16时的燃油经济性损失1%。

在小缸径共轨柴油机上，已有许多研究者深入地研究了压缩比和高压喷射对排放的效果，证明了减小压缩比的效果是提高着火延迟，导致预混合更大的比率，削弱燃烧过程中的扩散，这将减少PM，同时增加NO_x，产生更多的HC排放。

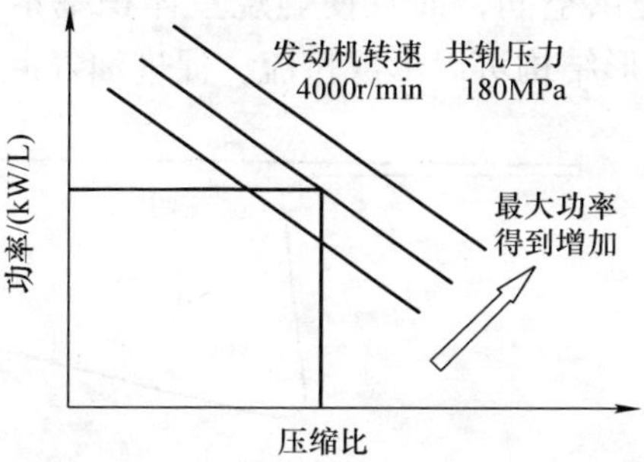

图6-11 功率与压缩比的关系

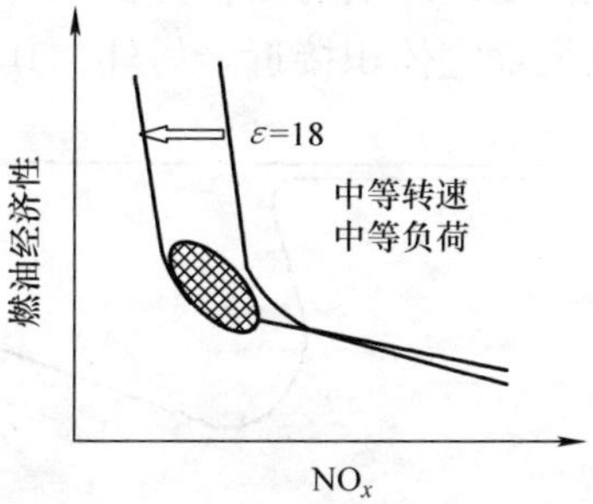

图6-12 燃油经济性与NO_x关系

在采用结构相似的ω形燃烧室时，压缩比降低可以通过增加燃烧室体积实现。图6-13所示为压缩比分别为19和17.5的ω形燃烧室。通过两种不同压缩比的燃烧室试验，柴油机微粒（PM）和氮氧化物（NO_x）排放试验值对比如图6-14所示。由图可知，当压缩比降低时，氮氧化物（NO_x）增加的同时，微粒（PM）减少，两者折中曲线下移。

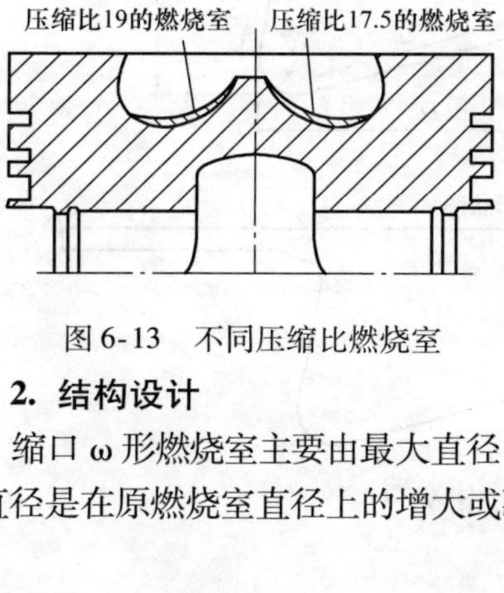

图6-13 不同压缩比燃烧室

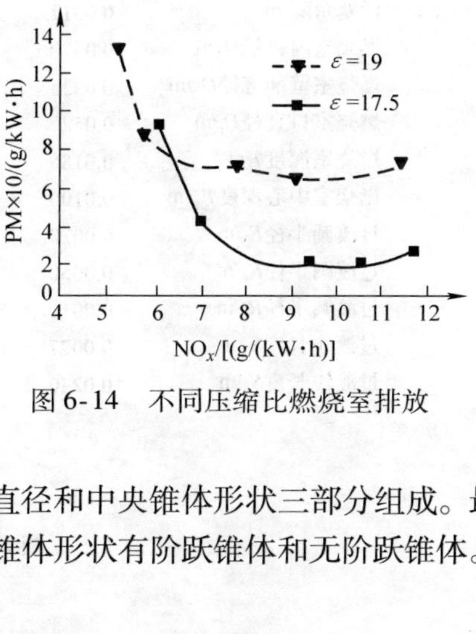

图6-14 不同压缩比燃烧室排放

2. 结构设计

缩口ω形燃烧室主要由最大直径、燃烧室口直径和中央锥体形状三部分组成。最大直径是在原燃烧室直径上的增大或减小，中央锥体形状有阶跃锥体和无阶跃锥体。

参考喷注穿透率为1.05～1.1、口径比为0.4～0.6、径深比为1.5～3.5的经验范围，按照某型柴油机的原机燃烧的结构尺寸和喷油器的安装位置要求，在适当减小压缩比的前提下，提出了燃烧室变形设计，如下所述。

某型柴油机燃烧室方案A结构是大口径、浅坑形，如图6-15所示。该方案满足高压喷射后，油束的贯穿距离加长，采用增大缩口直径，为油束尽可能不碰壁提供空间。降低深坑高度，满足燃烧室体积基本与原机燃烧室体积接近。中心底台改进为锥形结构，可以形成挤流，促进油气混合。

柴油机燃烧室方案B结构是小口径、深坑形，如图6-16所示。该方案不增大燃烧室缩口直径、最大直径，增大了深坑高度，中心底台改进为浅锥形结构，不仅满足高压喷射后，为油束尽可能不碰壁提供空间，而且使燃烧室体积基本与原机燃烧室体积接近。另外，其中心底台浅锥形结构可以形成挤流，促进油气混合。

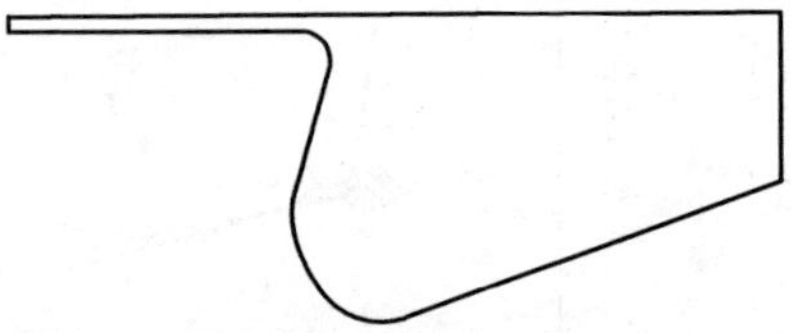

图6-15　燃烧室方案A

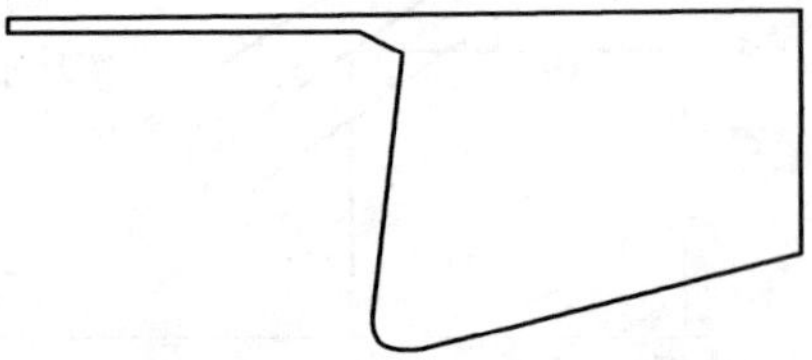

图6-16　燃烧室方案B

采用Fire软件中的燃烧室造型模板对以上两种燃烧室的结构进行了优化设计。图6-17和图6-18所示为燃烧室方案A、B的结构尺寸表。通过该表，可以确定燃烧室细节圆弧大小和底圆过渡，计算燃烧室的体积。

燃烧室几何参数	
活塞余隙/m	0.0012
燃烧室内直径D_i/m	0.0470
燃烧室壁部直径D_b/m	0.0525
燃烧室口直径D_r/m	0.0520
燃烧室深度T/m	0.0185
燃烧室中心深度T_m/m	0.0100
过渡圆半径R_3/m	0.0020
过渡圆半径R_4/m	0.0050
过渡圆半径R_6/m	0.0010
过渡线长度S_3/m	0.0077
过渡线长度S_4/m	0.0240

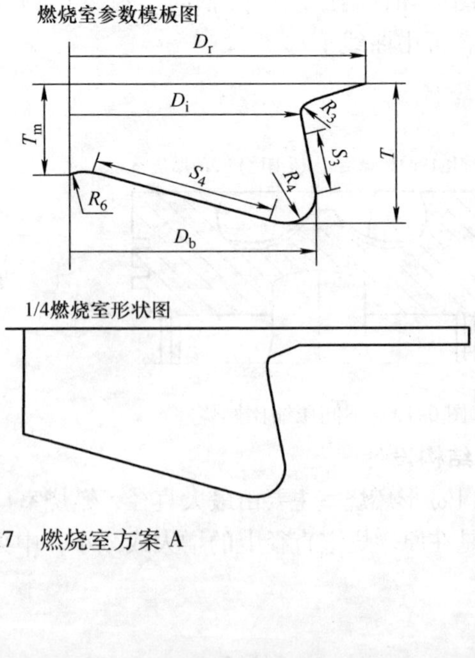

图6-17　燃烧室方案A

燃烧室几何参数

活塞余隙/m	0.0012
燃烧室内直径D_i/m	0.0450
燃烧室壁部直径D_b/m	0.0510
燃烧室口直径D_r/m	0.0500
燃烧室深度T/m	0.0180
燃烧室中心深度T_m/m	0.0150
过渡圆半径R_3/m	0.0020
过渡圆半径R_4/m	0.0050
过渡圆半径R_6/m	0.0010
过渡线长度S_3/m	0.0090
过渡线长度S_4/m	0.0200

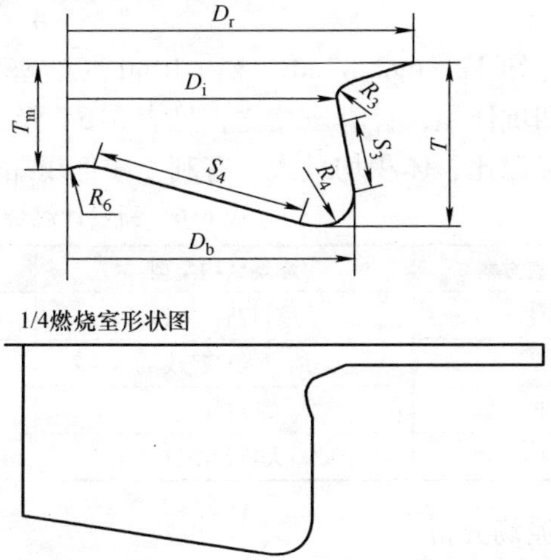

图 6-18　燃烧室方案 B

根据所选形式，针对 493 柴油机，确定燃烧室结构尺寸，如图 6-19 所示。

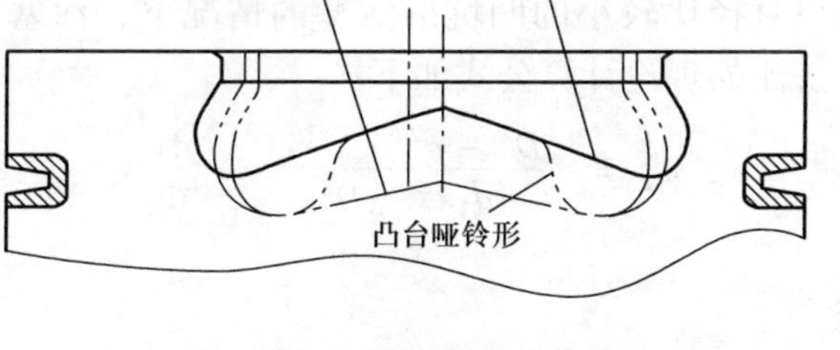

图 6-19　不同形状的燃烧室

其基本指标口径比、径深比见表 6-5。

表 6-5　新设计燃烧室基本参数

燃烧室方案	燃烧结构类型	口径比	径深比	中心凸起高度/mm	燃烧室体积/mL
原机	缩口凸台哑铃	0.45	2.21	6.5	30
A	缩口大口径浅坑	0.58	2.84	7	34.5
B	缩口深坑	0.47	2.31	16	31.6
C	缩口大口径浅坑梅花	0.54	3.17	6.5	30.4

柴油机的压缩比 ε 按下式计算：

$$\varepsilon = \frac{V_h + V_c}{V_c} = 1 + \frac{V_h}{V_c} \tag{6.4}$$

$$V_h = \frac{D^2 \pi}{4} s$$

在已知 $V_h = 692.87\text{mL}$、$V_s = 10\text{mL}$（活塞顶隙容积）的条件下，根据所设计的燃烧室凹坑体积，计算压缩比，见表6-6。经过比较其各项指标，燃烧室方案 A 口径比、径深比、体积均最大，有利于减低压缩比，能满足高压喷射要求指标。

表 6-6 新设计燃烧室压缩比

燃烧室方案	燃烧结构类型	燃烧室体积/mL	压缩比 ε
原机	缩口凸台哑铃	30	18.2
A	缩口大口径浅坑	34.5	16.3
B	缩口深坑	31.6	17.5
C	缩口大口径浅坑梅花	30.4	17.8

3. 流场分析

缸内气流运动有涡流、滚流、压缩挤流、膨胀逆挤流、紊流和局部微涡流。根据气流的形成手段可以分为两种：一种是有组织的气流运动——涡流、挤流；另一种是无组织的气流运动——湍流。

（1）挤流特性

在燃烧室的喉口直径比较小的凹坑形活塞的情况下，活塞顶隙处的气体压入凹坑中产生挤流，挤流的理论计算公式如下：

$$w_1 = -\frac{D^2 - d^2}{4d_1 x} \frac{V_x}{\frac{\pi D^2 x}{4} + V_x} \frac{\mathrm{d}x}{\mathrm{d}t} \tag{6.5}$$

（2）涡流强度

$$R_v = \frac{C_t}{C_a} \tag{6.6}$$

式中，C_t 为涡流切向速度；C_a 为涡流轴向速度。

在燃烧室中，切向速度实际上表征了涡流强度的大小，轴向速度在一定程度上表征了挤流、逆挤流和滚流的强弱。

单从以上公式很难说明燃烧室空气流动的状况，下面以 493 柴油机为例来进行说明。493 柴油机的燃烧计算基本参数见表 6-7，采用 AVL 公司的 FIRE 软件建立燃烧室喷油模型，模型网格如图 6-20 所示。燃烧计算结果如图 6-21 ~ 图 6-24 所示。

表 6-7 493 柴油机燃烧计算基本参数

缸径 × 冲程/mm	压缩比	最低油耗率/[g/kW · h]	标定功率/转速/[kW/(r/min)]	最大转矩/转速/[N · m/(r/min)]
93 × 102	18.2	225	80/3600	245/2300

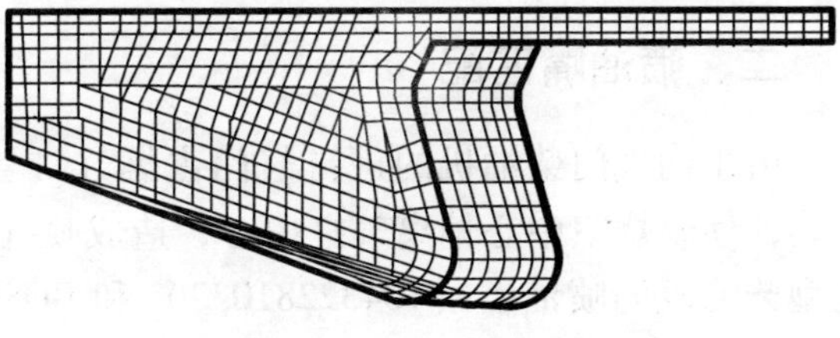

图 6-20 燃烧室方案 A 网格

在喷油提前角为 5℃A、转速为 2300r/min 时，采用 A 型燃烧室和 5 孔喷油器进行计算。轴向空气流场如图 6-21 和图 6-22 所示。燃烧室内挤流分布极为明显，特别是在缩口部位和圆弧底部，挤流形成两个涡团。在凹坑内形成较小尺度的顺时针旋涡，并且气流运动加剧，使气流上下运动。在 358℃A 时，燃烧室内流速达到 2.6m/s；在 378℃A 时，燃烧室内气流大部分挤流速在 3m/s 左右，挤流效果不强，还需要采用进气涡流增强气流运动，配合小孔高压喷射提高雾化质量。

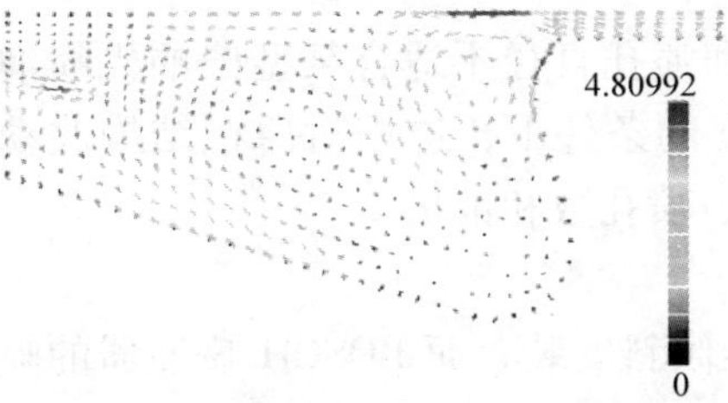

图 6-21 A 型燃烧室压缩终了流场分布

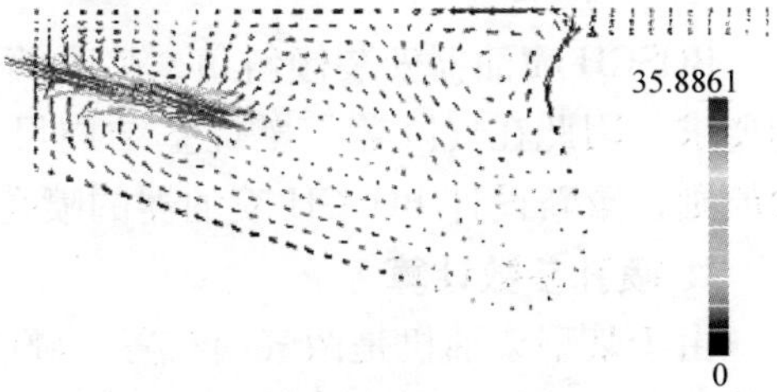

图 6-22 A 型燃烧室喷油开始流场分布

在喷油提前角为 5℃A、转速为 2300r/min 时，采用 A 型燃烧室和 5 孔喷油器进行计算。径向空气流场如图 6-23 和图 6-24 所示。燃烧室内涡流分布极为明显，特别是在缩口部位和圆弧底部，挤流形成两个涡团，在圆周方向上加剧气流运动。在 358℃A 曲轴转角时，燃烧室内圆周流速达到 14m/s；在 378℃A 时，燃烧室内气流大部分圆周流速为 16m/s 左右。

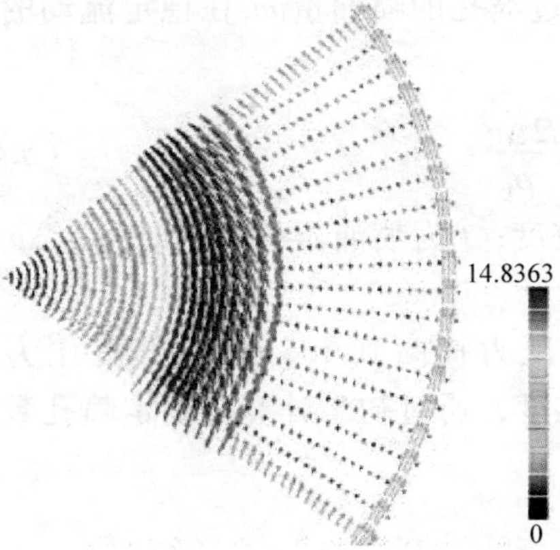

图 6-23 A 型燃烧室压缩终了流场分布

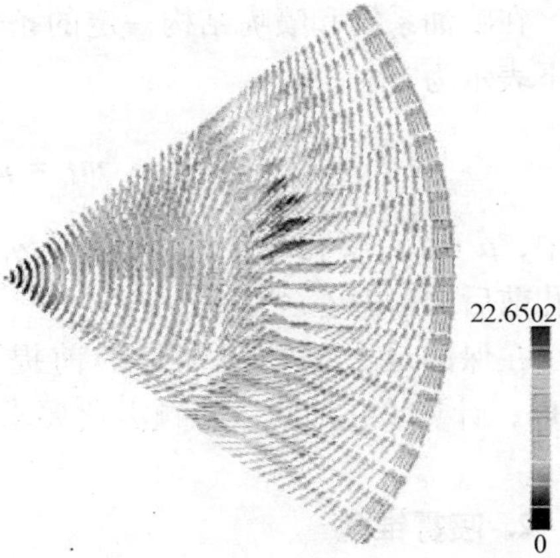

图 6-24 A 型燃烧室喷油终了流场分布

二、喷油嘴匹配

由于两气门柴油机的进排气门占据气缸盖中心空间，喷油器的喷嘴只能倾斜安装，使燃烧室中心偏离气缸中心，造成喷孔喷油锥体轴线和喷油器轴线不重合。某型柴油机的喷油器（10432281032）和BOSCH的喷油器（0445110034）参数见表6-8。

表6-8 喷油器参数

代号	喷孔数×喷孔直径/mm	锥角/(°)	启阀压力/MPa	喷油压力/MPa
10432281032	5×0.203	148	20	50
0445110034	5×0.205	147	40	135

BOSCH喷油器安装倾斜角、喷嘴喷孔数和喷孔直径不适合某型柴油机喷油量的要求，因此在气缸盖、燃烧室结构尺寸不变的条件下，遵循对原机结构改动最少原则，重新设计BOSCH喷油器的喷孔直径、喷孔数和锥角。

1. 喷孔参数计算

由于某型柴油机是两气门布置，喷嘴只能倾斜安装，而BOSCH喷油器的喷油锥体与喷油器轴线重合，喷嘴喷孔数目和直径不适合本柴油机喷油量的要求。在对原机结构改动最少的原则下，重新设计喷油嘴的喷孔直径、喷孔数目和锥角。

某型柴油机的最大循环喷油量按式（6.7）计算：

$$g_{\max} = \frac{1000 N_e g_e \tau}{120 n \rho i} \tag{6.7}$$

式中，g_e 为燃油消耗率，g/(kW · h)；N_e 为柴油机功率，kW；n 为柴油机转速，r/min；i 为气缸数；τ 为冲程数；ρ 为燃油密度，g/cm^3。

在喷油系统和喷嘴结构一定的条件下，通过喷孔的喷油量 m_f 在稳定流动的情况下表示为

$$m_f = \mu \cdot A \cdot t \sqrt{\frac{2\Delta p}{\rho_f}} \tag{6.8}$$

式中，$\mu \cdot A$ 为喷孔有效流通面积；ρ_f 为燃油密度；t 为喷油器的通电时间；Δp 为喷孔前后的压力差。

在保证最大循环喷油量的前提下，喷射压力提高到135MPa，气缸压力为3MPa，计算喷孔面积，兼顾雾化要求和加工难度，通过初步计算，确定喷孔数目5、6。

2. 喷雾锥角

将喷油器与燃烧室安装关系简化为图6-25所示的几何关系，将燃烧室缩口直径简化成最大直径的直口形式，在安装角 β 已知的条件下，确定喷孔分布角度 θ、

喷雾锥角 Δ、喷雾锥体倾斜角 γ。

（1）油线长度 L

喷孔分布角度决定了每束油线在燃烧室径向的分布方向，油线的方向决定了其长度。

由图 6-25 中的三角形 O_2JO 得到油线长度 L：

$$L=\sqrt{O_2J^2+O_2O^2+2O_2J\cdot O_2O\cdot\cos\rho}$$
$$=\sqrt{[a^2+b^2+(a^2-b^2)\cdot\cos\rho]/2}$$
$$=\sqrt{\frac{d_k^2}{4}+e^2+d_k\cdot e\cdot\cos\rho}\tag{6.9}$$

式中，$\rho=\delta+\arcsin(2e\sin\delta/d_k)$，其中 $\delta=90°-\theta$；e 为喷嘴中心与燃烧室中心的偏移量；d_k 为燃烧室口直径。

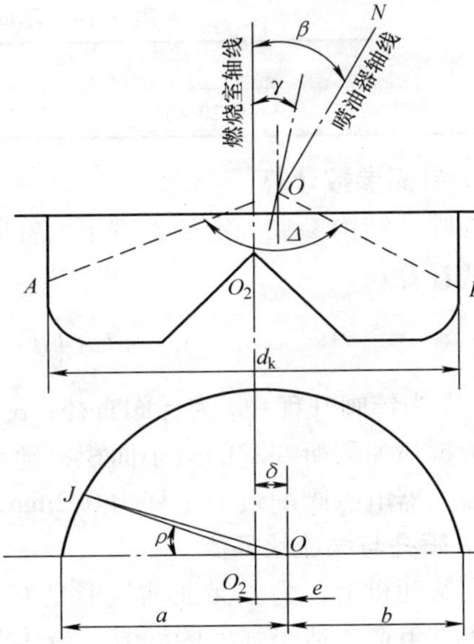

图 6-25　几何关系图

（2）喷油锥体倾斜角

喷油锥体倾斜角决定了喷雾锥体的轴线位置，是决定喷嘴背钻的重要参数。当油线与喷油器的轴线成 90°时对应的喷雾锥体倾斜角，即为倾斜临界角 γ_c：

$$\gamma_c=\arctan\left(\frac{90°-\Delta/2}{\cos\theta}\right)\tag{6.10}$$

（3）油雾锥角 Δ

油雾锥角是由燃烧参数确定的，由式（6.11）得到临界喷雾锥角 Δ_c：

$$\Delta_c=180°-2\arctan(\tan\gamma_c\cdot\cos\theta)\tag{6.11}$$

（4）喷雾落点高度

每束油雾的落点高度

$$h=L\cdot\left[\frac{1}{\tan\left(\frac{\Delta}{2}\right)}-\frac{\sin\theta\cdot\tan\varepsilon}{\sin\left(\frac{\Delta}{2}\right)}\right]\tag{6.12}$$

计算油雾分布角、油雾锥角、油雾锥体倾斜角，计算结果见表 6-9。得到多种不同结构参数的喷嘴方案见表 6-10。

表 6-9　不同落点高度的锥雾角

落点高度/mm	活塞位置	锥雾角 Δ/(°)	锥体倾斜角 γ/(°)	喷嘴倾斜角 β/(°)
6	上止点	150	8.34	10
10	上止点	148	8.66	10

表 6-10　不同结构参数的喷嘴

代号	A	B	C	D
结构参数	5×0.20×150°	5×0.18×148°	6×0.16×150°	5×0.20×148°

3. 针阀参数计算

在喷孔结构参数一定的条件下，针阀参数直接影响流通面积，最小流通截面 f_k 按下式计算：

$$f_k = \pi h \cdot \left(d - \frac{h \cdot \sin\alpha}{2}\right) \cdot \sin\frac{\alpha}{2} \tag{6.13}$$

式中，h 为针阀升程；d 为针阀直径；α 为密封座面锥角。

根据喷油器所要求的最小面积，确定针阀直径为 3.2mm、3mm、2.8mm；由于电控喷油器电磁阀的最大位移为 0.2mm，初步确定针阀升程为 0.18mm、0.2mm。

4. 喷孔与涡流比匹配

在柴油机上，为了保证油气能良好混合，还要求进气道在进气道阻力尽可能小的条件下产生适当强度的涡流，最佳涡流比按下式计算：

$$\Omega = \frac{(360° - i2\theta)}{\alpha i} \tag{6.14}$$

式中，Ω 为进气涡流比；i 为喷油器喷孔数；α 为喷油持续角；2θ 为喷雾锥角。

采用高压喷射后，单孔的喷雾锥角与孔径、压差密切相关，采用广安博之的孔式喷雾锥角经验公式：

$$\theta = 0.05\left(\frac{d_c^2 \rho_a \Delta p}{u_c^2}\right)^{0.25} \tag{6.15}$$

式中，d_c 为喷孔直径；Δp 为喷孔处的压差；ρ_a 为外界空气密度；u_c 为空气黏度。

最佳涡流比与喷油持续期、喷孔数成反比。喷油持续期较小时，要求涡流比大；喷孔数增加时，要求涡流比较小。

在最大喷射压力为 145MPa、气缸压力为 3MPa 的条件下，按照式（6-15）计算出不同喷孔直径的喷雾锥角，按照式（6-14）计算不同喷孔数目、喷油持续期所要求的最佳涡流比见表 6-11。

表 6-11　不同涡流比方案

方案编号	喷孔数	喷油持续期/(℃A)	喷孔直径/mm	涡流比
1（原机）	5	25	0.20	2.48
2	5	25	0.18	2.28
3	6	25	0.15	2.0
4	6	20	0.15	2.5

5. 燃烧室与油束的匹配

油束在燃烧室内的分布是决定柴油机性能的因素之一，遵照油束在燃烧室轴向和径向均匀分布的原则，即：柴油机喷雾油线应对称布置于燃烧室中心和油嘴中心的连线上；活塞位于上止点时油线形成的锥面应轴向等分燃烧室有效空间；相邻油线间在活塞顶燃烧室投影面积应与各喷油孔和喷油嘴轴线形成的夹角不等造成的各喷孔油量差值相一致。

（1）径向分布

油束在燃烧室沿圆周方向投影尽量分布均匀，保证油气混合均匀。油束在圆周方向上分布有等角度、等圆弧、等面积三种方法，研究表明：油线等角度布置时，柴油机的低速性能较好；油线等面积布置时，柴油机的高速性能较好；油线等圆弧布置时，在高、低速之间取得折中的性能指标。三种方案布置油线都要求喷孔的油线均应以燃烧室中心与油嘴中心形成的连线为中心对称布置，各油线的长度差值最小。

采用等圆弧方法见图6-26、图6-27，分别计算5油束、6油束的油线长度。

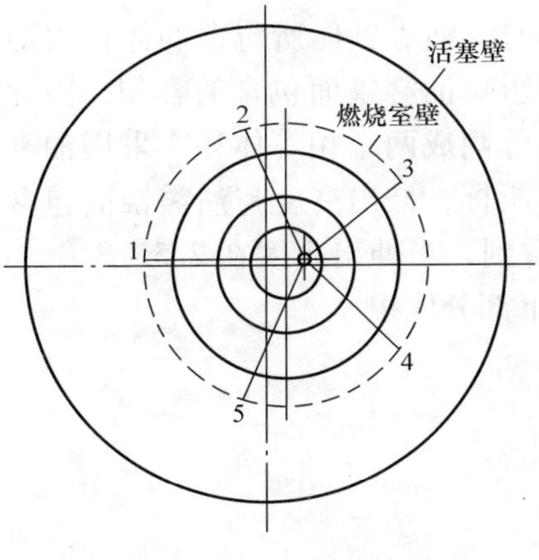

图6-26 5油束喷雾空间布置

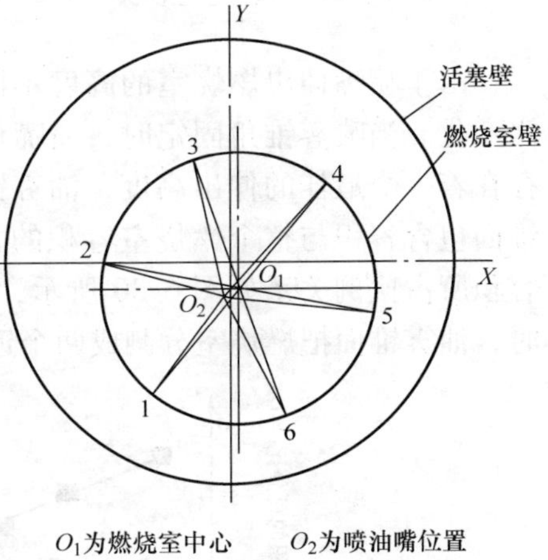

图6-27 6油束喷雾空间布置

并对油线长度进行离差分析，调整第一喷孔的分布角，使各油线长度差异最小，计算结果见表6-12。

表6-12 油线长度和初始分布角

初始分布角/(°)	喷孔数	油线长度/mm					
		1	2	3	4	5	6
6	5	23.57	35.80	45.99	35.80	23.59	
9	6	30.87	35.71	38.98	39.01	35.71	30.90

从图中可以看出：5油束、6油束喷雾在燃烧室空间的布置，能够尽可能地均匀分布，从充分利用混合气的角度，6油束喷雾效果较好。

(2) 轴向分布

为保证油气混合均匀，油气沿燃烧室轴向分布必须均匀，活塞达到上止点位置时，油线形成的锥面把燃烧室空间分成的上下两部分容积应尽可能相等。当喷嘴在气缸盖的位置确定后，油线形成油雾锥角、喷嘴伸出高度的变化都会对油雾的空间分配产生影响。采用 IDEAS 软件对燃烧室和喷雾锥体进行实体造型，分别如图 6-28 和图 6-29 所示。

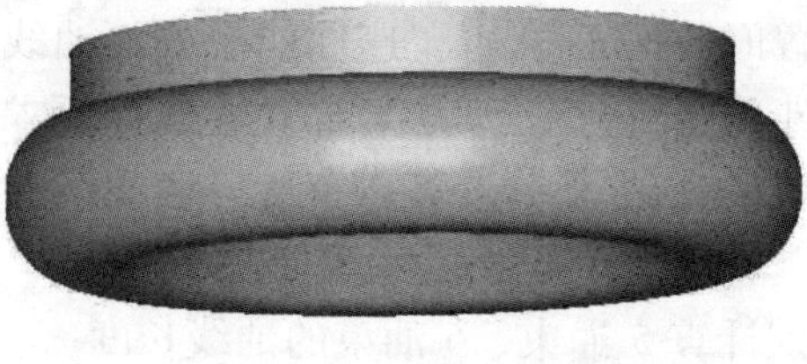

图 6-28　燃烧室形状

图 6-29　油雾锥体形状

由于喷嘴伸出燃烧室的高度不同，锥角不同时，油雾锥体所包含的体积也随之变化。当喷雾锥角固定时，喷嘴伸出高度直接影响油雾锥面包含的容积，因此存在着一个最佳的伸出高度，油雾锥面把燃烧室分割成两个相等体积。采用油雾锥面包含容积与整个燃烧室容积的百分比为衡量指标，伸出高度与油雾锥面包含容积所占比例关系如图 6-30 所示，从图中可以看到，当伸出高度在 2.5 ~ 3.0mm 时，油雾锥面把燃烧室分割成两个近似相等的上下部分体积。

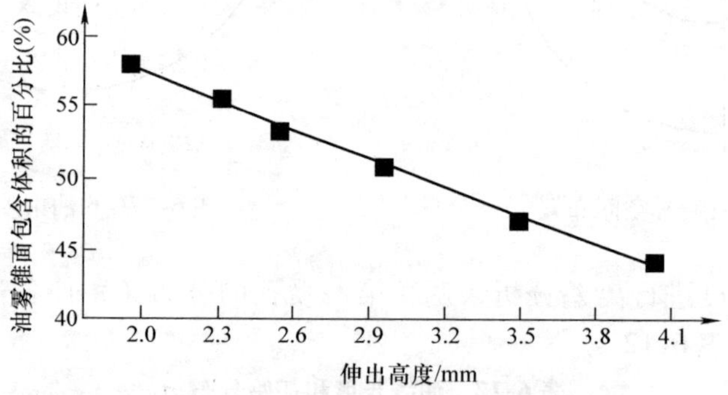

图 6-30　伸出高度与油雾锥面包含容积关系

(3) 燃烧模拟

用 Fire 软件建立 493 柴油机的燃烧模型，油束在不同曲轴转角下的形成与混合过程分别如图 6-31 ~ 图 6-34 所示。

当喷油提前角为 5℃A，在曲轴转角分别为 359℃A、360.3℃A 时，油束着火的状况如图 6-31 和图 6-32 所示，从图中看到：在空气混合区域内，油束前锋速度最高，其余两侧区域速度较低，分别为 35m/s 和 28m/s；当在曲轴转角为 366℃A、378℃A 时，从图 6-33 和图 6-34 中看出：油束前锋达到燃烧室喉口部位，迅速分成了两部分，撞击形成两次雾化，在挤流的作用下，形成更多的混合气。

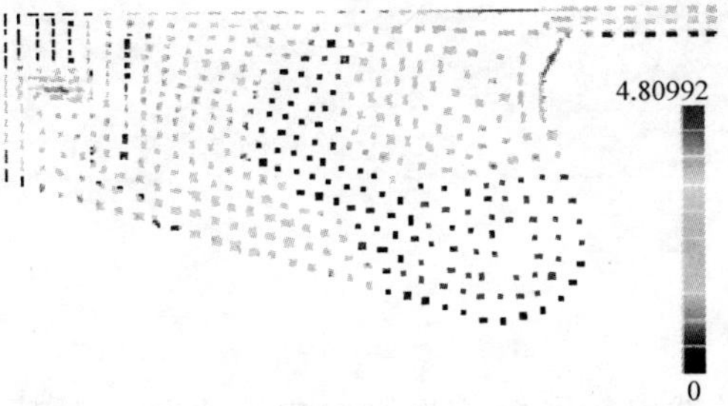

图 6-31　A 型燃烧室压缩终了火焰流场分布

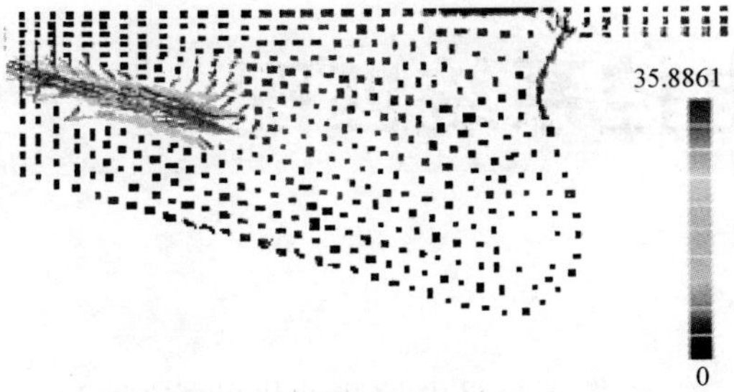

图 6-32　A 型燃烧室燃烧开始流场分布

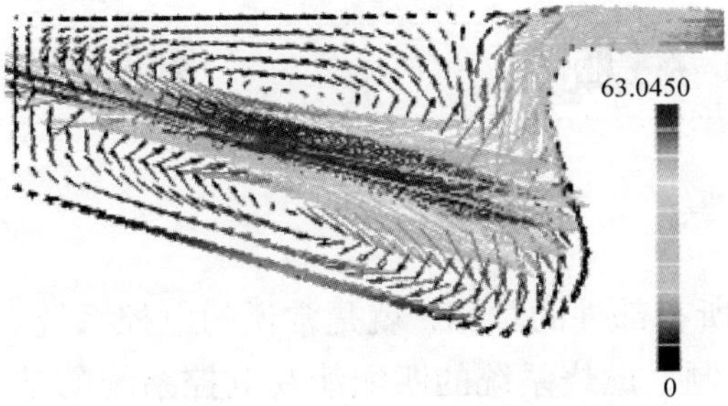

图 6-33　A 型燃烧室燃烧中流场分布

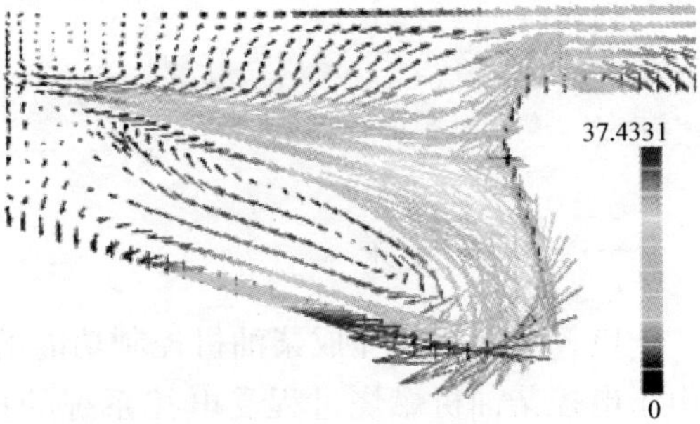

图 6-34　A 型燃烧室喷油终了流场分布

Chapter 7

第七章

电控系统匹配

电控系统是电控柴油机的控制核心，虽然电控系统的控制对象有多种，对其配置、功能要求各不相同，但是其基本原理和运行要求是相同的，只有电控系统与柴油机辅助系统配合合理时，才能提高柴油机性能。

第一节　匹配概述

一、匹配要求

电控系统是指完成柴油机控制功能的所有部件的总称，就是常说的电控系统。由于电控柴油机燃烧过程受电控系统的控制，燃烧系统的匹配涉及电控系统的结构、功能，电控系统实现信号采集、参数控制和数据处理等功能，完成以下任务：

1）实时采集柴油机状态参数。

2）实时控制喷油系统的喷油正时、喷油量和喷油压力。

3）实现数据的传输。

4）与监控系统实时通信。

要实现以上的任务，需要电控系统的软硬件配合好，所以对电控系统的软硬件有各自的要求，其中电控系统的硬件要求有：

1）选择合适的柴油机信号采集方式。选用合理的传感器，能准确采集柴油机在不同转速、负荷、温度下的状态参数。

2）采用合适的控制芯片和元件。采用高性能、低功耗的元器件，简化电路，降低功耗，提高控制精度。

3）功率驱动模块可靠性好，具有良好的负载能力。

4）具有较好的抗振动、抗干扰和防油抗污的能力，在各种温度环境下能可靠工作。

5）采用模块化设计，便于系统的扩展、移植和修改。

电控系统的软件要求有：

1）具备满足柴油机性能要求的控制功能，对柴油机不同的辅助系统，其控制功能不同，控制参数数目不一，如喷油参数控制、进气控制或者排放参数控制。

2）具有良好的控制软件结构和层次，便于调试和移植。

3）具有良好的软件可靠性，并有备份应急软件支持。

4）具有故障记录和处理的自我调节功能。对于硬件故障现象，具备应急处理模块。

5）采用模块化设计，便于程序的扩展、移植和修改。

二、匹配内容

电控系统的目标是改善柴油机的性能，必须进行电控系统与所控柴油机的匹配，主要有两部分工作：一是针对喷油系统中执行器控制目标，进行硬件、软件和控制策略的制定，包括控制硬件软件设计、软硬件联合调试等；二是电控系统中控制参数的确定，也就是标定过程，根据柴油机的运行工况、环境条件等变化，进行控制参数和数据的修改，以保证电控系统满足柴油机性能要求。

电控系统匹配按照实际应用环境和技术条件的不同，分为两种形式：基于原理性的电控系统开发匹配、面向对象的电控系统脉谱标定匹配。

基于原理性的电控系统开发匹配是根据电控柴油机性能要求，开发电控系统硬件、软件、控制功能和配机控制脉谱，是一项针对性很强的设计工作，根据所使用的开发工具的不同，由人工设计开发，涵盖硬件研制、软件编程和功能调试，配合控制。

面向对象的电控系统脉谱标定匹配是在已有的电控单元和电控柴油机的条件下，实现电控单元和柴油机控制脉谱的确定。主要是针对柴油机的性能要求，实现控制参数最优化的数值确定，一般都在专用的标定软件上进行。

三、组成与功能

1. 组成

电控系统的形式多样，功能有差异，但它们的基本组成大体相同，由三部分组成：传感器、电控单元、执行器，如图7-1所示。传感器用来检测柴油机的运行参数和状态参数，将各种信号转化为电信号，不失真地送给电控单元。电控单元（ECU）的主要功能是对传感器送来的柴油机的参数进行处理，根据柴油机的运行状态要求，按照预定的控制规律给出控制信号，对被控对象进行控制。此外还要对柴油机的状态参数与上位机进行数据通信。执行器的主要功能是把电控单元的意图转化为实际动作，是电控系统的最终手段，执行器主要有电磁阀、直流电动机、步进电动机等。

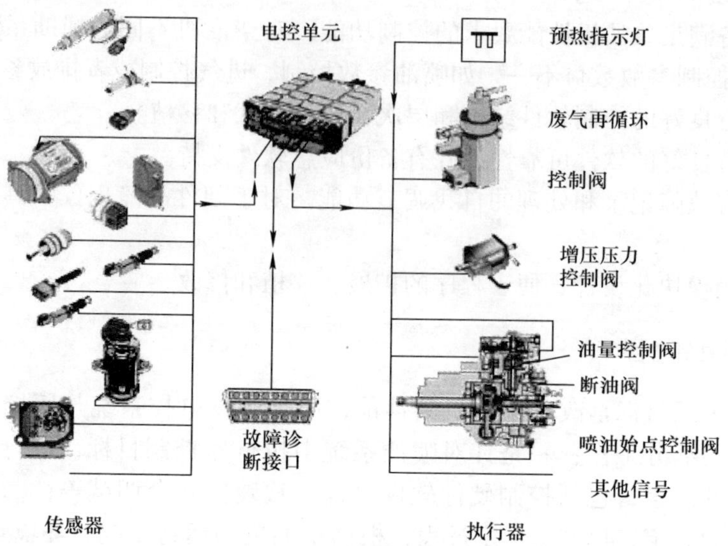

图 7-1　电控系统基本组成

2. 电控系统功能

电控系统的功能有控制功能、数据通信功能、故障保护功能。其中控制功能是其核心，根据柴油机的需求，实时准确地采集柴油机的状态参数和其他开关参数，处理后送给上层的控制软件，从控制软件中得到控制参数，并按照一定的顺序驱动执行器动作。数据通信功能完成用户与电控系统之间的数据交换、数据显示、用户干预指令，包括三个方面：①与系统监测软件通信，实现实时监测运行参数的功能；②与标定系统通信，实现在线标定功能；③与诊断仪通信。故障保护功能是电控系统对其运行过程中出现的严重状态参数超限进行停机保护，包括三个方面故障：①柴油机状态故障；②电控单元硬件器件；③传感器状态故障。

电控系统根据柴油机辅助系统和控制参数，按照一定的顺序驱动执行器完成相应的功能，具体控制功能如图 7-2 所示。

（1） 基本喷油功能

1） 喷油量控制。根据柴油机的工况，按照不同工况设定的喷油量，控制喷油器喷油。

2） 喷射正时控制。根据柴油机的工况，按照不同工况设定的喷油时刻，控制喷油提前角。

3） 喷射压力控制。根据柴油机的工况，按照不同工况设定的喷油压力，采用共轨压力闭环控制，实现喷油压力可调。

4） 实现喷射次数可变控制，可实现 5 次喷射。根据柴油机的运行工况和性能

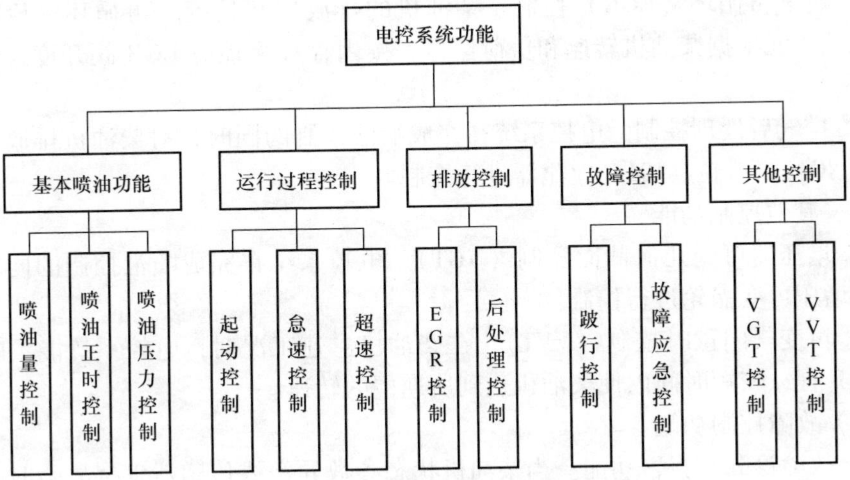

图7-2 电控系统的控制功能

指标要求，由控制软件完成喷射次数确定，以降低噪声、排放。

5）各缸油量平衡控制。对多缸柴油机，电控系统对各气缸喷油量进行修正，保证各缸喷油量均匀性，实现柴油机平稳运行。

6）实现不同喷油规律。根据柴油机运行工况，采用不同喷射次数，组合接近理想的喷油规律。

（2）过程运行控制

1）起动控制。在起动工况时，监测起动信号，按照冷却液温度和转速函数计算燃油喷射量，达到柴油机最低转速。

2）怠速控制。怠速控制是指电控系统不断调节喷油量，在短时间内，使柴油机达到所期望的怠速。包括怠速转速控制和各缸均匀性控制。

3）柴油机保护。柴油机超过最高空转转速时，电控系统能快速地降低喷油量，以降低转速。

4）中间转速控制。在货车或小型商用车辆上，电控系统使柴油机始终运行在负荷无关的中速段上。

5）最大转速控制。电控系统能使柴油机不能运行在超速状态，避免造成柴油机破坏。

6）冒烟控制。在柴油机起动和最大转速工况，电控系统减少喷油量，使燃烧更充分，减少黑烟排放。

7）海拔控制。大气压力随海拔升高降低，电控系统应使柴油机喷油量随高度升高而减小。

（3）排放控制功能

1）废气再循环（EGR）控制。柴油机的排放控制是废气再循环（EGR）控制。电控单元根据柴油机转速和负荷信号，按内存程序控制 EGR 阀开度，以调节 EGR 率。

2）排气后处理控制。电控系统在完成喷油控制的同时，对柴油机排放物氮氧化物（NO_x）、微粒（PM）净化器进行控制。

（4）其他控制功能

1）增压器可变几何截面控制（VGT）。电控系统在完成喷油控制的同时，对柴油机增压可变涡轮进行控制。

2）可变气门正时控制（VVT）。在柴油机怠速工况时，电控系统能不断调节进气门升程，较短时间内使柴油机达到所期望的转速。

（5）故障控制功能

1）故障诊断和报警功能。当柴油机状态参数异常或传感器发生故障时，电控系统能识别故障源，对于重要参数如冷却液温度和转速异常时，具有报警提醒功能。

2）跛行回家。当曲轴位置信号丢失时，电控系统使柴油机能维持基本运行，不要求柴油机维持良好的性能，能够回到维修站即可。

第二节　电控系统开发设计

一、电控系统开发

1. V 形开发模式

随着汽车工业的高速发展，传统的手工编程方式已越来越不能满足产品的开发周期及控制算法的可靠性要求（控制程序的无缺陷要求）。目前很多国外著名厂商，如 Audi、AVL、BMW、BOSCH、Siemens、Ford 等采用基于模型的 V 模式开发方式。

基于模型的 V 形开发模式是基于计算机辅助技术，能够在环或离线快速检验建立的模型是否合理，能够自动将模型转化成程序代码，并通过测试原型检测代码正确与否，它是集开发、编程、测试于一体的统一开发环境，加速并简化了开发流程，快速实现控制参数的修改并尽早消除出现的错误。其开发过程为：功能设计与仿真→快速原型验证→自动代码生成→硬件在环仿真→参数标定，如图 7-3 所示。其中功能设计与仿真和参数标定是电控系统开发中的顶层目标和结果，而自动代码生成是电控系统的底层支持。由顶层目标到底层软件，再由底层软件到顶层标定，呈现“V”形结构，快速实现了电控系统的开发。

V 形开发模式由 7 个步骤组成，在每一个步骤中，都有具体的任务要求，具体如下：

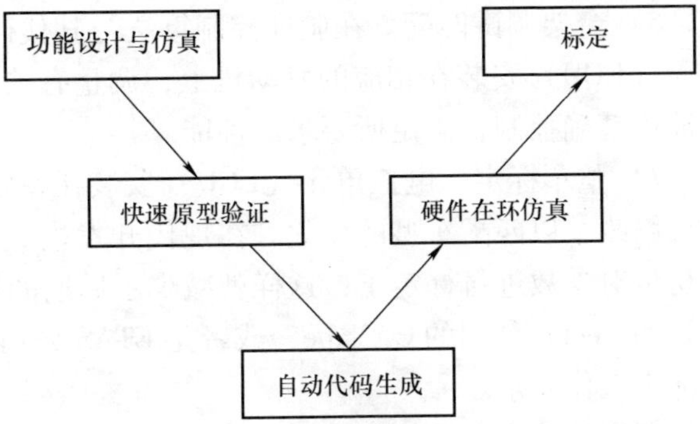

图 7-3　V 模式开发方式

1）系统功能分析。这与传统开发方式的第一步相似，可以用文字清楚地表达出系统所要实现的功能，也可以利用模型的方式，用流程图表述模块的功能以及相互之间的关系，描述要尽量全面。

2）系统控制对象建模与仿真。新的开发模式不需要按照传统方式对对象的简化处理，而是通过计算机辅助手段，对控制对象详细分析，尽可能建立准确模型。建模可以采用 MathWorks 公司 Matlab/Simulink/Stateflow 软件中的工具箱，包括：Control Systerm Toolbox，Nonlinear Control Toolbox 等，建立模型方框图或信号流程图，然后用 Simulink 对控制方案设计进行离线仿真，监测一些重要数据，判断结果正确与否，以检验建立的模型的合理性。建模也可以采用德国 ETAS 公司的 ACET + MIP 的建模软件，并进行仿真测试。

3）快速模型验证。快速模型验证，即根据建立的模型，要进行多次的离线仿真。在新式开发模型下，能够快速修改所建立的对象模型不合理之处，即使是模型需要大的修改，但从修改到下一次对原型的测试也只是需几分钟时间，避免了过多资源和时间浪费。

4）代码自动生成。利用 Matlab/RTW/Build 工具将步骤 2）中建立的合理模型方框图，转换成浮点运算 C 代码，通过 dSPACE 公司的 PPC Tools 编译工具，再通过 dSPACE 软件与 RTW 之间的 RTI 接口，将生成的代码下载到 dSPACE 公司的原型机（MicroAutoBox 或 AutoBox）中，利用原型机的丰富接口，与一些实物或模拟模型（如 ETAS 的 LABCAR 模型）连接，实现控制算法硬件在环仿真，验证控制算法的合理性和精确性，同时可以利用 dSPACE 软件包内的 ControlDesk 软件与实时控制器进行交互操作，方便设计虚拟仪表，跟踪系统状态的参数，并进行监测。

5）硬件在环调试。硬件在环调试不仅包括了步骤 4）中在代码生成后，在原型机上的控制算法的在环验证，而且包括验证合格的步骤 4）的代码被下载到真实的产品控制器中，并在测试系统中接入部分实际的部件，如真实柴油机的轨压传感器等，进行测试。此步骤并不是接入全部实物，还要借助于计算机辅助设计工具，如模拟雨、雪、冰等恶劣环境，特别是极端情况和故障下的测试，如将实际控制对象接入进行测试，测试费用是非常昂贵的，测试的周期也长。硬件在环调试是传统开发方法所不具备的。

6）台架调试匹配。在验证控制算法与其代码合格后，将装有控制算法的电控单元（ECU）安装在相应的发动机上，调整有关ECU中的参数，使得ECU能够对柴油机精确控制，满足所要求的性能。

7）整车标定。电控单元（ECU）安装在特定的车辆上，需要对控制参数进行再次修改，以匹配车型的变化。在现代开发模式中，在早期的硬件在环仿真阶段，已初步对参数进行标定了，这样就减少了后期的标定工作量。标定软件有基于CCP协议的Vector公司的CANape，或者是ETAS公司的INCA标定工具，均能满足用户的标定工作要求。

利用计算机辅助技术的现代V形开发模式，使得工程师专注于控制方案的构思，并且通过Matlab/Simulink环境，快速实现控制方案的图形化，不必在软件编程上或控制方案的修改上消耗过多时间，大大地缩短了开发周期。控制软件和控制策略的生成途径如下：

① 利用Matlab/Simulink进行控制算法的仿真模型的构建，实现离线功能仿真。

② 利用Matlab RTW/Build工具生成浮点运算C代码。

③ 利用dSPACE PPCTools编译连接生成可执行代码并下载到MicroAutoBox或AutoBox中实现控制算法的硬件在环仿真，以验证控制算法的合理性和精度。

④ 把生成的经过硬件在环验证过的控制算法下载到控制系统硬件中，进行系统调试和检测。

⑤ 控制系统的整机标定。

从Simulink图形程序所生成的C代码转化为精炼的、定点的ANSIC代码，提高了控制器的执行效率。TargetLink则是满足开发人员此项需求的工具，它可以实现和Matlab/Simulink的无缝连接，生成的代码可靠性高、易读性好。可产生定点运算代码，适应多种微处理器和编译器。

2. 自顶向下设计

自顶向下（TOP - DOWN）设计的基本思想是利用层次化、结构化的设计方法，一个完整的设计任务首先由设计师划分为若干个可操作的模块，编制成相应的模型。通过仿真加以验证后，再把这些模块分配给下一层的设计师，以设计树的形式绘出，图7-4为自顶向下示意图。在不同层次进行具体模块设计所用的方法有所不同，在高层次上往往是对总体考虑和指标分配，设计接近底层时，行为描述需用电路逻辑来实现，这里的模块需要通过仿真加以验证，并进行综合、优化、布线和后仿真。

电控单元（ECU）的设计常采用自顶向下设计方法，应用在硬件电路的设计、底层控制软件的设计和可靠性的设计等方面。

开发工具不仅支持HDL（硬件描述语言）输入，也支持电路图输入。这里主要用Verilog HDL语言来描述。程序是编辑设计文件（Verilog HDL程序）→编译→选择器件，定义管脚→HDL 功能仿真→下载固化到器件。

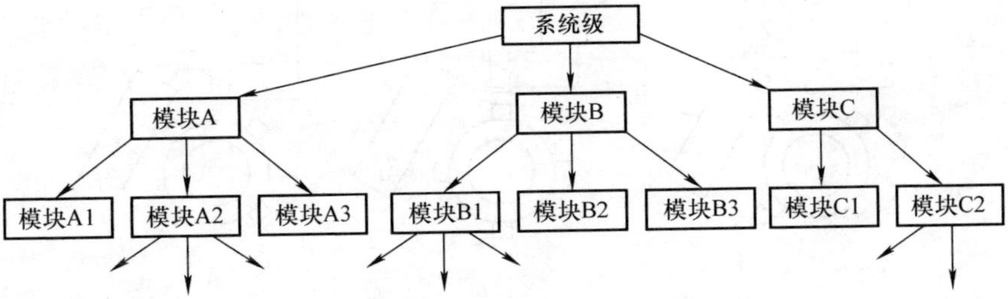

图 7-4 自顶向下设计

二、电控系统设计

1. 硬件设计

（1）传感器

电控系统需要柴油机的运行参数和状态参数，传感器将非电量转化成电量，柴油机控制系统的传感器要求高可靠性、高精度、低成本和小体积。柴油机的状态参数主要有温度、压力、转速、油门位置等，选择相应类型的传感器：曲轴位置传感器、进气压力传感器、机油压力传感器、冷却液温度传感器、机油温度传感器、排气温度传感器等。由于电控用传感器的性能指标因测量参数不同而不同，对于变化缓慢的信号，可以进行静态测量；对于变化迅速的信号，可以进行动态测量。因此传感器的静态特性和动态特性是传感器的重要指标。静态特性中包括了线性度、灵敏度、重复性、分辨率、漂移等，动态特性包括了时域动态特性、频域动态特性等，各种具体概念的定义和物理意义在这里不再赘述，请查阅相关书籍。

1）转速传感器。柴油机转速传感器又称为柴油机曲轴位置传感器，检测柴油机的曲轴转速和曲轴位置信号，并输入电控单元（ECU），电控单元（ECU）根据柴油机转速和曲轴位置信号，准确控制喷油起始时刻。常用转速传感器根据其工作原理分为光电式、磁感应式和霍尔式三种类型。这里仅介绍磁感应式和霍尔式转速传感器。

① 磁感应式转速传感器。磁感应式传感器由触发叶轮、传感线圈及永久磁铁三部分组成，如图 7-5 所示。信号转子每转过一个齿，由于穿过信号线圈的磁通量发生变化，根据电磁感应原理，传感线圈中就会产生一个周期的交变电动势，即电动势出现一次最大值和一次最小值，传感线圈相应地输出一个交变电压信号，如图 7-6 所示。触发叶轮与柴油机曲轴相连，传感线圈输出的交变电压信号的频率反映了曲轴的转速。

② 霍尔式转速传感器。霍尔式转速传感器由触发叶轮、霍尔集成电路、导磁

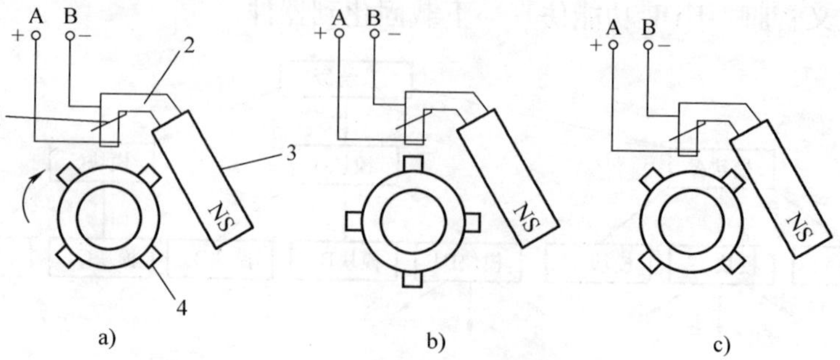

图 7-5 磁电式传感器

1—传感线圈 2—铁心 3—永久磁铁 4—触发叶轮

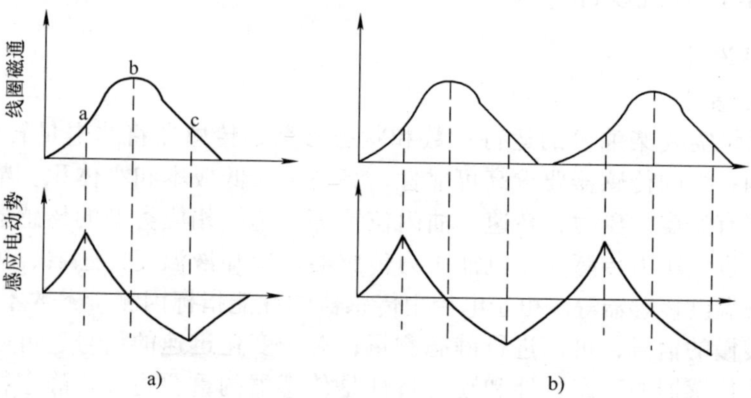

图 7-6 磁感应式传感器的电压信号

钢片和永久磁铁组成。霍尔集成电路由霍尔元件、放大电路、稳压电路、补偿电路、信号变换电路和输出电路组成，如图 7-7 所示。因此霍尔式转速传感器具有输出电压信号近似为方波信号、电压信号幅值与被测物体转速无关的优点。当叶轮进入气隙时，霍尔集成电路的磁场被叶片旁路，霍尔电压为零，霍尔集成电路输出级电压信号为高电平；当叶轮离开气隙时，永久磁铁的磁通经霍尔集成电路和导磁钢片构成回路，霍尔元件产生电压，霍尔集成电路输出级晶体管导通，输出级电压信号为低电平。

2）温度传感器。温度传感器主要用来测量燃油温度、机油温度、冷却液温度、排气温度、进气温度，温度传感器的类型很多，常用的有热敏电阻和热电偶两种。

① 热敏电阻温度传感器。热敏电阻传感器利用热敏电阻的电阻率和温度系数随温度变化的原理制成。如图 7-8 所示，利用感温电阻，把测量温度转化为测量电阻，测量温度范围在 -200 ~ 500℃之间。如对于铜热电阻或纯铜电阻的特性，温度

传感器的电阻温度特性为

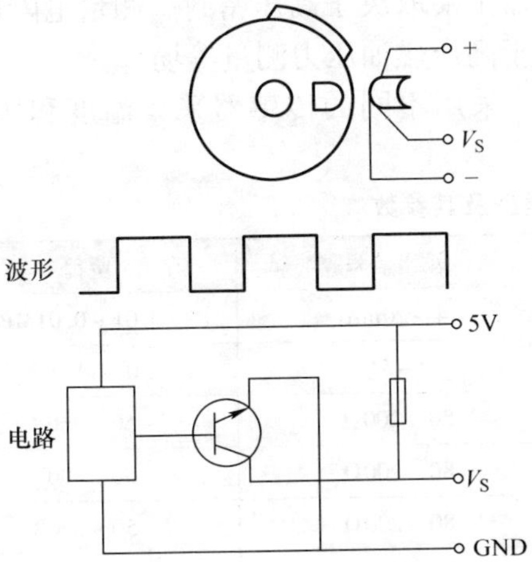

图 7-7　霍尔式转速传感器

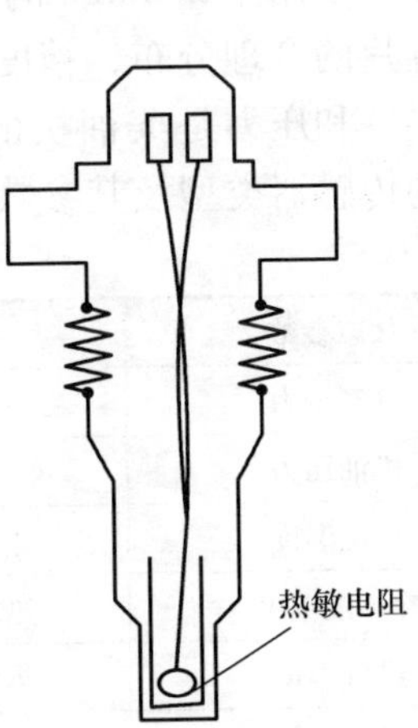

图 7-8　热敏电阻温度传感器

$$R_1 = R_0(1 + \alpha T) \tag{7.1}$$

式中，R_1 为 T 温度时电阻；R_0 为 0℃时电阻；α 为热敏电阻系数。

采用热敏电阻传感器测量温度，电阻值随温度变化，电阻变化又会引起电路电流变化和电压变化。

② 热电偶温度传感器。热电偶温度传感器基于热电效应进行温度检测，由两种不同的材料 A 和 B 组成一个闭环回路，若 A、B 温度不同，则产生电位差：

$$e(T) = e_A(T, T_0) - e_B(T, T_0) \tag{7.2}$$

式中，T 为热端温度；T_0 为冷端温度；$e_A(T, T_0)$ 为 A 端的电势；$e_B(T, T_0)$ 为 B 端的电势。

热电偶温度传感器具有耐高温、测量温度范围广、响应速度快、可靠性好的特点。但输出电压较低，一般需要放大处理。

3）压力传感器。压力传感器主要用于进气压力、缸内压力、喷油压力、机油压力的测量，用于电控系统压力传感器的要求不同，选择使用类型也不同，常用的有压阻式和金属膜片式两种。

压阻式压力传感器采用电阻丝的应变效应，由金属和半导体构成的金属丝受力后，电阻率发生变化。

$$\frac{dR}{R} = S_0 \varepsilon \tag{7.3}$$

式中，S_0 为电阻丝灵敏度；ε 为应变。

压阻式压力传感器具有体积小、精度高和优良的频率特性，并具有良好的静态特性。

金属膜片式压力传感器是在镍铬钢的金属薄膜上，蒸镀非晶体硅而形成的感应元件，采用耐200MPa的高压电阻，传感器主要取决于高压密封、测量电阻以及晶体硅片的合理分布，精度为1%，主要用于高压燃油压力测量等场合。

温度和压力是柴油机的运行状态参数，采用不同的传感器采集温度和压力，常用的传感器类型及其参数见表7-1。

表7-1 传感器类型及其参数

状态参数	型号	输出信号	量程
进气压力	硅压阻	4～20mA	－0.01～0.01MPa
机油压力	硅压阻	0～5V	0～1MPa
机油温度	热敏电阻PT100	80～200Ω	－50～300℃
冷却液温度	热敏电阻PT100	80～200Ω	－50～300℃
进气温度	热敏电阻PT100	80～200Ω	－50～300℃
排气温度	K类热电偶	0～41.3mV	0～1000℃
凸轮、曲轴信号	霍尔传感器	0～12V	/

热敏电阻PT100能将温度的变化转化为电阻变化，设计温度调理电路，如图7-9所示，利用桥式电路将电阻值转变为电压信号，经过放大整形及滤波处理后输出。

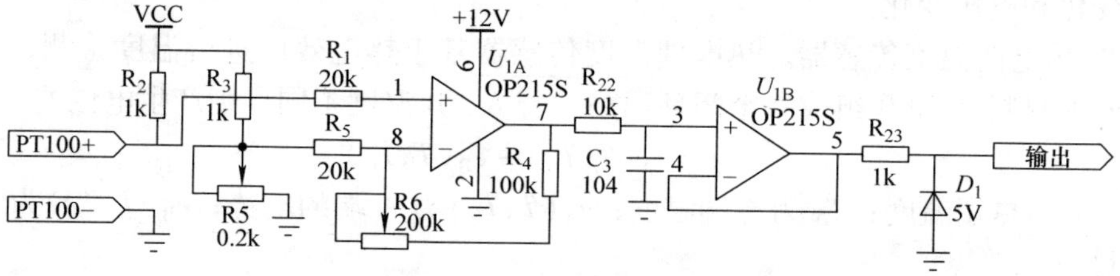

图7-9 PT100温度调理电路

由于柴油机排气温度较高，选用K类热电偶式传感器进行测量，当两种不同类型存在温度差异的导体形成闭合回路时，回路中会产生电动势，电动势的大小反映温度的差异。K类热电偶式传感器测量范围大，但输出的电压信号较小，调理电路主要是放大输入信号。

压力测量采用压敏电阻式传感器，输出信号是0～5V的模拟量，因此需要进行滤波处理。它的调理电路主要是一阶有源模拟低通滤波器电路，如图7-10所示。

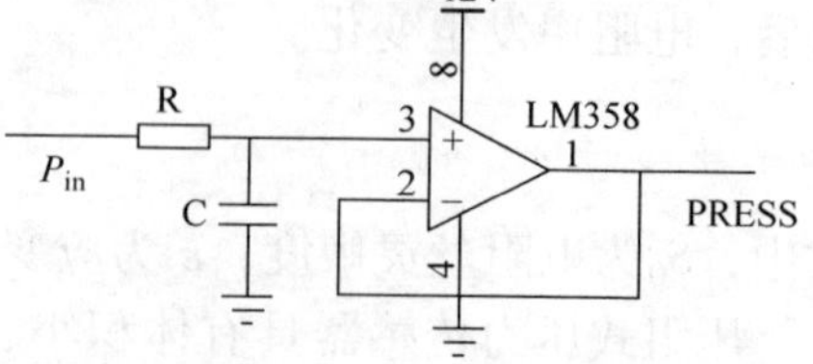

图7-10 压力信号调理电路

(2) 电控单元

在电控喷油系统中，电控单元（ECU）

是控制喷油的决策者，电控单元（ECU）由信号调理模块、微处理器模块、功率输出模块、通信模块和电源模块5部分组成，如图7-11所示。信号输入模块包括传感器的数字量输入和模拟量输入，由信号调理电路组成，微处理器模块由单片机和外围电路组成，功率输出模块包括电磁阀等执行器的驱动电路，通信模块主要包括串行通信接口电路及监控程序。

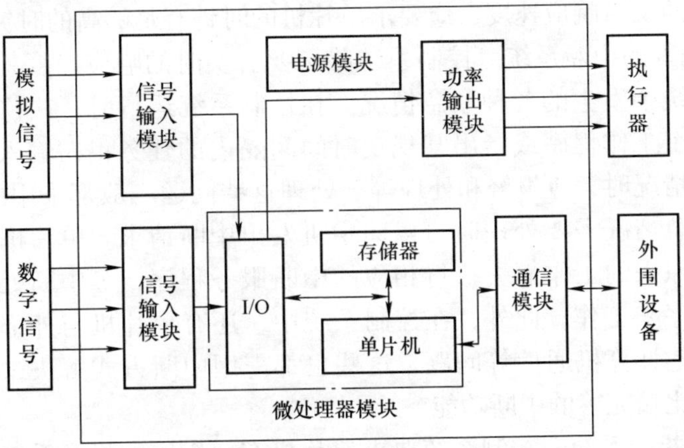

图7-11　电控单元

电控单元要随车运行，工作环境比较恶劣，对电控单元的硬件要求较高，电控单元涉及单片机、接口电路、功率输出电路、单片机通信方式等方面。

1）单片机。单片机是电控单元的核心，它承担整个电控单元的信号采集与处理、数据运算与分析、控制策略的实现、控制指令的产生、数据的通信与交换等功能。单片机的形式、配置、功能、存储空间直接决定了电控单元的性能。单片机从8位机、16位机发展到32位机，速度和存储容量大幅度提高，内部集成的接口增多。目前8位单片机应用已相当普遍，但它的地址空间有限，运算速度低；16位单片机具有较高的数据处理速度，但是它的接口和功能的扩展能力有限；与8位、16位机相比，32位单片机存储空间按字节组织，对C语言支持较好，而且处理能力强，能够胜任多任务、复杂中断处理等场合。Intel和Motorola公司的单片机系列是目前主流芯片，应用范围广泛，其中Motorola公司的32位单片机系列成为汽车电子的专用芯片，如采用MC68332、MPC555、MPC565等32位单片机的柴油机电控单元已经投入商业应用。

柴油机电控单元使用的单片机应具有以下基本功能：

① 实时处理能力。计算机控制系统是实时运行的，要求严格遵循某一时间顺序，及时地完成各种数据处理及控制指令的产生。例如，柴油机喷油过程的控制，必须精确地确定喷油时刻和喷油持续期。这就要求在控制系统中，有严格的时间参数。通常这个时间参数由单片机中的实时时钟提供，实时时钟把单片机的操作

与外界的自然时钟相匹配，建立起“时间”的概念，单片机对信息的处理是从那时起串行的，全部调用的信息不可能“立即”处理完毕，因此不可能做到完全“实时”。对计算机控制系统所要求的实时性，主要是指在时间表上能跟得上过程所提出的任务。为了达到实时控制的目的，单片机应在规定的时间表内完成所有信息的采集、处理及指令输出工作。它的实时响应主要由单片机的时钟频率决定。为了保证一定的实时响应速度，应要求单片机的时钟有足够高的时钟频率。

② 比较完善的中断系统。控制系统除了要有实时的响应速度外，还必须能够及时地处理系统中发生的各种紧急情况。在控制系统运行时，往往需要修改某些参数；改变某个工作程序或指出某规定时间间隔内的任务；在输入输出异常、出现故障或紧急情况时，应报警和处理等。处理这些问题一般都采用中断控制方式，当系统出现紧急情况需要处理时可以向主机发出中断请求。单片机可以根据事先的安排，暂停原来的工作而去执行相应的中断服务程序，等中断处理完毕，单片机再返回原程序来工作。此外，在控制系统中，还有单片机与外部交换信息、多机连接、与其他计算机通信等问题，这些也都需用中断方式解决，因此实时控制单片机应具有比较完善的中断功能。

③ 完善的指令系统。控制系统要求单片机有较丰富的指令系统。单片机指令种类的多少及功能的强弱，将直接影响到编程的繁简，进而影响解决复杂问题的能力。一般来说，指令越丰富、寻址范围越广、方式越多，编写程序就越简便，功能越强。

④ 适中的内存容量。为了及时地进行控制，常常要求将那些常用算法及数据存放在单片机的内存中，因此应具体要求估算单片机的内存容量。当内存容量不足以存放程序和数据时，应扩充内存，或配置适当的外存储器，系统程序和应用程序可以保存在其内，需用时再调入单片机内存，除了要求有一定的容量外，还要求对内存有一定的保护功能。为了使控制稳定，不出事故，内存中的控制程序及数据在控制过程中，不应被任何偶然的错误所改变和破坏，因此对内存的某些单元应加以保护。

MC9S12DP256 微控制器是基于 16 位 HCS12CPU 的高速、高性能 5. 0V FLASH 存储器产品中的中档芯片，其较高的性价比非常适合用于汽车电子控制系统。同时简捷的背景开发模式（BDM）会使开发成本进一步降低，使现场开发与系统升级变得更加方便。

MC9S12DP256 的主频高达 25MHz，芯片上还集成了许多标准模块：两个异步串行通信口 SCI、3 个同步串行通信口 SPI、8 通道输入捕捉/输出比较定时器、两个 10 位 8 通道 A/D 转换模块、1 个 8 通道脉宽调制模块、49 个独立数字 I/O 口（其中 20 个具有外部中断及唤醒功能）、兼容 CAN2. 0A/B 协议的 5 个 CAN 模块以及一个内部 IC 总线模块；片内拥有 256KB 的 Flash E^2PROM、12KB 的 RAM、4KB

的 EEPROM。其芯片结构如图 7-12 所示。

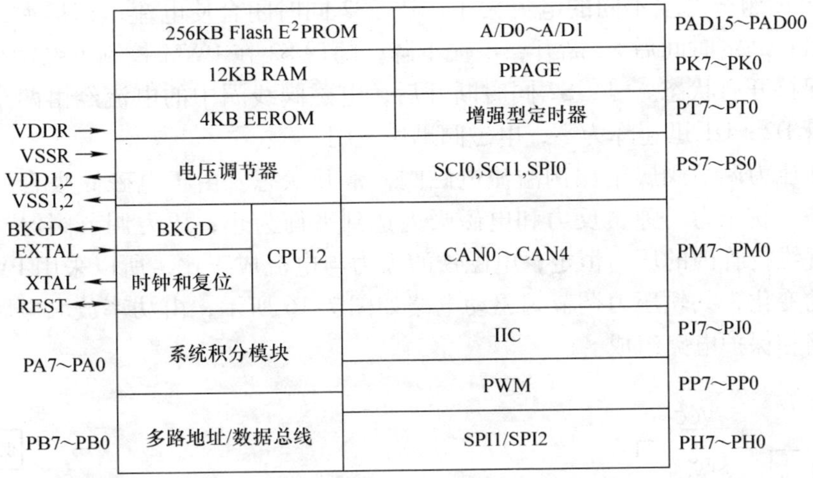

图 7-12　MC9S12DP256 结构

2）接口电路。接口电路处理各种传感器送来的信号，需要经过放大、滤波、抗干扰、电压转化等处理，使之成为满足单片机输入要求的信号，如图 7-13 和图 7-14 所示。输入/输出部分可将电控单元外面的信号送给 ECU 内部处理，如柴油机冷却液温度传感器传来的信号，由于该信号是一个模拟量，因此，输入部分中的模/数（A/D）转换器必须将它变成微处理器能“认识”和处理的数字量，经过接口电路处理，然后再输入到电控单元；还有大量的数字信号输入电控单元，或从电控单元输出。例如柴油机的转速信号，它是来自曲轴传感器的数字脉冲信号，它需通过输入设备中的电路整形后送入电控单元。

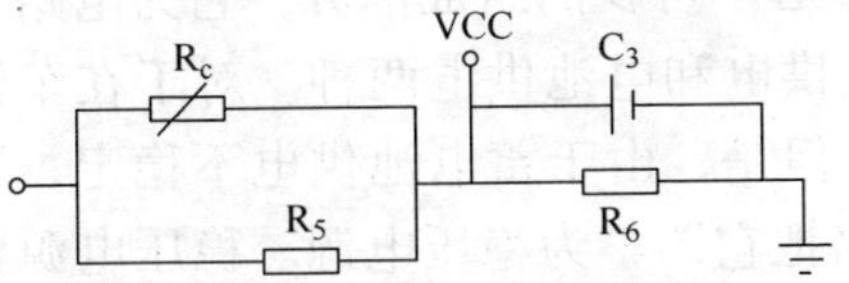

图 7-13　线性化电路

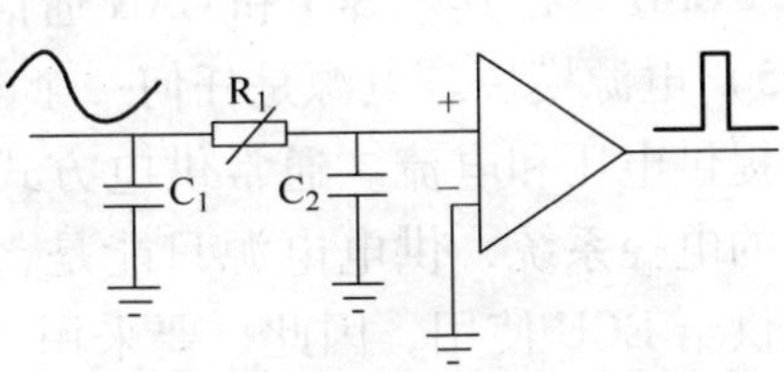

图 7-14　滤波、整形电路

3）功率输出电路。功率输出是将单片机输出控制指令转化为执行器能够接收的信号，针对步进电动机、电磁阀等电执行器，功率输出电路有不同方式实现信号驱动。如对于需要模拟信号控制的执行器，输出部分中的数/模（D/A）转换器会将用于控制的数字信号变成模拟信号，输出到执行器，实施控制；再如喷油器的控制信号为数字脉冲信号，需通过输出部分的驱动或放大电路，再加到喷油器的控制线圈上。

高速电磁阀驱动原理图如图 7-15 示，控制信号控制开关 S1、S2 的开闭，S1、S2 不同开闭组合产生不同的电流大小，S1、S2 同时闭合使电流迅速增大，电磁阀快速开启；一定时间后 S2 断开，电流下降，随后 S2 在 PWM 控制下维持小电流使电磁阀保持开启状态。S1、S2 同时断开后，电磁阀线圈中的电流经由两个超快恢复二极管 D2、D1 迅速降为零，电磁阀迅速关闭。

共轨压力调节阀属于比例溢流电磁阀，常开状态。由于电磁阀吸合并保持在关闭状态，轨压力与弹簧反力和电磁吸力达到平衡为止，压力调节阀保持在某个开启位置维持管内的压力恒定，电磁铁的吸力与电流成正比，所以采用 PWM 来控制电流的变化，共轨压力调节阀驱动电路如图 7-16 所示，由功率放大电路、高压开关电路和保护电路组成。

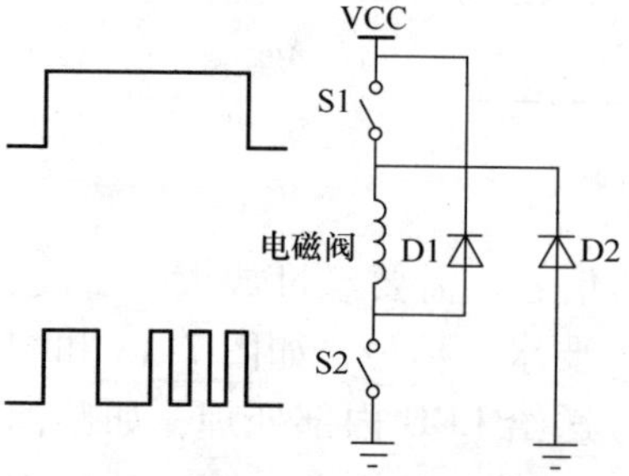

图 7-15 高速电磁阀驱动原理

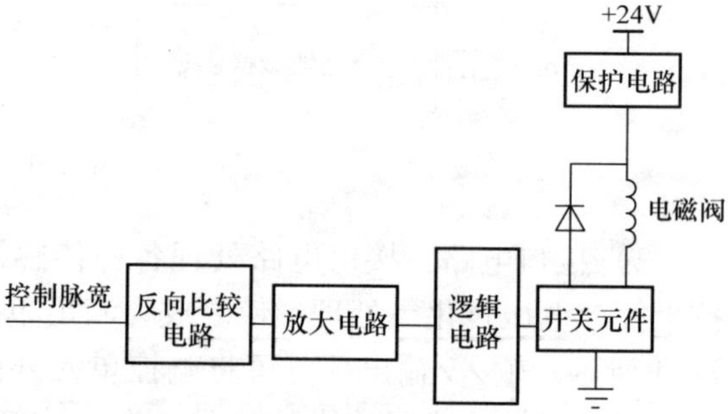

图 7-16 共轨压力调节阀驱动电路

4）通信电路。单片机通信是指在单片机与外围设备之间进行数据传输。外围设备如上位机电脑、显示器、打印设备，单片机常用的通信方式有 SCI、SPI、CAN、USB 等，其中 SCI 和 CAN 通信为电控系统中单数据和多数据流的主要方式。

5）电源模块。电源是任何一个电子设备必不可少的组成部分，它为电路正常工作提供电压和电流。通常供电方式有交流供电和电池供电两种。对于在车辆上使用的电控系统，供电电源只能是蓄电池。但是，由于蓄电池供电不稳定，不能直接供给 ECU 使用，因此，要采用一些电路把它调整为稳压电源。稳压电源包括线性稳压电源和开关稳压电源。

电源模块为各种传感器和元器件提供稳定的工作电压，如图 7-17 所示。车用蓄电池电压通常为 24V，输出电压不稳定，波动范围较大。电控单元的元件和传感器所需的电压为 5V 或 12V，因此需要设计电源电路，提供稳定的 5V 和 12V 电源。

电控单元用蓄电池的 24V 作为电源，电源电路由将 24V 转为 12V 的 DC/DC 稳压电源器件、元件 7805 和滤波电路组成，24V 直流电经过 DC/DC 稳压电路进行稳压和降压转换，为需要 12V 电源的传感器和芯片供电。12V 直流电经过元件 7805 降压转换，获得 5V 的直流电，满足电控单元内部的芯片工作电压要求。

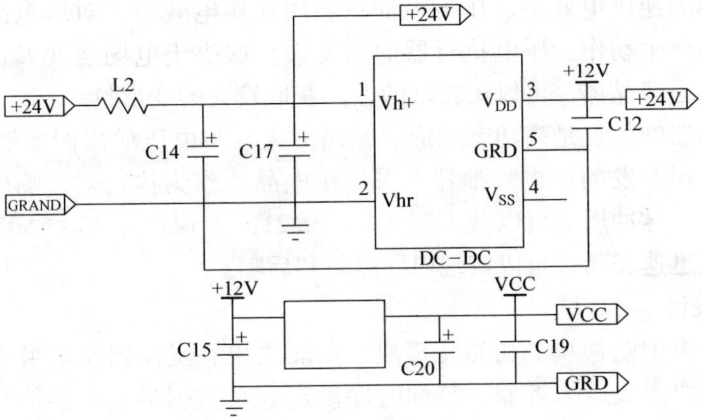

图 7-17　电源模块

(3) 执行器

柴油机电控系统执行器的功用是将电控单元送来的控制电（压）信号变换成物理动作，以达到改变柴油机操作状态的目的。对执行器的要求一般是工作可靠、反应速度快、控制精度高。

柴油机的执行器根据工作原理可分为磁执行器、电执行器等，其中以磁执行器应用最多，如电磁喷油器、电磁阀、步进电动机、直流电动机等，电执行器有压电执行器、电流变流体等。

1）电磁喷油器。电磁喷油器是一种根据电控单元的控制指令将燃油按规定的量在规定的时刻喷入柴油机气缸的执行装置。电磁喷油器结构如图 7-18 所示，按喷油器电磁线圈阻值大小，喷油器可分为高阻型（13～18Ω）和低阻型（1～3Ω）两种喷油器。

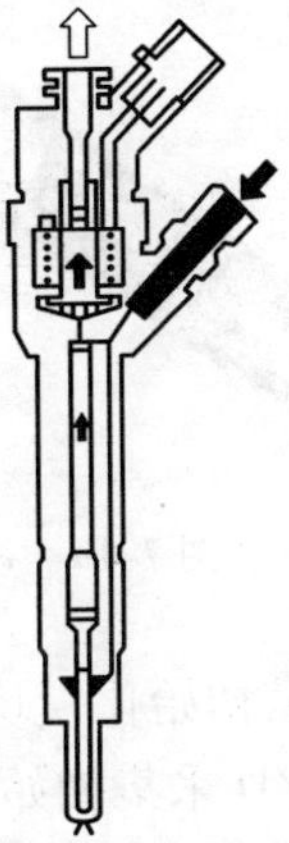

图 7-18　电磁式喷油器

当电控单元发出的电压脉冲加到喷油器上的时候，电流经过控制线圈产生电磁力，该电磁力使单向阀打开。挺杆上、下的压力差使针阀开启，燃油喷入气缸；电压脉冲结束后，控制线圈中没有电流，电磁力消失，在回位弹簧的作用下，单向阀关闭，挺杆带动针阀回位（压在密封座上），喷油器停止喷油。

电控单元给喷油器的信号是电压脉冲，电压脉冲持续的时间越长，喷油器喷油的时间越长，反之越短。在燃油压力不变、喷油器的喷孔面积固定时，喷入柴油机气缸的燃油量取决于喷油时间的长短。电控单元只要控制电压脉冲的持续时间，就可控制喷油量。

2）压电喷油器。在压电晶体的电极上加入电压，压电体的形状会改变，但是体积不变，称为逆压电效应。压电喷油器利用逆压电效应，对压电晶体加入极大的电压，晶体产生动作。压电执行器的形变大小取决于电场强度 E 的大小。最新工艺制成的多层薄晶体，可以用较低的电压获取较大的变形量。

压电喷油器的优点是高动态响应、输出力大、与电压成比例变形，图 7-19 所示为西门子公司开发的压电喷油器。采用压电晶体作为执行器，响应速度和重复性大幅度提高，脉冲周期可以减小到 0.13 ~ 0.21ms，保证在 20 ~ 150MPa 喷射压力时，针阀都能迅速关闭，可以实现引导喷射和后喷。

2. 软件设计

控制软件由中断模块、初始化模块、功能模块、主控制模块组成，如图 7-20 所示。中断模块完成压力控制、喷油时序确定以及数据通信；功能模块包括参数采集模块、转速处理模块、共轨压力控制模块、喷油正时和喷油量模块、故障处理模块等；主控制模块完成故障判断、工况判断，进行正常控制循环，图 7-21 是主控制模块流程图。下面对初始化模块、喷油正时和喷油量模块、故障处理模块进行简述。

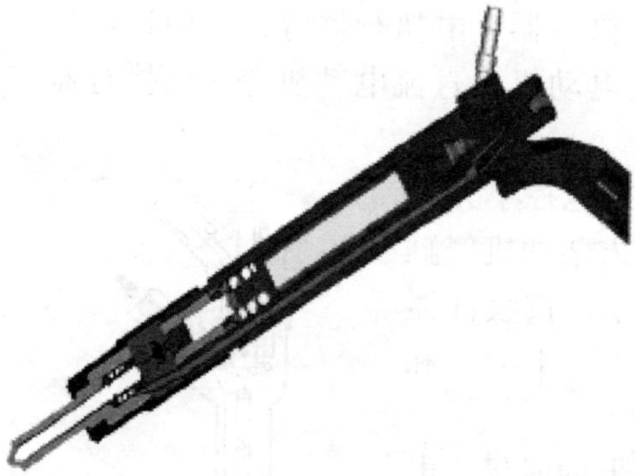

图 7-19　压电式喷油器

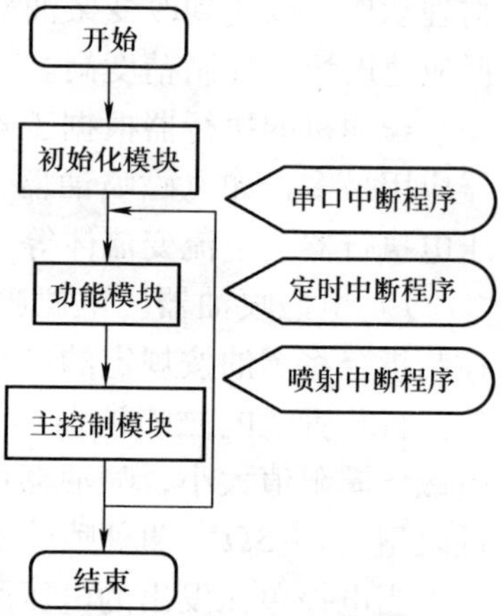

图 7-20　控制软件组成

1）初始化模块。主要完成系统初始化设置，设定中断优先级、SCI 通信初始化、A/D 采集初始化、TPU 初始化，设置 PWM 输出方式。

2）喷油正时和喷油量模块。电控单元对采集到的参数进行工况判断后，根据不同的工况，查存储在电控单元内的控制脉谱（MAP），根据 MAP 确定喷油正时和喷油量，以确定喷油器电磁阀控制脉宽。

工况判断是程序查询喷油提前角、喷油脉宽和目标轨压 MAP 的前提。柴油机运转过程的工况分为停机工况、起动工况、怠速工况、正常工况、限速工况和超速工况等。各工况之间的跳转途径如图 7-22 所示。

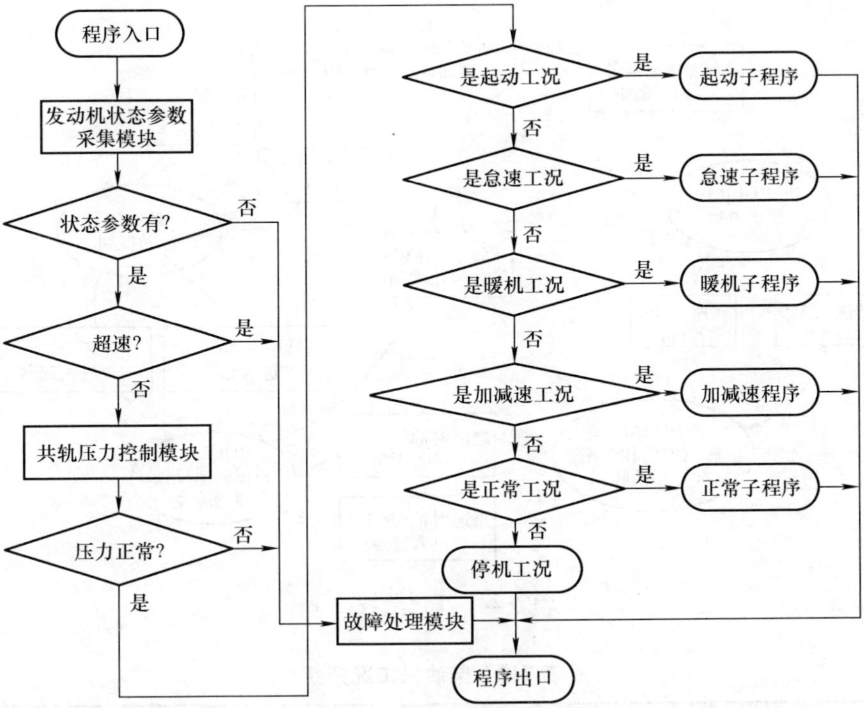

图 7-21 主控制模块框图

停机工况是柴油机开始进入的第一个工作状况，起动时，当柴油机转速达到某一限定值时，仅会进入起动工况开始供油，如果起动工况时转速下降到限定值时就会回到停机工况。

起动工况只可能由停机工况进入，如果起动成功就会进入怠速工况，否则进入停机工况。

怠速工况由起动工况成功后进入，如果怠速状态下由于载荷过大造成转速过低，会进入停机工况；在怠速工况下如果踩下加速踏板，就会进入正常工况，如果转速升高超过限制转速，则进入限速工况，在限速工况下若转速再低就会进入常规工况。

常规工况由怠速工况通过踩下加速踏板而进入，松开加速踏板，则会进入怠速工况；由于载荷过大造成转速过低，会进入停机工况；如果转速升高超过限制转速，则进入限速工况，在限速工况下若转速再低就会进入常规工况。

限速工况是为了使转速不再上升，保持转速稳定，对超速进行的限制保护。

超速工况是一种最终保护状态，通过中断供油避免转速上升。

工况判断主要以转速和负荷为主要判断依据，机油温度、燃油温度和冷却液温度为辅助判断依据。工况判断见表 7-2。

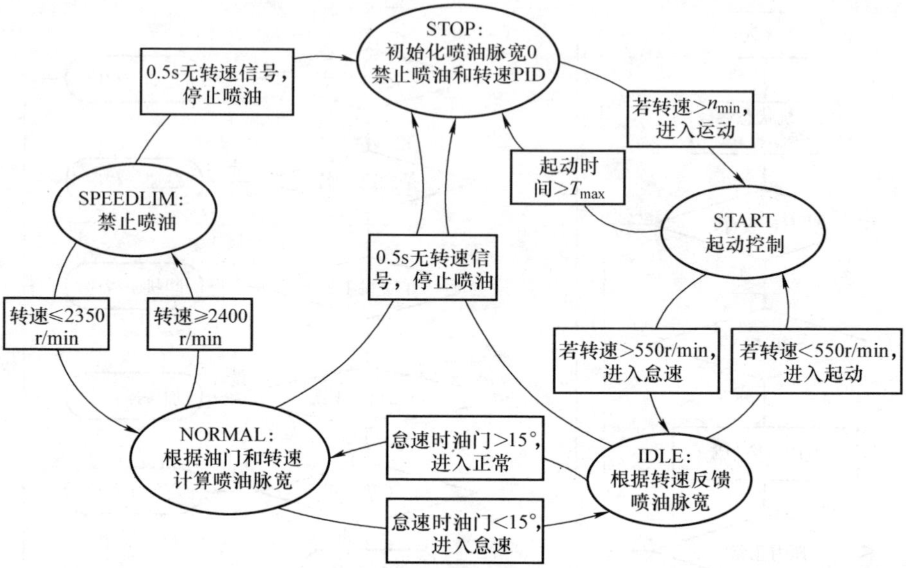

图 7-22　工况跳转途径

表 7-2　柴油机工况判断

工况	柴油机状态条件	喷油量	喷油正时	共轨压力
起动	开关闭合，转速低于350r/min，油温冷却液温度高于5℃，机油压力正常	固定喷油量	固定起动提前角	固定压力
怠速	转速在750r/min以上，冷却液温度≥55℃，机油压力正常	PID 调节	固定怠速提前角	怠速压力
暖机	转速在650r/min以上，冷却液温度<55℃，油门信号为0，机油压力正常	PID 调节	固定暖机提前角	怠速压力
加减速	油门变化，冷却液温度达到55~85℃正常范围，机油压力正常	根据油门、转速查 MAP	根据转速查 MAP	根据转速查 MAP
正常	油门信号不为0，不变化，冷却液温度达到55~85℃正常范围	根据转速查 MAP	根据转速查 MAP	根据转速查 MAP
停机	机油压力异常，冷却液温度>85℃	0	0	0

3）故障处理模块。该模块是保证电控系统能够及时检测故障，并采取相应的应急措施，以保证柴油机的安全运行。由电控单元对柴油机转速、共轨压力以及排气温度等传感器采集的信号进行判断，如果共轨压力波动太大，可调整 PID 参

数或关闭喷油器电磁阀；如果柴油机转速大于最大值，应立即关闭喷油器电磁阀；如果排气温度大于允许值，说明柴油机后燃严重，应调整喷油正时。

三、电控系统控制策略

在自动控制领域，对每一个被控对象，都有一个控制目标，为了对被控对象达到控制目标所采取的相应的控制方法和措施，统称为控制策略。

在电控柴油机中，被控对象是柴油机辅助系统中的一些执行器，执行器的种类、结构、控制目标各不相同，对应的控制策略也不同，但其控制策略的结构和运行模式大同小异，都要按照柴油机的运行模式分类，进行不同目标的控制。在柴油机电控系统中，控制策略是指每一种工况下通过控制过程，所实现信号采集、决策处理、控制输出的措施。

柴油机控制策略的制定前提是对柴油机的工作过程控制需求有更深的认识，控制策略制定者不仅要求对柴油机运行状态、运行要求、运行控制熟悉，而且对电控系统控制过程以及控制算法比较了解，控制策略制定属于柴油机控制的顶层设计问题，一般解决办法有两种：一种是由熟悉柴油机运行要求的人员提出控制要求，后经精通控制算法和编程的控制人员执行完成；另一种是按照柴油机运行要求，控制人员直接给出相应的策略，经过交流探讨，最后确定符合柴油机运行要求的控制策略。

要解决的问题有四种：①输入必需的信号，并完成这些信号的处理，获得综合控制数据；②定时、定位地产生控制动作，即输入动作、控制动作以及其他输出动作；③确定给出信号输入、动作输出、异常处理的运算时序；④做出每一种状况异常变化的应急处理和判断。

电控柴油机的控制策略一般有 4 种：结构设置策略、信号传感器设置策略、信号输入策略和信号处理策略。

1. 结构设置策略

结构设置策略是与柴油机结构布局相关的方法，如曲轴位置信号设置和凸轮相位信号的设置，常见设置：有 60 - 2 齿信号盘和 N + 1 齿凸轮信号盘；有 60 - 2 齿信号盘和 1 齿凸轮信号盘；有 3 组 30 - 1 齿信号盘和 N + 1 齿凸轮信号盘。不同的信号盘设置的对应控制策略不同，使用结果也不同。其中最常见的是 60 - 2 齿信号盘和 N + 1 齿凸轮信号盘布置方式。

2. 信号传感器设置策略

信号传感器设置策略是检测并为柴油机提供一种状态参数，为电控柴油机提供一种外界输入信号，这一切由传感器完成，对应柴油机的温度、压力、转速、转角、油门位置设置不同的传感器，其输入信号处理方法、处理电路、信号调整各不相同。总之，要通过不同的方法和措施调整为单片机可接受的数字量。

3. 信号输入策略

信号输入策略是输入信号的输入特性、输入参数的选择，主要包括信号输入频率时机选择和输入信号处理滤波。如信号采样频率反映信号更新的速度，对采样通道的频率有要求；同时，高的采样频率会占用 ECU 更多内部资源，并影响控制执行速度。信号输入时机选择根据参数变化周期长度而定，如柴油机冷却液温度测试周期 1 ~ 2s，进气温度测试周期 0.3s，不同信号输入时机均要为控制输出让行。

（1）信号处理策略

曲轴和凸轮轴信号——判缸和计算转速。曲轴信号和凸轮轴信号是高压共轨喷油系统中最重要的信号。曲轴转速传感器的作用是实时判断曲轴的瞬态位置和实时计算柴油机的瞬态转速，从而精确控制喷油量和喷油正时。对于四冲程柴油机，由于每循环曲轴转过两周，需要通过凸轮轴进行气缸识别，因此凸轮轴转速传感器的作用是确定 1 缸压缩上止点的位置，电控单元可根据此信号确定喷油顺序。

转速传感器采用霍尔效应式传感器来测量曲轴信号盘和凸轮轴信号盘的位置信号。根据霍尔式传感器工作原理可知，当信号盘上的齿转过传感器的霍尔传感器的感应头时，信号齿与磁头之间间隙会发生变化，传感器的信号电路会产生霍尔电压。

传感器的输出信号电压高电平为 5V，低电平为 0.3V。为增强抗干扰能力，转速信号先通过比较器 LM139 整形之后，再将信号输入反相器 74HC14 进行滤波。凸轮轴转速信号和曲轴转速信号处理电路如图 7-23 所示。

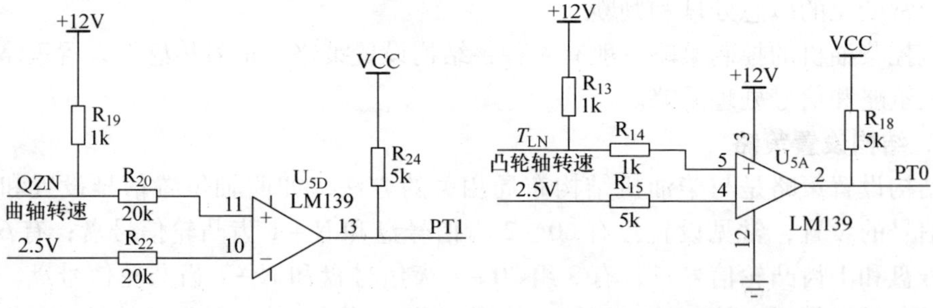

图 7-23　转速信号处理电路

六缸柴油机的喷油顺序为 1 – 5 – 3 – 6 – 2 – 4，喷油精确控制的前提是喷油顺序的正确执行，因此喷油缸序的判别尤为重要。判缸是曲轴信号盘和凸轮轴信号盘二者配合完成的动作，只有当曲轴信号的第一缸基准标记齿和凸轮轴信号盘的第一缸标记齿共同给出信号才能判断此时应喷的缸序为第一缸，两个标记齿信号缺一不可。因此在安装两个信号盘时，须保证凸轮轴信号盘上的第一缸标记齿与曲轴信号盘上的第一缸标记齿的相对角度。

喷油提前角的延时始点由曲轴信号齿决定，因此曲轴信号盘上的第一缸基准标记齿与第一缸压缩上止点的相对安装角度是保证喷油正时的关键。曲轴信号齿盘设计为（60－1）均布齿，每两个相邻上升沿对应6℃A，其中与缺齿相邻的两个上升沿之间对应的角度为12℃A。通过盘车确定柴油机第一缸压缩上止点位置，将曲轴信号盘的第一缸基准标记齿（缺齿）与凸轮轴信号第一缸标记齿同时安装在第一缸压缩上止点前60℃A处。程序中规定在曲轴齿数计数值达到第 n 个时（$n<10$），即在第一缸压缩上止点前（$72-6\times n$）℃A启动第一缸的喷油延时控制。

凸轮轴信号盘采用每隔120℃A均布一个齿，在第一缸对应的均布齿前增加一个多齿，作为第一缸判断脉冲触发标记齿。

曲轴信号中断处理程序完成曲轴脉冲信号上升沿的采集、曲轴瞬时转速计算、判缸和中断嵌套设定，并根据记录的曲轴齿数实现喷油正时精确控制、共轨压力定相位采集等功能。当曲轴信号的缺齿与凸轮轴信号中的第1缸判缸信号共同判断出第1缸的基准信号后，曲轴齿数计数值清零，在曲轴齿数计数值到达第 n 个时启动第1缸喷油延时精确控制。在曲轴齿数计数值达到第20个时，再次将曲轴齿数计数值清0，启动第5缸喷油延时控制。以此类推。

（2）输入信号处理策略

温度信号的变化速度不会太快，可以降低采样频率。为了及时响应驾驶人的意图，油门信号的采集应该迅速，系统采用间隔5ms采集一次，进气压力与之相同。在柴油机的整个工作范围内，除了起动工况和油压传感器失效以外，全过程都采用油压闭环控制。在任何一个闭环控制系统中，反馈信号的采集都是关键的，油压闭环的反馈量就是油压信号。通过完善地设计共轨管，能将共轨管中的油压波动减到最小，但不可能完全消除。这就要求系统不能总是采到最大值或最小值，即采样点的安排要合理，不然无法反映共轨管内压力的真实情况。通过大量的试验和理论分析，最后确定了采样点，结果显示采集到的油压（ECU通信输出）与实际油压（即从采集仪得到的值算术平均）十分吻合。

共轨压力是通过微处理器的A/D模块采集共轨压力传感器的电压值。参数采样周期是共轨系统控制的重要参数。根据Shannon采样定理，对于一个最高频率为 f_{max} 的连续信号来说，要使采样信号能够复现原连续信号，采样频率 f_s 必须满足如下式条件：

$$f_s > 2f_{max} \tag{7.4}$$

通常程序为减少占用微控制器的资源，采用定时采样方式采集这些A/D信号。定时采样由于简单易行，在实际中应用广泛。但是对于共轨压力采样来说，柴油机的转速变化范围较大，造成了定时轨压采样的不足：

1）轨压采样定时间隔难以确定。为保证每缸喷油之间压力至少采样1次，低速时两缸之间的采样间隔较长，但轨压定时采样将造成轨压多次采样，影响程序执行效率。

2）由于共轨系统喷油计量独立于压力建立过程，在喷油器喷油及高压油泵供油时微观压力有波动，且这种波动在大油量、高轨压时尤其明显。因此采用轨压定时采样方式，采样时刻在整个循环中不固定，采样值可能为最大与最小中的任何值。若采样时每次能采样得到平均值，则压力差为零，因此压力控制调整量不变。否则，定时采样时目标压力和实际压力的差为最大值和最小值，分别与平均值之差较大，由于存在压力差，因此压力控制调整量不等于零，从而引起压力振荡。

对于共轨压力更合适的采样方式为定相位采样，即固定在每缸上止点附近某个相位进行采样。这种处理技术要明显优于定时采样，采样频率随转速变化而变化，既具有一定的适应性，又能消除因采样时间不同引起的压力波动，保证每次采样值相对平稳，确定的共轨压力采样相位为曲轴转速盘上每缸齿区的第 16 齿。

（3）基本控制过程策略

柴油机控制是基于柴油机运行角度的同步循环，主要通过中断服务程序触发和嵌套，即中断环的运行机制保证的。中断环捕捉凸轮单齿开始运行，根据逻辑关系进行判缸、平均转速和瞬时转速的计算，依此进行喷油正时、喷油脉宽、共轨压力的控制。

控制算法实现是根据指定的控制策略，编制相应的控制算法和实现措施，主要涉及对处理器的资源利用，由于柴油机控制过程中涉及较多的算法，如何在极短时间内完成控制策略所要求的算法，是极其重要的环节，由于电控系统中处理器的运算速度和精度有限，不可能进行很复杂的算法，目前计算最好的数字信号处理器（DSP）完成数乘运算需要 80M 的总线频率，为此采用拟合多项式和查表（MAP）是最常用的简单方法。

对于复杂的计算公式，计算量和计算频度很大，会给电控单元中单片机计算带来很大负担，致使电控单元无法完成其他控制工作。

简化计算过程，将这种关系式中关键测量参数简化成多个二维数组，通过线性插值或四点插值计算，获得最后计算限值。

Chapter 8

第八章 电控系统标定

随着电控系统的日趋复杂和控制要求的提高，它与柴油机的匹配成为一项工作量较大的任务，电控系统脉谱标定是电控柴油机燃烧系统匹配的重要内容。

第一节 标定概述

一、电控系统标定

1. 标定概念

柴油机电控系统的标定是电控柴油机应用开发的一个重要阶段。研发人员之所以要对电控系统进行标定，其原因在于柴油机控制过程的复杂性，体现在以下几方面：

1）柴油机电控系统需要实现多个工况控制，如控制起动、怠速、加减速等运行工况。

2）电控系统的控制要充分发挥柴油机的潜力，使柴油机的功率、油耗、排放等方面的指标达到最佳。

3）影响柴油机性能的因素多、变动范围大，如柴油机的负荷与转速、冷却液的温度、进气温度、燃油温度、机油温度、增压压力等，电控系统对所有这些因素的变化都要做出相应的调整。

4）柴油机电控系统必须要适应复杂的外界环境变化，如季节变化、海拔变化等。

从控制对象来看，柴油机是一个多变量、非线性、具有响应滞后的时变系统，其工作过程包含复杂的动力学、热力学、流体力学、化学反应动力学等过程。正是由于柴油机的非线性原因，一方面，采用经典的线性控制理论实现参数控制的方法已不可能；另一方面，通过实时计算获取控制参数值的方法，目前的硬件条件无法满足控制实时性要求，所以在开发电控柴油机时，只能先通过大量的试验，把所获得的各种工况下的动力性、燃油经济性和排放性等试验数据，按照一定的优化准则和相关法规的要求，采取适当的优化方法，最终获得控制参数和各种修正参数随柴油机转速和负荷等因素变化的规律，并采用三维图、二维曲线等方式，把按照这种规律变化的控制参数值存储在电控单元中，即所谓的“脉谱”（MAP）图。在电控柴油机实际运行时，电控单元根据采集到的柴油机工况参数和存储的控制数据进行逻辑分析和判断，并根据预设的控制算法，经过简单计算后，就得到送给执行器的控制量（如喷油量、喷射正时、共轨压力等），从而达到实时控制柴油机的目的，即所谓的查表法或查 MAP 图法。大多数的 MAP 图产生过程就是所谓的“标定”过程，实际上就是电控单元的控制参数优化过程，优化后的控制参数应使柴油机具有良好的综合性能。正因为电控柴油机的实时控制是基于 MAP 图的特点，所以 MAP 图中控制参数的标定工作就成为电控柴油机应用的核心内容。

标定（Calibration）是根据柴油机不同状态的控制策略和控制数据，匹配柴油机电控系统中控制软件参数的过程，如图 8-1 所示。它涉及系统结构参数设计、控制参数优化、柴油机性能与排放开发、整车驾驶性能及其对各种环境适应性的开发等工作，通过运用电控系统标定工具、根据系统开发目标、对控制算法中的各种功能参数、脉谱（MAP）图标数据进行在线更改或离线刷写，达到系统开发目标。标定在电控系统匹配中的位置和作用如图 8-2 所示。

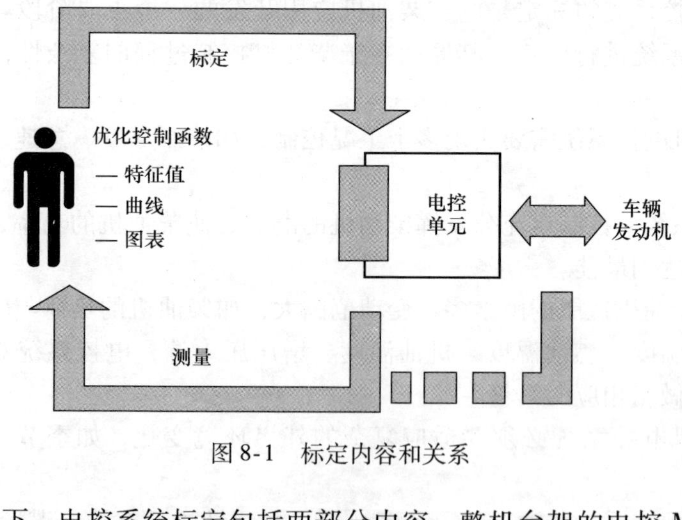

图 8-1　标定内容和关系

一般情况下，电控系统标定包括两部分内容：整机台架的电控 MAP 标定和整车道路的电控 MAP 标定。由于对电控柴油机性能要求较高，不仅要实现较好的排放性和经济性，而且要有良好的动力性、舒适性和可靠性，因此标定工作量很大，标定技术将直接影响到控制系统的精度。采用符合国际规范的电控系统标定系统，可大大提高柴油机电控系统匹配效率，充分发挥电控系统的优越性。

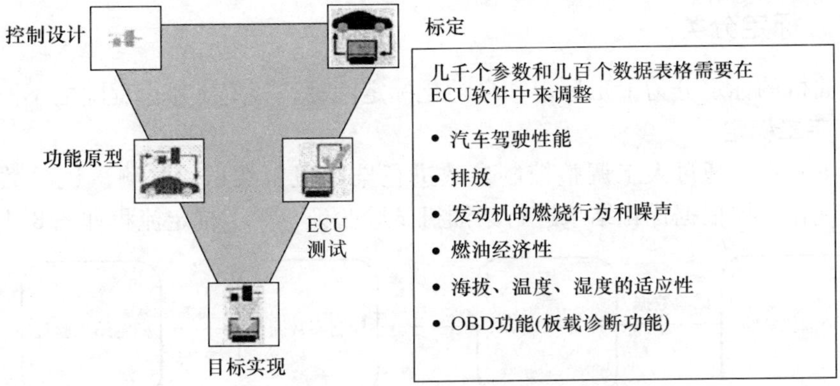

图 8-2 标定位置及作用

2. 标定功用

随着柴油机电子控制技术的应用，涌现出各种新的控制策略和控制方法，使柴油机性能进一步得到提高，只有通过对电控系统的控制参数进行精细标定，才能实现柴油机的最佳性能。

标定的目的是优化控制功能，控制功能的算法在电控单元程序中是已经确定的，只有参数值可以改动，为解析并优化这些参数，标定测试工程师要在标定系统上对大量电子信号和物理信号进行测量和评估。

标定系统的基本功能有指挥电控单元工作、数据存储、数据处理、数据查询，实现控制参数的调整、优化标定方法、脉谱的生成与存储、与上位机通信。

标定系统由标定界面、通信层、通信模块硬件接口、标定电控单元（ECU）组成，如图 8-3 所示。其中标定界面和通信层一般在个人电脑（PC）上，通信模块硬件接口的作用是标定 ECU 的连接，标定电控单元实现对柴油机控制的同时，完成与标定系统的数据通信。

标定系统的作用是在不影响柴油机正常运行的情况下，修改柴油机电控单元的控制参数，使柴油机按照不同的控制参数运行，标定系统的关键技术包括电控单元的结构、硬件设计、控制界面设计等方面。

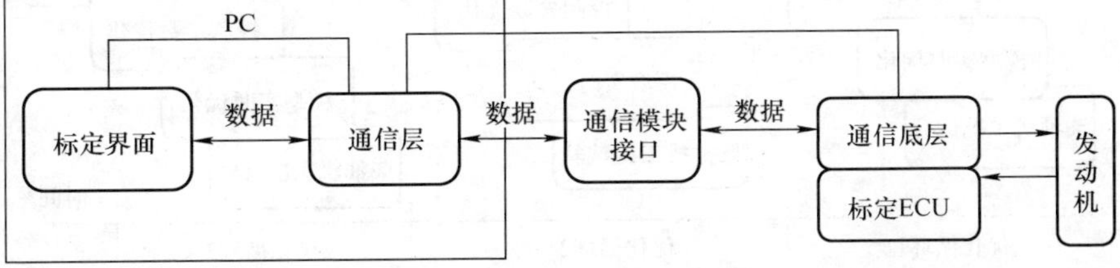

图 8-3 标定系统组成

二、标定分类

柴油机的标定分为手工标定和自动化标定两种，标定工作过程随之不同。

1. 手工标定

手工标定是通过人工调整控制参数进行柴油机台架试验，测试试验数据，进行离线优化，再根据优化结果进行柴油机试验验证，手工标定流程如图 8-4 所示。

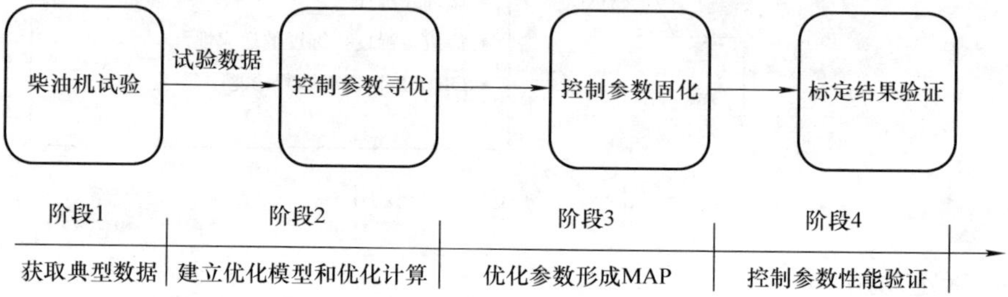

图 8-4　手工标定流程

从图中看出：手工标定的标定试验和优化过程是分阶段进行的。先进行标定试验，根据一定的试验规程获取试验数据后，建立柴油机性能模型，然后进行控制参数优化。手工标定方法试验量小，优化建模和优化方法单一，标定结果对柴油机性能不是最优。

2. 自动化标定

自动化标定是利用自动化标定试验系统，自动实现柴油机控制参数优化和标定，在柴油机性能优化目标、约束条件、控制变量变化和边界条件的基础上，根据设定的测试试验循环，利用优化软件对控制参数进行自动化优化。自动化标定流程如图 8-5 所示，它由多个优化循环组成，每个优化循环由柴油机稳态试验、数据采集、处理数据优化模型、控制参数寻优组成。从图中看出：在标定试验中嵌入优化过程和优化参数性能验证，在每一个优化目标的不同工况点上，不依靠柴油机 MAP 图或参考模型，实时地进行标定试验、优化过程、控制参数效果验证，

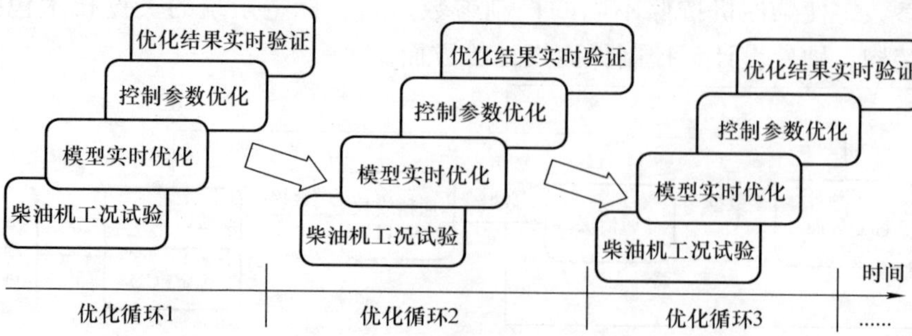

图 8-5　自动化标定流程

不仅能获得较好的控制参数和柴油机性能，而且缩短了标定时间和优化时间。

自动化标定把试验过程和优化计算结合起来，依据优化问题组织优化试验，自动进行试验、测量、数据采集，在线对试验结果进行优化计算，根据优化结果控制试验过程，直至得到最优解。一旦试验过程开始则完全不需要人的干预，实现全自动优化过程。

第二节 标定装置

一、标定装置概述

电控系统标定装置包括标定电控单元、标定软件、标定平台、标定协议四部分，如图 8-6 所示。

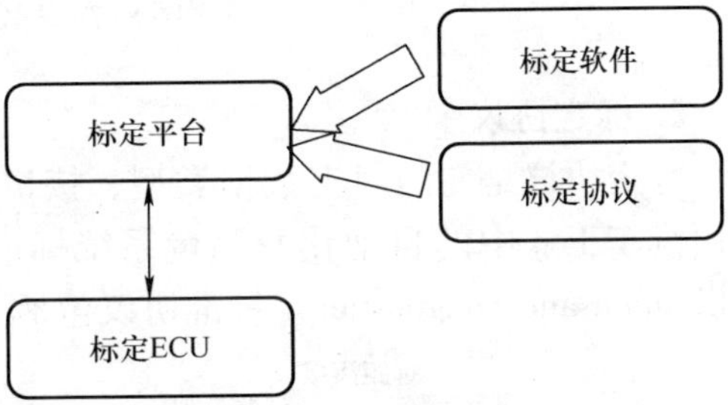

图 8-6 标定装置组成

标定电控单元是同时具有控制功能和标定功能的电控单元，不仅能够与柴油机和喷油系统连接，进行喷油参数和转速控制，而且能与标定系统连接，进行控制参数的修改和程序刷写。它是电控系统标定中的硬件执行者。

标定协议是实现指令传递和数据通信的规范，是电控单元和其他电控单元联合通信的密码，目前国际汽车行业通用的标定协议是 Keyword Protocol 2000 标准串行通信协议，能实现数据的串行通信。

标定软件有很多种，主要有德国 ETS 公司的 INCA 软件和德国 VECTOR 公司的 CANapeR 软件，针对不同的标定硬件结构，可选取不同的标定软件。

对柴油机控制系统来说，标定平台是根据柴油机用途不同，对控制策略和控制数据进行调整、发出控制指令的系统，是柴油机控制系统中最高层的控制部分，由于标定系统不与控制系统硬件交往，因而它对各类系统普遍适用，它能提供符合国际规范的标定平台，可为控制系统提供统一工具。

1. 标定平台

标定平台分为标定监控和通信模块两部分，如图 8-7 所示。标定监控一般是在计算机上，集成了上层通信程序软件和标定界面，是标定人员实现人机交互的主要场所。通信模块是连接上层标定监控和底层标定（ECU）的桥梁，用于实现标定监控与标定（ECU）之间的通信，实时传递标定数据。通信模块分为通信硬件接口电路和通信软件，其中通信软件又分为上层通信和底层通信两部分，它们与硬件接口电路共同架起通信的桥梁。通过预留的接口函数，各模块可以独立设计再集成，这样开发过程可以并行进行，同时加强了软件的兼容性。标定人员根据当前柴油机工况点处的优化目标，通过标定平台提供的标定界面离线或在线更改控制策略中标定变量的值。标定结果以文件方式存储，或调用通信模块实时传递给标定电控单元。

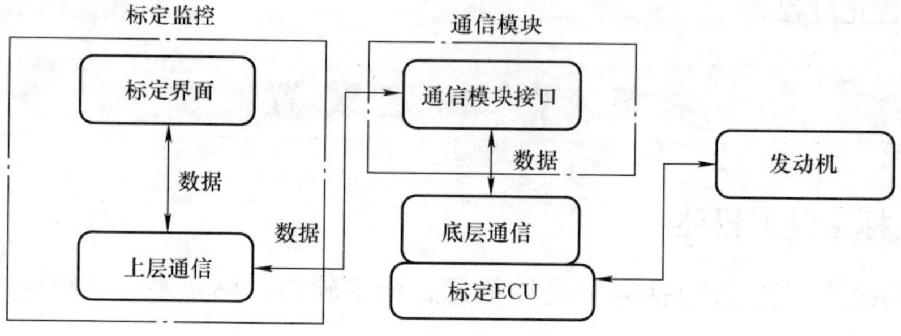

图 8-7　标定平台结构

2. 标定协议

标定协议是专门规定数据类型、接口类型以及语言规范的约定。标定协议标准由汽车工业中的自动化及测量系统标准协会发布，ASAM - MCD（Measurement Calibration and Diagnostic）标准协议包括三层，如图 8-8 所示。

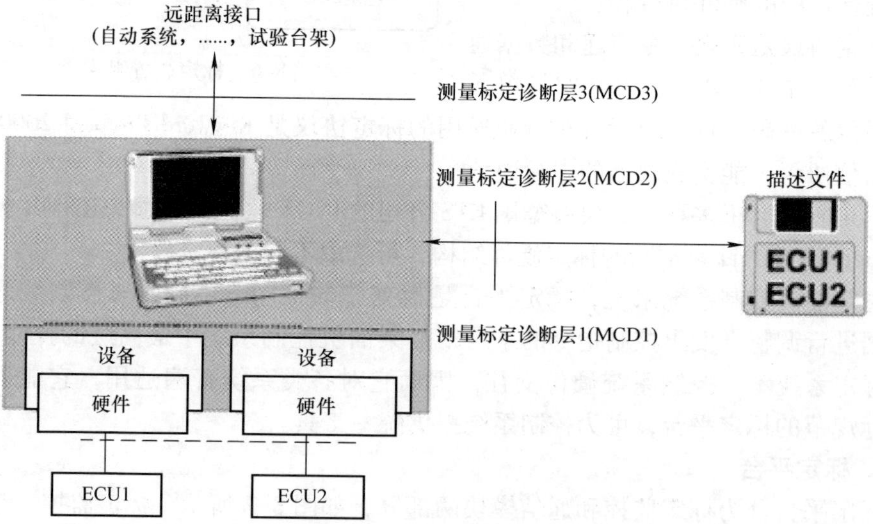

图 8-8　ASAM - MCD 分类

1）MCD1 是作为应用层同控制设备之间接口的标准，定义了应用系统和 ECU 之间的物理和逻辑连接，具体由两种协议标准，XCP 是基于多种通信物理平台的通用标定协议；CCP 是基于 CAN 总线的标定协议。

2）MCD2 是对 ECU 的功能、接口、标定信息、测量信息及数据处理方法等进行了标准和规范化的描述。通过建立数据模型，不仅对 ECU 通信、测量应用和诊断数据，同时也为 MCD 应用系统配置信息和参数进行了描述。

3）MCD3 定义了 MCD 系统同用户之间的接口，目的是用户可以通过调用标准化的函数，与 MCD 进行数据和命令交互来实现测量、标定和诊断的功能。

目前数据和命令交互方式主要有串行通信协议 KWP2000（Key Word Protocol 2000）和 CAN 总线标定协议 CCP（CAN Calibration Protocol）两种。

1）串行通信协议 KWP2000。KWP2000 串行通信国际标准（ISO14230）用于定义基于串行数据连接的诊断系统的通用要求。它依据开放性系统互联基本参考模型，遵从 ISO7498 国际标准，其结构可解析成 7 个子层的通信系统。当映射到这一模型上时，诊断仪和 ECU 所使用的服务可分为：诊断服务（第 7 层）和通信服务（第 1 ~6 层）。此国际标准详细制定了 KWP2000 数据链路的要求，该链路通过将一个或数个在线 ECU 与一个离线诊断仪的连接来完成诊断功能。该标准适用的车辆环境包括：可暂时与在线诊断数据链路连接的单个诊断仪和多个直接或间接连接的在线电子控制单元（ECU）。换言之，整车平台上的几个控制器均可共享该串行通信进行网络式通信。

2）CAN 总线标定协议 CCP（CAN Calibration Protocol）。CCP 是一种基于 CAN 总线的应用协议，为标定系统开发提供了标准平台。CCP 主要用于电控单元数据标定及测量，最初由 Audi、BMW、Mercedes - Benz、Volkswagen 等欧洲汽车公司成立的标准化组织 ASAP 发展而来。

CCP 协议主要功能有随机读取 ECU 中的 RAM 和 ROM 数据、测量数据采样、标定数据采样和传输、同时处理多个 ECU 系统、FLASH 编程技术、软件和数据安全保护。

CCP 标定协议属于 CAN 通信应用层协议，主要用于试验对控制器标定，同时可进行循环或事件驱动的数据采集及监测。

用于标定和数据采集的 CAN 通信协议是基于主、从通信模式的协议，一个 CCP 主机（PC 机标定平台）可与 CAN 总线上的一个或多个 CCP 从机（ECU）通信。

二、典型系统

1. 德国 dSPACE 公司标定系统

德国 dSPACE 公司开发的 dSPACE 实施仿真开发系统，是一套基于 Matlab/Simulink 的控制系统开发和测试的工作平台，实现了 Matlab/Simulink 无缝连接。

（1）dSPACE 公司标定系统硬件

dSPACE 实时仿真开发系统包括具有高速计算能力的硬件系统，如处理器、I/O和使用方便的实现代码生成/下载及试验调试环境，如图 8-9 所示，解决了电控系统开发中的关键问题：快速控制原型 RCP 和硬件在环仿真 HILS。

dSPACE 实时仿真开发系统结构：一套计算机辅助控制系统设计的工具包（CDP），包括以下系统：

1）Mathworks 公司的用于进行模型分析、设计、优化和数据离线处理的软件，如图 8-10 所示。

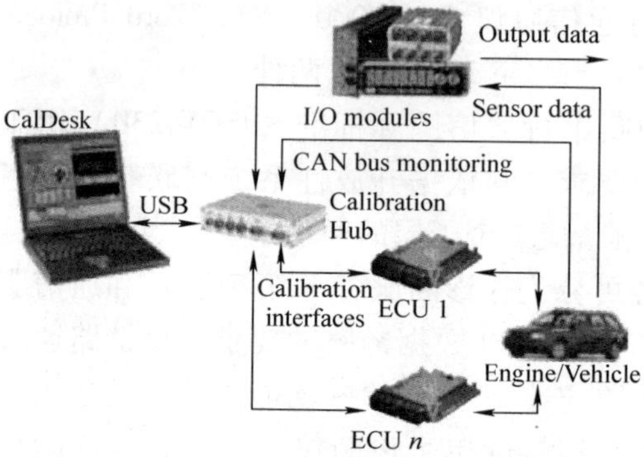

图 8-9　dSPACE 公司的标定系统结构

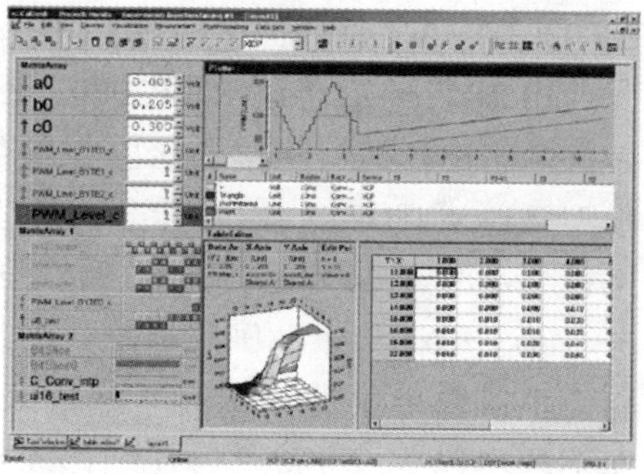

图 8-10　德国 dSPACE 公司的标定软件

2）用来基于方框图的控制系统离线仿真。

3）用于从方框图模型直接生成 C 代码。

4）软件闭环试验的交互操作包括：RTI，用来使代码在单处理器或多处理器目标系统中运行，它是连接 dSPACE 和 Matlab/Simulink 的纽带；综合试验环境 control desk，使用户在试验期间能够设计虚拟仪表，实施数据捕捉和在线调整与优化控制参数，实现试验过程的直观管理和自动化；MLIB/MTRACE 实现自动试验和参数调整；CLIB 实现 PC 与实时处理器通信。

使用的 MATLAB/Simulink 软件提供了一个非常便捷而可靠的工具用来设计控制逻辑和算法，但是仍然需要通过手工编程的方式将控制策略在目标 ECU 上最终实现，这是相当费时费力而且容易出错的，不利于软件代码和相关文档的管理保存，因为如果在程序编写计划的晚期对代码进行修改，那么没有时间再对相关文档和说明文件进行同步更新。

（2）dSPACE 公司标定系统的功能

dSPACE 公司标定系统有以下功能：

1）借助 Simulink 进行的在线标定和离线标定。

2）能同时对多个 ECU 进行标定。

3）多步 undo/redo 功能。

4）一次运行可同时修改多个参数。

5）高级参数数据设置。

6）多组参数数据的比较和合并。

7）基于 XML 的标定数据报告，并提供向 PDF、RTF 多种格式的转换。

8）可兼容各种 ASAM - MCD 标准。

9）方便的 3D 曲线图编辑。

每个工程都和它自己工程的根目录相关联，并且用户可在一个工程中管理多个试验。试验是完成一个特定标定任务的基础。一个试验管理着一个任务所有的文件和数据，并且也管理了用于试验数据测量和标定的仪器设备。

2. 德国 ETAS 公司 INCA（Integrated Calibration and Acquisition Systems）**系统**

（1）INCA 标定系统硬件

INCA 标定系统结构由接口模块、数据采集模块、通信模块和计算机组成，其配置根据实际需要选择，如图 8-11 所示。

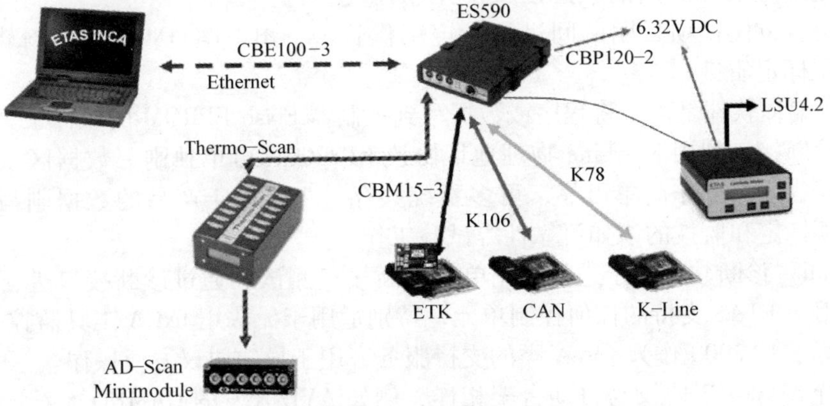

图 8-11 INCA 标定系统结构

ES590/ES690 是连接基于测量的标定软件工具和控制单元之间的接口模块，具备内建的智能数据内存，它负责全部数据的实时处理，接受来自标定者的所有任务。ES600 是开发工具链的关键模块，可以同时将几个接口模块和测量模块连接起来，构成一个基于网络的模块群组，并集中通信。ES610 是通道模拟量数据采集模块，在柴油机标定过程中，主要利用它适时采集模拟量信号，如进气压力信号、排气压力信号、燃油压力信号、加速度信号、空气流量信号以及其他二次仪表模拟量输出信号等。ES620 是通道温度传感器数据采集模块。在柴油机标定过程中，由于缸数较多，有四个触媒。因此同时使用两块 ES620，用于监测各缸的排温、进气温度、触媒温度、燃油温度、环境温度、机油温度等。LA4 空燃比测试仪在柴油机标定过程中，由于有四列排气管输出，因此同时采用四个进行空燃比监测，通过级联的方式连接。ES585 是通过控制单元串行诊断接口实现基于标定的更有效的紧凑模块，主要利用其对产品电脑的数据监测及诊断进行简单的标定调试，并且可以利用其进行产品的刷写。

（2）INCA 标定软件

INCA 标定软件是具有对电控单元测量和标定功能的操作软件，它支持在线或离线调整值、曲线和数据表。参数优化的同时允许从整车采集测量信号。集成数据库允许建立新项目时利用已存在的标定数据、硬件配置和试验环境，实现简单快捷再利用，如图 8-12 所示。具体软件如下：

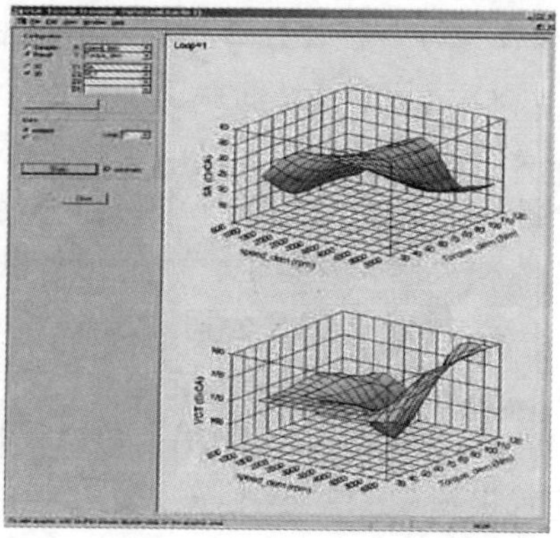

图 8-12 INCA 标定系统软件

PaC0 标定管理软件在标定过程中，不同的团队并行地工作在不同的软件功能模块下。因此，标定工程师或项目团队之间需要进行标定数据的交流，并定义和传送数据质量。而数据质量描述了每个标定量的状态以及应用状态变化的历史，方便在项目团队间进行标定工作管理和控制标定质量。

Prof 编程软件是用于将程序或数据写到控制器 Flash EPROM 的软件工具，通过控制器诊断接口利用 K – Line 物理地址协议 KP2000，可单独刷写数据区或刷写整个控制器程序，操作简单可靠，可多系统共存。主要用于产品的数据刷写，进行一些无须标定和监控的诸如可靠性等试验工作。

Windias 诊断软件用于进行控制单元诊断接口测试和通过诊断接口进行售后服务。能用于 ETAS 支持的任何控制单元，特别适用于无法用 INCA 工具监控 ECU 的产品。对于 KP2000 作为 JAVA 类的支持服务，用于导向协议方便操作。

支持 APAS – 3 协议与自动台架相连，例如 AVL 开发的 CAMEO 系统，实现柴油机台架的自动标定功能，极大地节约了标定开发时间，降低了开发成本。

在柴油机标定开发过程中，该标定工具起到了很大的作用。特别是可以同时实现对两个电控单元的联合测量与标定工作，证明它适合所有柴油机电控系统的标定工作。

3. HORIBA 和 Schenck 公司的 VEGA 系统

(1) VEGA 系统

VEGA 系统采用基于模型的自动优化标定方法和基于 WINDOWS NT 操作系统，结合数据库技术实现自动优化标定。集成数据库是 VEGA 的核心组件，它存储了优化试验的定义和结果，并作为标定对象的模型，具有标定过程所必需的测量、控制、优化等功能。优化过程是根据优化标定问题进行优化试验过程，试验过程中提供良好的人机交互界面。MAP 处理模块依据标定结果，产生符合 EMS 数据结构的 MAP。VEGA 还提供了与标定装置和柴油机台架自动试验系统的接口。Schenck 公司的柴油机自动化标定系统如图 8-13 所示，该系统包括 3 个层次：第 1 层是标定系统主机，它控制整个标定进程的完成并承担对试验数据的优化处理功能；第 2 层是试验台自动控制计算机，控制所有的测量和控制设备；第 3 层是柴油机和测功机。

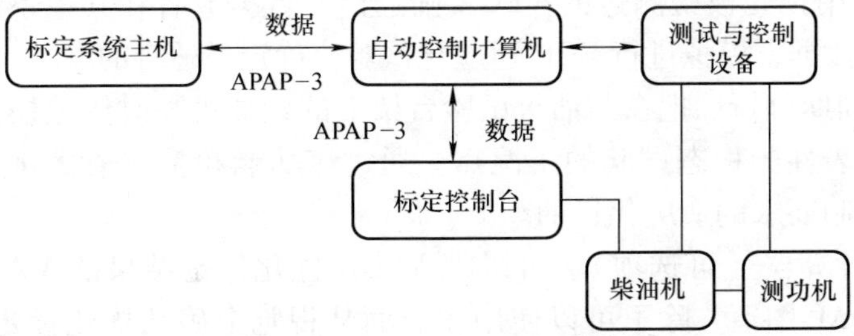

图 8-13　Schenck 公司的柴油机自动化标定系统

基于模型的自动优化标定，优化算法所需的参数并不是直接从测试系统调用，而是被送到“数据管理器”处，该“数据管理器”查询数据库，如果数据项中以前的测试结果是可利用的就直接调用，如果数据库中不包含所需的数据项，那么数据管理器就会向测试系统发出请求，创建一个新的数据库元素，然后将新的数据项返回给优化算法。通过这种方法，建立起了一个数据库，它可以用来对柴油机未来的行为进行估计。随着循环次数的增加，柴油机所需数据对测试系统访问次数下降，只有在最后的优化循环中数据才再次从测试系统调用。

基于模型的自动优化标定的主要优点是对试验中重复出现的试验点不再进行重复调用和优化计算，而是充分利用已有的标定数据。在控制参数较多、建模复杂时，采用基于模型的自动优化标定可以缩短标定周期，提高标定效率。

（2）标定系统功能

VEGA 系统标定系统有以下几个功能：

1）柴油机筛选功能。电控单元的自动优化标定软件 VEGA 通过简易的操作，达到手动方式非常难以设定的多维参数的优化。它可以依据为检测柴油机特性的数据而预先设定的参数，进行自动加载、自动检测，能够很容易地设定筛选试验所必需的复杂参数。缩短了作业时间，解决了结果的参差不一等问题。大幅度减少了实现电控单元优化的作业工时，有利于柴油机开发速度的提高，从试验设定开始到针对电控单元进行的 MAP 试验为止，支持所有的优化工作，使电控单元优化标定工作自动化。

2）局部最优化功能。在设定好的各个柴油机状态中，它可以自动地发现能作为优化标定目标的参数组合。在联机模式中，参数的组合最大可以设定到 10 个项目。

3）全体最优化功能。它可以对多个柴油机状态中的检测结果总和设置限制，发现符合限制条件的适用柴油机。

4）联机/脱机模式。具有联机和脱机两种模式：联机模式可以和自动测试装置（STARS、HERT 等）相连接，自动地实施柴油机台架试验中的优化标定试验。

脱机模式则使用预先被检测过的 VEGA 筛选试验数据或者在其他系统中被检测过的 ASCII 文件数据，模拟进行 ECU 适应化试验，确定最适合的参数。

5）测试周期分析。把在柴油机试验台架上的柴油机瞬时试验模式和动态试验置换成具有代表性的稳态试验的工况点。通过该功能和整体最优化功能，可以实现符合尾气限制要求的适应化目的。

6）MAP 计算器（可选项）。可以把 VEGA 优化标定结果的 MAP 数据合并到 ECU 的原始 MAP 图上。除了可以使用图界面从视觉上确认优化标定结果 MAP 以外，还可以通过鼠标操作进行 MAP 数据的修正。

7）MATLAB 接口（可选项）。可以使用 MATLAB 接口，从 MATLAB 进行 VEGA的控制。可以制定用户固有的优化标定算法以取代 VEGA 的标准最优化算法，自由地进行组装。

4. 奥地利 AVL 公司的 CAMEO 系统

AVL 公司开发的 CAMEO 系统是比较先进的自动优化标定工具。CAMEO 系统集成的数据库，并不作为标定对象模型，而只是利用其单纯的数据存储功能。CAMEO 作为以 MATLAB 为核心的一个开放系统，在试验数据建模、优化算法及 MAP 生成等方面具有强大的功能；而作为应用系统与 ECU 接口的 CAN 标定或存储器仿真，具有高速数据通信功能，可以快速存取优化过程需要的 ECU 数据和 RAM 变量。

CAMEO 系统是一个用于对 ECU 控制参数进行优化标定，并对试验系统进行自动控制的标定系统，通过利用良好的人机交互界面可以方便地进行试验设计和控制。CAMEO 自动优化标定系统如图 8-14 所示，由优化计算机、试验台架控制计算机和应用系统计算机三个交互 PC 机实现自动优化标定。

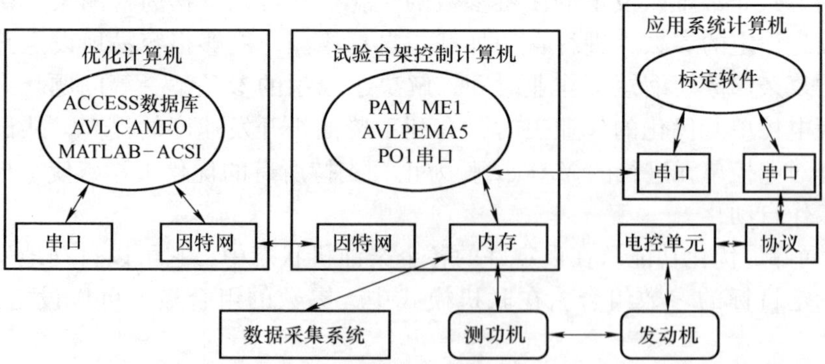

图 8-14　CAMEO 自动优化标定系统

在优化计算机中，CAMEO 作为以 MATLAB 为核心的一个开放系统，提供优化试验定义和结果分析的人机交互界面，使用 Microsoft Access 数据库进行数据存储；

采用合适的优化算法，利用 MATLAB 进行试验设计、数据建模、优化处理并实现 MAP 的生成；通过 ACSI 实现与台架控制计算机和应用系统计算机的接口通信。

试验台控制计算机通过 PAM 实现对试验运行参数的管理设置，自动完成标定试验，通过 POI 实现接口通信，应用系统计算机通过标定软件实现在线优化计算、结果显示和数据向 ECU 的传送，CAMEO 自动优化标定系统可用于稳态优化标定和瞬态优化标定。

三、MAP 获取方法

电控系统的 MAP 获取方法有两种：基于测试的脉谱化（Test - based mapping，TBM）和基于模型的脉谱化（model - based mapping，MBM）。

基于测试的脉谱化是考虑到无法建立准确的喷射、混合、燃烧等过程的性能模型，只能以实际测试为依据的柴油机电控系统参数的确定方法，它是目前标定的主要方法，具有实用、准确的优点，但存在着试验量大、效率不高的缺点。

基于模型的脉谱化是通过性能良好的柴油机模型，预测不同控制参数下的柴油机性能，从而寻找最佳控制参数，提高获取 MAP 的效率。用不同方法建立的柴油机模型，对 MAP 的应用和结果有影响。

1）基于物理化学的柴油机模型。对满足燃油消耗和转矩的标定可以得到令人满意的结果。而当优化标定的目标是气体排放时，由于从物理和化学上还没有对柴油机的排放机理得到完全的解析，因此，基于物理化学模型的 MBM 就力不从心。

2）基于输入输出（I/O）的柴油机模型。其响应模型是柴油机能够调整的参数的函数。实践证明，采用在试验基础上建立的 I/O 模型，能够有效地描述出试验变量（喷射压力、喷射时间等）和需要优化的响应（燃油消耗、排放以及噪声等）之间的关系。这种 I/O 模型是在得到所有的试验数据后，通过回归的方法得到的拟合模型。

3）基于神经网络的柴油机模型。运用神经网络方法在一些工况点上建立柴油机模型，再通过自适应神经模糊推理系统（ANFIS）进行插值，将柴油机模型由这些工况点扩展到所需工况空间。由于神经网络具有良好的非线性和鲁棒性，所以，基于神经网络模型的 MBM 非常适合柴油机的排放标定。

第三节 标定实例

一、台架试验标定

1. 台架试验标定系统

随着电控单元的日益复杂和信息管理技术应用的日益广泛，对标定工作效率的要求也日益提高，自动试验技术的发展为标定工作的改进提供了新的发展空间。自动化试验可以大大降低整个试验时间并可以获得大量的试验点，使工程师能够得到一个清晰的图像以理解柴油机的特性。

国外在进行柴油机电控系统优化匹配时，基本上依赖于功能强大、技术先进的试验设备，按照规定的测试循环工况进行大量的试验。自动化试验系统成为各种柴油机研制和测试生产过程中一套必不可少的设备，是柴油机标定的试验基础，其作用是自动完成台架试验，获得有效的试验数据。为了完成柴油机标定试验，自动化试验系统必须具有以下功能：

1）按照程序自动设定柴油机运行工况。

2）实时在线修改电控单元中的控制参数，使柴油机能够按照不同的控制数据运行。

3）实时监测柴油机运行状况，获得柴油机的排放、燃油经济性、动力性等数据。

4）根据已经获得的试验数据指导进一步试验。国外已经有能够完成自动化试验的系统，如 AVL 公司的 CAMEO 和 SHENCK 公司的 VEGA。

CAMEO 是 AVL 公司开发的一款电控单元优化标定的软件，它的名字的由来为计算机辅助柴油机优化方法（Computer Aided Method for Engine Optimization）的缩写，它使用 MATLAB 的优化工具箱，能够对 ECU 的参数进行在线标定和离线优化。CAMEO 是一款标准的基于 ASAM 协议的软件，它和自动化系统（如 PUMA）之间通过 ASAM - ACI 协议连接，可以控制自动化系统进行工况调节、测量和反馈，CAMEO 和 ECU 标定软件之间既可以直接通过 ASAP3 协议连接，也可以间接通过自动化系统与标定软件进行连接，试验环境如图 8-15 所示。不论哪种连接方式，CAMEO 都可以控制标定软件进行参数修改和数据测量。

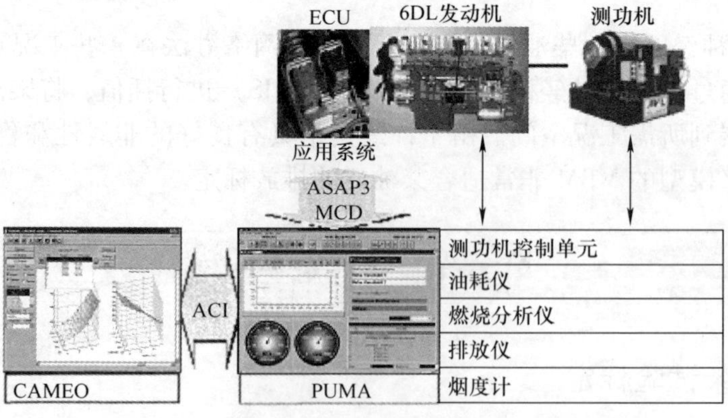

图 8-15 试验环境

2. 台架试验标定内容

CAMEO 的工作内容包括从 ECU 调入 MAP→试验准备→运行试验→优化试验结果→计算 MAP→将 MAP 下载到 ECU 中这六个部分，下面将对这六个部分进行一一介绍。

1）从 ECU 调入 MAP。在进行试验之前，我们需要将要标定的 MAP 从标定系统调入 CAMEO 中，以此作为原始 MAP，后面的数据评估都是以此 MAP 作为基础进行的，调入关系如图 8-16 所示。

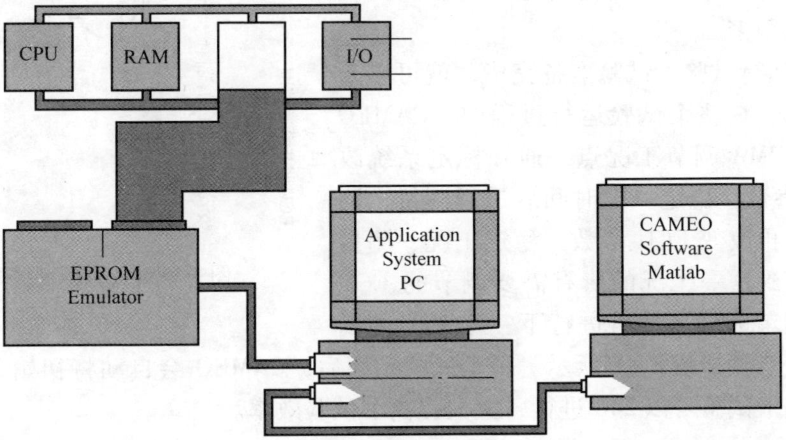

图 8-16　调入 MAP

2）试验准备。试验准备的好坏直接影响着试验效率和试验精度，在整个环节中试验准备是最重要的一环。在试验准备阶段，需要仔细考虑试验每个过程将要发生的问题，为减少试验点，提高模型的质量，需要应用试验设计（DOE ）技术，CAMEO 中带有多个 DOE 工具包，针对不同的工况和不同的试验目的，采用最优的 DOE 方法，可以达到事半功倍的效果。一般试验的起始点就是试验设计的中心点，中心点必须是安全点，不能超过任何的限值，否则整个的试验就会失败。

在试验准备阶段，首先要考虑试验结果可以用几阶多项式模型来评价，阶数越高，需要的试验点越多，试验的时间越长。阶数少了，模型的质量会变差，不能找到真正的最优值。这是一个探索的过程，一般初次试验时会选取一个典型工况点，将阶数设得高一点，通常会采用四阶，然后进行试验，试验结束后分析评价数据，看看几阶最合适，以后的试验就按合适的阶数进行。从目前进行过的试验来看，三阶模型就可以达到很好的精度，大部分工况都可以用二阶模型来评价。CAMEO 也具有一些高级数学模型，如神经网络模型、高级多项式模型、二次方模型等。

在试验准备阶段，其次就是设置柴油机的限值，如柴油机的最高爆发压力、排气温度等都不能超过限值，如果超了可能会对柴油机造成损坏。还有一些限值虽然超了不会对柴油机造成伤害，但超了这些限值的数据没有测量价值，如排放值，一般为了提高试验效率，我们对有害气体排放物浓度也进行限制，其他各种限制关系如图 8-17 所示。

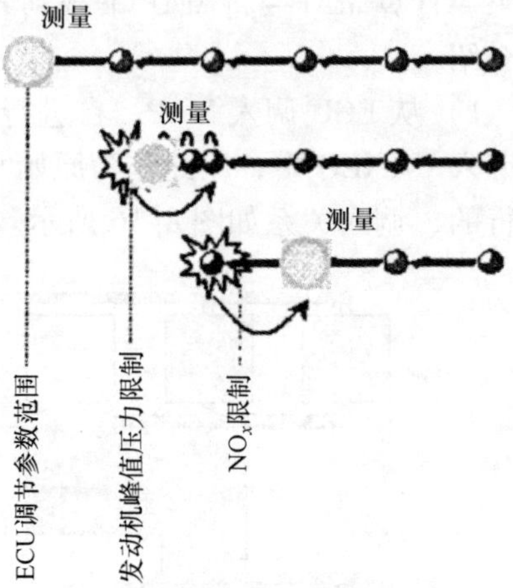

图 8-17　各种限制关系

在试验准备阶段，最后还需要设定测量通道，一般情况下，测量的数据越全越好，一次测量把数据测全测精要比以后多次试验的效率高很多。

3）运行试验。试验准备完毕，就可以开始试验了。在整个试验运行过程中，CAMEO 会通知 PUMA 调节工况点，通知标定系统改变 ECU 参数，稳定一定时间后进行测量，测量结束。再改变 ECU 参数、稳定工况、测量参数，直到这一工况的所有需要调节的 ECU 参数都调节完毕。然后进行下一个工况的调节，试验步骤如图 8-18 所示。整个试验结束后，CAMEO 会自动将初始 MAP 进行复原。整个试验可以 24h 进行，大大提高了试验效率。

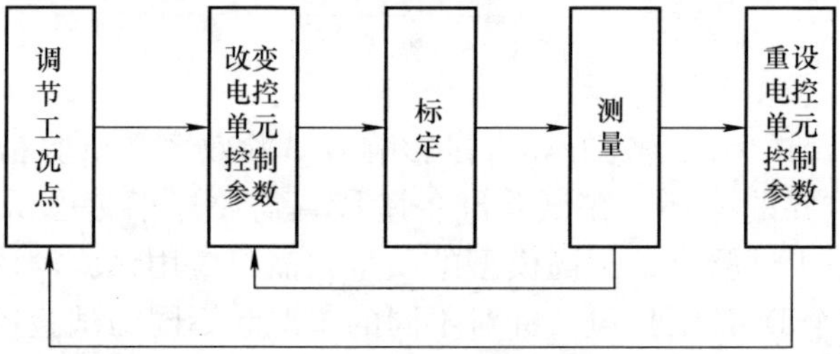

图 8-18　试验步骤

4）优化试验结果。试验结果优化是一个比较复杂的过程，包括数学模型的选择、优化算法的选择、数据残差的置信度分析、局部优化与全局优化等。

对于数学模型，前面已经说明，通常采用三阶或者二阶多项式模型，有时也会采用神经网络模型，不同的试验目的、调节参数和试验工况点，选择的模型也不同，通常会根据模型的精度来判断哪个模型更适合一些。

对于优化算法，通常选择遗传算法与连续二次方程相结合的算法，以保证能够找到最终最优值，而不是局部最优值。

数据残差的置信度，可以帮助分析数据的准确性。正常情况下测量数据的残差服从正态分布，一般情况下数据残差的置信区间都会在 ±4 范围之内，如果数据在 ±4 范围以外，数据的测量可能存在问题，需要检查一下测试设备是否有问题、测量精度是否可靠、稳定的时间是否太短、测量的重复性是否不好等；如果单独某一点落在 ±4 范围以外，直接将这一数据剔除掉。

在图 8-19 所示的试验设计空间中，三个坐标分别是共轨压力、喷油正时和预喷油量，图上实体代表了柴油机实际工作的试验设计空间，实体以外的部分被最大爆发压力和排气温度限制住了。针对共轨压力、喷油正时和预喷油量对柴油机油耗的影响，分析各个控制变量的交互作用，以及哪些变量对油耗的影响较大，指出共轨压力、喷油正时和预喷油量对油耗的影响趋势。从图中可以看出：共轨压力升高时油耗会降低，预喷量较小时对油耗影响不大，但预喷量加大油耗会显著升高，喷油正时提前时油耗会显著下降，从而寻找到该工况下最佳的控制参数。局部优化一般应用于寻找单一的优化目标，如在各个工况之间无相互影响的情况下，寻找最佳油耗点。全局优化一般应用在多目标优化上，如在限制排放不超过法规的前提下，寻找最佳油耗点。

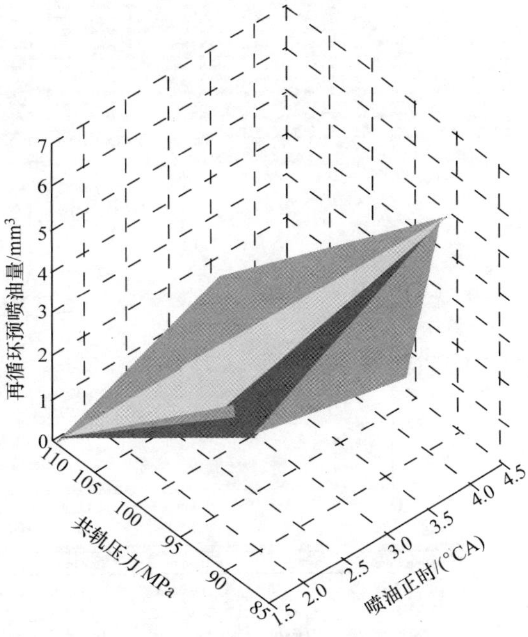

图 8-19　试验设计空间

5）计算 MAP。在优化完试验结果之后，得到每个工况最优的控制参数，但这并不是最终的目的，最终目的是标定柴油机，得到最优的控制 MAP。在 CAMEO 中，带有标定 MAP 的自动功能，通过设定 MAP 的过渡圆滑程度，自动将最优值生成到 MAP 中，如图 8-20 所示。也可以比较新的 MAP 与原始 MAP 之间的差异。

6）将 MAP 下载到 ECU 中。将生成好的 MAP，通过 ASAP3 接口下载到 ECU 中，然后运行试验，实际检验一下标定效果。

7）标定检验。在 13 工况排放标定的实际过程中进行了 CAMEO 的应用。根据计算，将 13 工况的每个转速转矩输入 CAMEO 试验准备表中，如图 8-21 所示，每个工况的调节时间设为 15s，运行时间为 90s。

在工况设定完以后，需要设定变量的调节范围。对于排放控制点，我们调节喷油压力、喷油正时、预喷油量和预喷与主喷之间的时间间隔这四个 MAP，喷油

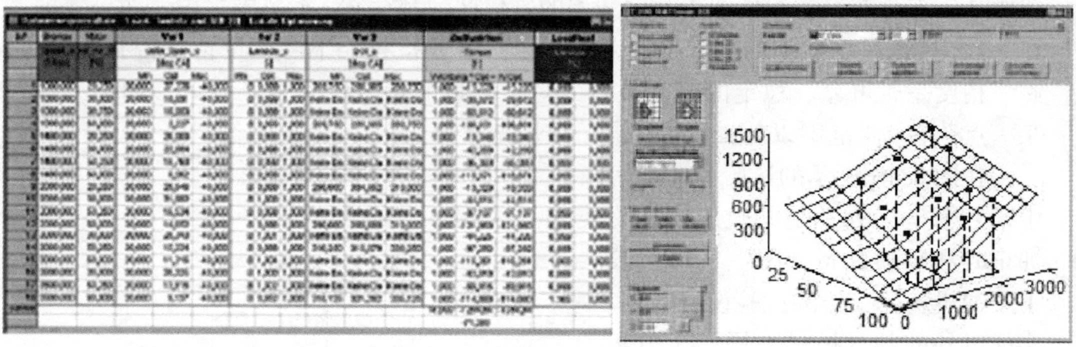

图 8-20　计算 MAP

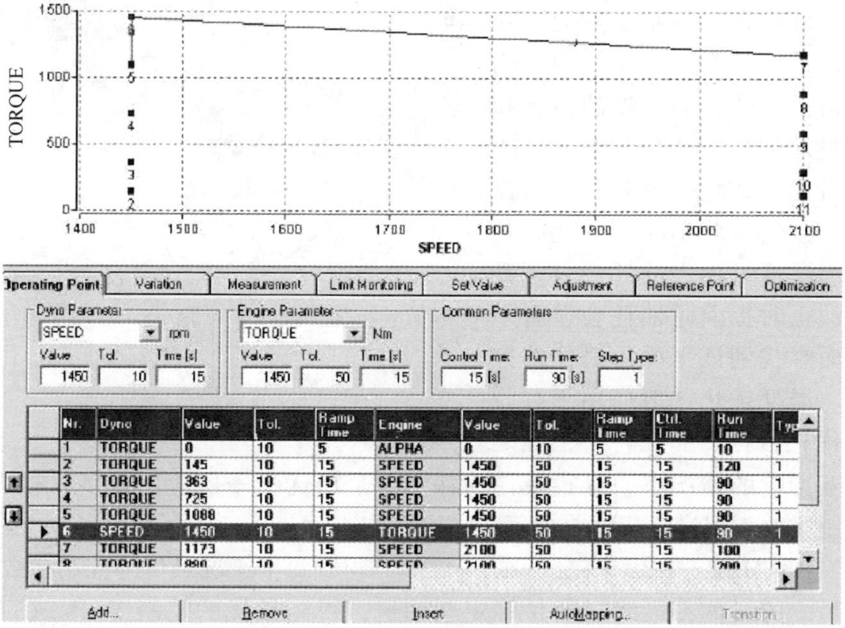

Nr.	Dyno	Value	Tol.	Ramp Time	Engine	Value	Tol.	Ramp Time	Ctrl. Time	Run Time	Typ
1	TORQUE	0	10	5	ALPHA	0	10	5	5	10	1
2	TORQUE	145	10	15	SPEED	1450	50	15	15	120	1
3	TORQUE	363	10	15	SPEED	1450	50	15	15	90	1
4	TORQUE	725	10	15	SPEED	1450	50	15	15	90	1
5	TORQUE	1088	10	15	SPEED	1450	50	15	15	90	1
6	SPEED	1450	10	15	TORQUE	1450	50	15	15	90	1
7	TORQUE	1173	10	15	SPEED	2100	50	15	15	100	1
8	TORQUE	880	10	15	SPEED	2100	50	15	15	200	1

图 8-21　试验准备

正时的变化范围是在原有 MAP 基础上变化 ±5℃A，喷油压力的变化范围是在原有 MAP 基础上变化 ±2MPa，预喷与主喷之间的时间间隔的变化范围是在原有 MAP 基础上变化 ±5℃A，这三个变量的调节都是相对于原来 MAP 基础上的，调节的是相对值，在调节之前 CAMEO 会测量当前值，然后在这个当前值的基础上变化，而对于预喷油量的调节变动的是绝对值，每循环预喷油量在 0 ~ 10mm^{3}之间变化，如图 8-22 所示。

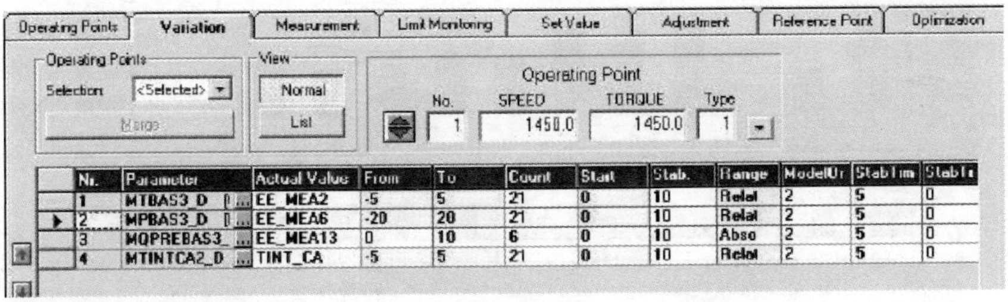

图 8-22 变量调节范围

对于试验设计，我们通常采用 D – Optimal 试验设计方法，如图 8-23 所示，对于一个 4 因素的工况，一般 25 次试验就能完成寻优。

进行完试验设计之后，还需要设定测量通道，都有哪些参数需要测量，需要限制哪些参数，对于限制的参数设定不同的应对策略等，完成这些设定后就可以进行试验了。

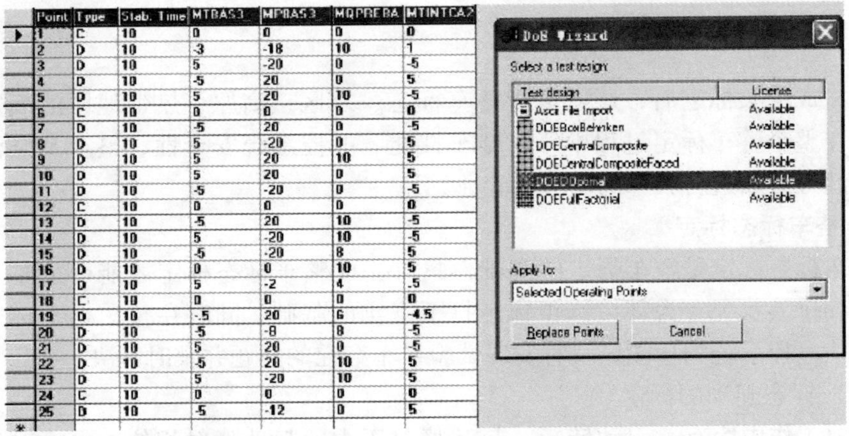

图 8-23 DOE 试验设计

在试验完成之后，需要对数据进行方差分析，查看数据是否在置信区间范围之内。如果某一点的数据落入置信区间范围之外，一般会剔除掉该点数据，如果很多数据落入置信区间范围之外，我们就需要仔细分析误差的来源；若数据没有问题，就需要设定优化目标，进行寻优，如图 8-24 所示。根据寻优的结果，查看之前设定的变量调节范围是否合适，如果不合适，需要重新设定变量的调节范围，重新进行试验设计和进行试验。

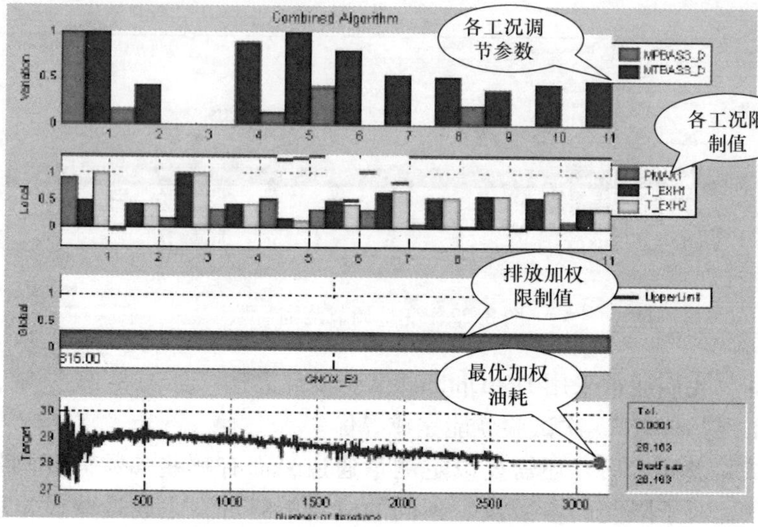

图 8-24 CAMEO 寻优

二、整车试验标定

在完成台架标定后，还要进行整车标态、寒区、高原、热带地区的标定试验工作。在整个整车标定过程中针对整车性能、电控系统安全性、整车及柴油机工作安全性等方面进行大量的调节和验证。

1. 整车标态标定

整车标态标定是整车标定的基础，只有完成整车标态标定才能确认整车的基础性能和排放状况，为环境修正标定打下坚实的基础。同时在整车标态标定的过程中确认电控系统的功能，及时发现试验样车存在的问题并及时解决。

（1）标态起动的标定

主要工作内容有：起动转矩、起动喷射压力、起动喷射相位、预喷射油量和预喷间隔。

（2）标态怠速的标定

针对驻车及行车状态下的怠速稳定性，优化 PID 控制器参数，通过怠速管理器中的 PID 值优化，达到令人满意的效果。通常整车在标载下在各档位怠速行驶，对柴油机转速和怠速设定值比较，要求转速波动在工程范围内。

（3）驾驶性的标定

驾驶性标定是一项比较复杂的工作，考核的方面比较多。标态驾驶性的标定主要针对档位探测、加速、减速等工况进行调整。力求柴油机控制器对各档位识别准确，从而使其他相关档位识别的标定工作能够顺利进行，达到整车加速有力、减速平滑、过渡良好的工程目标。

2. 整车寒区标定

寒区标定工作是在完成台架精细标定和整车标态标定的基础上，为满足寒区用户需求而针对整车的低温起动、低温怠速、低温驾驶性、低温排放状况以及其他一些电控系统特殊功能做的标定工作。完成对电控系统的测试及试验，考核电控系统的低温可靠性并检验整车与柴油机的工作状态。

冷起动标定的前提条件：可靠的整车电器、电量充足的蓄电池、状态良好的起动机。对于满足 -25℃工程目标，要求使用的机油和柴油为：5W/40 CF-4 级机油、-35#柴油。

标定的主要工作量有：主喷油量、主喷射角度、预喷油量、预喷间隔和预热时间的标定优化。

对某轻型车用柴油机，进行了冷态怠速的标定。怠速的基本设定为：正常停车怠速为750r/min，正常行车怠速为820r/min，带空调怠速为810r/min。

（1）怠速标定

在确定了怠速的基本参数之后，标定的方向主要面向怠速稳定性。具体方法为通过调节怠速管理器中的PID参数使怠速达到稳定状态。

低温驾驶性的标定主要从汽车动力性以及稳定性着手，通过调整加速踏板转矩脉谱、ASD功能模块、FBC功能模块，使汽车在动力性以及稳定性方面有良好的表现。整个试验过程为：在一档怠速的情况下迅速踏下加速踏板到全开状态，当柴油机转速增加到极限转速时迅速松开加速踏板，同时增档，以此类推直到完成所有档位的加速试验。从测试的数据评价档位识别是否准确，有无误判档位的现象。在整个加速过程中，车速曲线上升要十分平滑，评估连续换档加速到80km/h的加速时间。

（2）低温排放标定

在台架上完成柴油机常温标定之后，已经能够满足柴油机目标排放要求，但是由于寒区试验的特殊环境（低温）对柴油机燃烧状况的不良影响，柴油机在寒区的排放无法满足工程要求。低温排放标定的目的是在不影响车辆整体性能的前提下尽量减小环境因素对柴油机排放的影响。

低温排放标定主要从喷油提前角的温度修正着手，根据实际状况（定性观察以及定量测量柴油机排放），修改相应温度状态下柴油机喷射提前角的修正值，尽量减小排放值，主要评估的指标为可见烟度。

3. 整车高原标定

高原地区低压缺氧，空气稀薄，昼夜温差大，天气状况变化剧烈，空气质量差，这些自然因素会干扰柴油机的燃烧，改变低压油路工作状态，严重影响整车的使用寿命和电控系统工作可靠性，对整车的各种性能、排放、供油系统可靠性及使用寿命、增压器工作边界条件都会产生极大的负面影响。高原标定工作需要在完成台架精细标定和整车标态标定的基础上，为满足高原用户需求而完成针对整车的高原起动、怠速、驾驶性、可见烟度排放状况以及增压器保护的标定工作和电控系统的功能测试。考核电控系统的高原可靠性，确认高压控制零部件在高原可以正常使用。

（1）高原起动标定

高原起动标定的主要工作集中在减小起动可见烟上。同时在2800~4800m的整个海拔范围内对标定结果进行验证。

标定的主要工作为：根据气压状况优化起动转矩、起动喷射压力、起动喷射相位，根据温度和气压状况优化预热控制、预喷射油量和预喷时间。

（2）高原怠速标定

标定工作的方向就是以标态和寒区标定结果为基础，根据影响怠速稳定性的主要因素即气压进行怠速的修正工作，使试验样车在高原的怠速稳定性得到优化，满足工程目标要求。

高原怠速优化的主要标定工作有：根据气压状况优化怠速燃烧，根据气压状况优化PID控制器参数。在高原怠速工况下，柴油机转速低，负荷较小，增压器作用有限，柴油机燃烧状况与外界大气压力密切相关。由于高原气压很低，空气密度小，在维持转速不变的情况下柴油机进气量减少，改变了柴油机燃烧状况，造成怠速不稳。因此高原怠速标定的主要工作就是通过调整控制参数，优化怠速工况下的柴油机燃烧状况，减小低压对怠速稳定性的负面影响。同时根据实际情况调整怠速管理器PID控制参数，提高怠速稳定性。

（3）高原驾驶性标定

高原驾驶性的标定主要从汽车动力性着手，通过修正柴油机喷油提前角，减小柴油机功率损失，提高整车动力性。

评价过程为：在一档怠速的情况下迅速踏下加速踏板到全开状态，当柴油机转速增加到极限转速时迅速松开加速踏板，同时增档。以此类推直到完成所有档位的加速试验。评价整个加速过程中，连续换档加速到80km/h的加速时间。满足烟度排放的前提下尽量减小柴油机输出功率的损失。

（4）烟度限制标定

烟度限制的标定目的是在不影响车辆整体性能的前提下尽量减小环境因素对柴油机烟度排放的影响。从控制驾驶过程中的空燃比入手，控制驾驶过程中的加速可见烟。

（5）增压器保护标定

保证增压器在工程目标要求的海拔以内正常使用，不会因为涡轮转速过高而引起增压器损坏，同时尽可能地保证增压器远离喘振线工作。

增压器保护标定的方法为：在整个标定的海拔高原范围内，监测各种工况下的增压器涡轮工作转速，通过控制柴油机喷油量来控制增压器涡轮工作转速要小于增压器极限转速。

在高原标定过程中，柴油机烟度排放较正常情况下稍差，能看见可见黑烟。如果完全消除黑烟，则起动效果就非常差，这是一个折中的过程。烟度限制功能的激活会使柴油机动力性受到严重损失，对于加速烟度的限制应该尽量在柴油机性能开发中完成，尽量不用降低柴油机功率的方法来限制加速烟度。

4. 整车热带标定

整车热带的标定在气温相对较高的地区，由于柴油机进气温度高，会严重影响到整车动力性、怠速稳定性，同时烟度排放状况也会恶化。在冷却系统能力不足的情况下需要通过过热保护修正，进行柴油机的自我保护。

（1）热带常温起动标定

优化热带起动的工作有：

1）根据气温状况优化起动转矩。

2）根据气温状况优化起动喷射压力。

3）根据气温状况优化起动喷射相位。

4）根据气温状况优化预喷射油量。

5）根据气温状况优化预喷间隔。

热带起动标定的具体操作通常为：在试验场高速环路上将试验样车加速到全速全负荷，使冷却液温度迅速升高，在冷却液温度达到一定温度时将试验样车停靠在密闭不通风的场地，在冷却液温度升到极限时进行起动试验，同时观测起动烟度情况。重点检测有没有出现因燃油供应不足或存在气泡导致起动恶化的现象。

（2）热带怠速标定

进行怠速的修正工作，使试验样车在热带的怠速稳定性得到优化，满足工程目标要求。工作有：根据气温状况优化怠速燃烧状况；优化 PID 控制器参数。

（3）热带驾驶性标定

从汽车动力性以及加、减速时的整车耸动着手，通过气温修正和 ASD 功能模块的调整，使整车在动力性和加、减速稳定性方面得到优化。

（4）烟度限制标定

烟度限制的标定从控制自由加速过程中的空燃比入手，根据实际状况（定性观察以及定量测量柴油机排放），调整相应工况的修正值，尽量减小烟度排放值。

（5）空调标定

使空调正常工作的基础上设置各种空调工作的门限，减小空调使用过程中对整车驾驶性能的影响。

（6）过热保护标定

过热保护标定根据设计部门提供的柴油机冷却液温度边界条件，例如冷却液温度达到100℃时激活过热保护功能，通过减小柴油机供油量限制转矩的方式，把冷却液温度控制在安全范围内，例如工程目标控制在105℃以内，防止柴油机因过热造成的拉缸故障等。

整车经过标态、寒区、高原和热带的标定工作，使整车的性能得到全面优化，具备了在极端气候条件下正常工作的能力。只有通过整车标定，才可以保证标定数据的完整性，是批量投产的前提和基础。

Chapter 9

第九章 燃烧系统匹配试验

在燃烧系统匹配设计完成后，燃烧系统匹配试验是不可缺少的，通过试验检验燃烧系统设计效果和性能优劣。燃烧系统试验一般分为子系统基本性能试验和子系统联合匹配试验，两者涉及的试验方法、手段、设备都不同，有各自的特点。

第一节　匹配试验概述

一、试验要求

在柴油机设计和辅助系统改进设计中，由于柴油机结构复杂和设计涉及因素较多，使得柴油机运行效果与设计结果出现偏差，需要在实际测试中不断修正设计。柴油机试验就是根据柴油机的状态参数和输出参数的要求，安排测试手段和设备，对试验测试数据进行定量分析，获得柴油机性能结果。如何确定合理的试验指标、选择合适的试验设计方案，进行试验和试验数据分析对柴油机试验极为重要，直接影响试验评判、设计检验的效果。所以对柴油机试验有以下具体要求：

1）具有明确的试验指标。试验指标是指用来衡量试验效果的特征量，它类似于数学中的目标函数或者因变量。根据试验目的不同，试验指标数目可以为一个或多个，只有一个试验指标的试验称为单指标试验；对于一个复杂系统的试验，试验指标有多个，所以，具有非相关性的多个试验指标的试验称为多指标试验。根据数据表述方法的不同，多试验指标分为定量指标和定性指标，柴油机试验中指标多为定量指标，用具体数值表示。

2）确定合理的试验因素。试验中对试验指标可能产生影响的原因和要素称为试验因素，由于客观条件的限制，不可能每个因素都考虑进去，通常把试验中对试验指标影响重要的因素称为试验因素，因此试验指标影响程度大小是确定试验因素的重要指标，对于不同的研究对象，如燃烧系统、进气系统，对应的试验因素是不同的，而且数量也不一样。考察一个试验因素的试验叫单因素试验，考察两个以上的因素的试验称为多因素试验。

3）给定分布合理的因素水平。试验中试验因素所处的各种状态和取值叫因素水平，若一个因素取 N 个水平，则称为该因素的 N 水平因素。因素水平可以用不同的具体数值表示，如柴油机转速因素，可有不同的数值：怠速、中间转速、最大转速等。

4）安排合理的试验处理。试验中各试验因素的水平所形成的一种具体组合方式称为试验处理。一项试验处理数等于其参加试验各因素与各自水平的乘积。

5）确保试验重复性好。在一项试验中，将一个处理在两个或两个以上的试验单位上实施称为试验重复，重复数目决定了重复性好坏的可靠性。

6）验证局部试验方案。在柴油机试验中，完成柴油机某一方面的性能或某一部件的性能参数变化规律的试验称为局部试验，用来测试柴油机某一方面或某一部件的性能参数值及其变化，以对比设计或计算过程中的参数结果，不同的部件结构和某一方面的性能要求不同的验证试验方案。

二、试验分类

试验方案是根据试验目的和要求而拟定的进行一组试验处理的总称，是整个试验工作的核心部分，按其性质和试验因素多少，试验方案分为3类。

（1）单因素试验方案

单因素试验方案是指在整个试验中只变更和比较一个试验因素的不同水平，其他作为试验条件的因素均应严格控制一致的试验，是一种最基本和最简单的试验方案。

（2）多因素试验方案

多因素试验方案是指在同一试验方案中包含两个或两个以上的试验因素，各个试验因素分为不同水平，其他作为试验条件的因素均应严格控制一致的试验，是一种最常用的试验方案。由所有试验因素的水平组合数构成，一般有完全试验方案和不完全试验方案两种。

1）完全试验方案。是多因素试验中最简单的一种方案，包括各试验因素不同水平的一切可能组合，处理数等于各试验因素水平数的乘积，这些组合全部参加试验。全面试验能够很好地揭示事物的内部规律；不足之处是处理数多，因素和水平多，费时、费力，成本高。

2）不完全试验方案。在全部水平组合中，挑选部分有代表性的水平组合而成的试验方案称为不完全试验方案，正交试验、均匀试验就属于典型的不完全试验方案。

（3）综合性试验方案

综合性试验方案是在对起主导作用的那些因素及其相互相关因素基本弄清楚

的基础上所设计的试验方案，它的水平组合是一系列经过实践初步证实的优良水平配套。

三、试验流程

试验方案是通过试验设计来实现的，试验设计一般有其固定的程序和流程，不同设计方案需要的试验设计步骤和环节各不相同，按照以下的步骤完成试验流程：

1）通过确认历史数据或收集现场数据，确定所要完成的试验能力。

2）确立试验目标。

3）确立衡量试验输出结果的变量。

4）确立影响输出结果的各类可控因素和噪声因素。

5）确定每个因素的水平数和各水平的实际取值。

6）选择试验用表，使其能适应所选择的因素和水平数并确定试验次数。

7）验证测量系统。

8）试验资源准备。

9）进行试验。

10）测量试验单元。

11）分析数据，标识主要影响因素。

12）确认取得最好输出结果的因素水平的组合。

13）在此优化组合的因素和水平值上进行重复试验，以确认效果。

14）通过标准作业程序固定优化的试验条件（因素和水平），并进行应有的控制。

15）重新评估过程能力。

四、试验分析

同一条件下进行的试验，测试数据不会完全一样，它们都围绕着某一数值上下波动，这个数值是在没有干扰的情况下所应该达到的真值。因此，只要试验过程中存在着误差，同一条件下的试验数据总可以分为两部分，即真值与误差两部分。前者在试验条件不变的情况下是固定的，后者则随具体试验数据而变化，试验数据围绕着真值上下波动，所以误差也就围绕着真值上下起伏地变化。当把同一条件下的大量试验数据平均起来的时候，误差也在相当大的程度上抵消了，而数据的平均值便接近于真值。因此，我们可用同一条件下各次试验数据减去它们平均值的办法把误差近似地算出来。数据的平均值并不是真值，而是接近真值。平均值本身仍包含着误差的干扰，不过由于大量数据相加，使得误差对平均值的影响已较单次试验误差小得多，正因如此，用各次试验数据与平均值的差值，也只能是近似地估算误差。

对试验设计的结果分析采用方差分析法（Analysis of Variance，ANOVA），ANOVA 是广为使用的分析变量间相互关系及影响的方法，它虽复杂，但更精确，可定量地分析出各因素对指标的影响，并确定试验误差，还可从统计上确定哪个因素是真正的重要因素，哪个因素不是。现在许多统计分析软件可直接进行方差分析，无须手工计算，如 Mintab、Isight、Modde 等，自动优化标定软件 CAMEO 也可以进行方差分析。

五、试验方法

在柴油机试验中，试验方法对试验结果的真实性有至关重要的影响，常见的方法有正交试验设计法、均匀试验设计法和 DOE 试验设计法。

1. 正交试验设计法

正交试验设计法是多因子试验中最重要的一种试验方法，根据因子设计的分式原理，采用由组合理论推导而成的正交表来安排试验，并对结果进行统计分析的多因子试验方法。在数学上，向量和的内积之和为零，称这两个向量为正交，它们在空间中的夹角为 90°，这即是正交引申定义。在多因子试验中，当因子及水平数目增加时，若进行全面试验，将全部处理在一次试验中安排，试验处理个数和试验单元数就会急剧增长，要在一次试验内安排全部处理是不可能的，例如，某试验有 6 个因子，各取 5 个水平，这个试验要进行 15625 次，工作量是相当大的。为了解决多因子全面实施试验次数过多的、条件难以控制的问题，有必要挑出部分代表性很强的处理组合来做试验，这些具有代表性的部分组合，可以通过正交表来确定，这些处理通常是线性空间的一些正交点。

正交表是在正交试验中，合理安排试验并对数据处理进行统计分析的主要工具，正交表具有两种性质：①在每一列中，不同数字出现的次数相等；②在任意两列中，将同一行的两个数字看成一种排列时，每种排列出现的次数相等。正交表的性质决定了正交设计的三个特点：整齐可比、均衡分散、简单易行。

在试验初期，正交设计可采用很少的试验单元筛选众多的因子；在试验中期，它可进一步扩大试验规模进行各因子间交互作用的分析；在试验后期，它进行各种模型优化试验设计，由于它具有均衡分散性和整齐可比性，所以可以提高试验效率，减少试验次数。一般使用正交处理问题时，需要对问题确定指标弄清影响因素，选择机位，然后选用正交表，安排试验。

正交试验设计法一般用于因素较多、水平较少的试验中，根据试验的因素数和各因素的水平数，选择适当的正交表来安排试验，采用数据统计的方法处理数据，可以方便地找到诸多因素中对试验指标有显著影响的主要因素，确定使试验指标达到最佳的因素水平。如果是四因素三水平的情况下，全面试验需做 $3^4=81$

次试验，这样的工作量在科学研究工作中是很难实现的。正交设计就可解决这个问题，如前所述的四因素三水平试验，如选用 L934 的正交表只需做 9 次试验即可。正交试验设计通常按以下三个步骤进行：

1）明确试验目的，确定考核指标。如研究影响涡流室式柴油机燃烧系统主要结构参数的相关性，优化涡流室结构参数，以获得良好的经济性和排放性能，选取燃油消耗率和烟度为考核指标。

2）选取因素与水平，制定因素水平表。影响涡流室式柴油机燃烧系统的因素很多，把所有的影响因素都考虑进去显然有困难，根据大量文献和进行试验的可行性及经济性，从可行性、简易性和经济性出发，选定柴油机燃烧系统的 4 因素为研究对象。

3）试验水平选取三水平。主要考虑三水平的因素试验结果分析的效应图分布多数呈二次函数曲线，而二次曲线有利于观察试验结果的趋势，有利于试验分析，各水平阶间隔取等水平。

旋转回归设计法是解决多因素优化的一种有效试验设计方法。它既有正交试验的方法科学、试验次数少等优点，又克服了正交试验的二次回归预测方差强烈依赖于试验点在因子空间中的位置，并由于试验误差干扰，不易由预测值直接寻找最优区域的缺点。进行二因素二次正交旋转组合设计回归试验，回归方程的一般形式为

$$y = b_0 + \sum_{j=1}^{p} b_j x_j + \sum_{i<j}^{p} b_{ij} x_i x_j + \sum_{j=1}^{p} b_{jj} x_j^2 \tag{9.1}$$

式中，b_0为常数项；b_j为线性项系数；b_{ij}为交互项系数；b_{jj}为平方项系数；p 为因子个数。

2. 均匀试验设计法

正交试验设计法对多因素多水平试验具有一定的局限性，只能用于因素较多而水平较少的试验中，如果遇到水平数较多情况时，根据整齐可比的特点，试验数是水平数的立方，需要安排大量的试验，造成试验成本和工作量的急剧增加。均匀试验设计法通过合理设计试验过程，去掉了“整齐可比”的要求，改进了“均匀分散”的不足，使试验点真正具有“均匀分散”的特点，不但使试验的安排更有代表性，而且能减少试验次数，易于安排多水平试验。

均匀试验设计法一般用于多水平、因素少的试验中，由于水平多会导致试验数的增加，采用均匀分散的特点，使试验更具有代表性，减少试验次数，易定量地找到试验规律，均匀试验设计方法在柴油机上的应用多是针对两个因素，各因素的最大水平数为 6、最小为 2，属于拟水平试验见表 9-1。根据王玉方编写的“均匀设计软件”来选择均匀设计表。选择试验次数为最大水平数两倍的拟水平设计表“12 ×6 ×6 ×2”。方案见表 9-2。

表 9-1 因素、水平组合表

因素 水平	喷孔直径 X_1/mm	喷油定时 X_2/(℃A)	喷油压力 X_3/MPa	压缩比 X_4
1	0.18	-16	145	17.5
2	0.19	-12	155	17
3	0.20	-8	165	
4	0.21			
5	0.23			
6	0.24			

表 9-2 试验方案

喷孔直径 X_1/mm	喷油定时 X_2(℃A)	喷油压力 X_3/MPa	压缩比 X_4
0.21	-16	145	17.5
0.18	-12	145	17.5
0.19	-8	155	17.5
0.20	-16	165	17.5
0.23	-12	165	17.5
0.24	-8	145	17.5
0.21	-16	155	17
0.18	-12	155	17
0.19	-8	165	17
0.20	-16	145	17
0.21	-12	145	17
0.23	-8	155	17

均匀试验设计法在大大减少试验次数的同时，仍可获得对各指标的精确预测，它在发动机多因素、多水平优化的应用是可行有效的。

3. 试验设计法（Design of experiment，DOE）

在自动优化标定试验中，最常用的 DOE 方法有下面几种：全因子试验设计（Full Factorial DOE）、中心复合试验设计（Central Composite Design）、Box - Behnken 试验设计、田口试验设计（Taguchi DOE）和 D - 优化设计（D - Optimal Design）。

（1）全因子试验设计

全因子试验方法是将每一个因素的不同水平组合做同样数目的试验，例如，将每个因素的不同水平组合均做一次试验。在一项试验中有 k 个因素，每个因素有 e 个水平，则全因子试验最少需要 e^k 次。如某试验的因素数为 3 个，每个因素的水平数也是 3 个，则此试验若进行全因子试验，需 $3^3=27$ 次。全因子试验设计分线性全因子试验设计和非线性全因子试验设计两种，如图 9-1 所示。

全因子试验适用于因素数和水平数均不多的场合，以获得较精确的分析结论，如果因素数或水平数较多，如 3 因素 8 水平，试验次数为 $8^3=512$ 次，很难做到如此大的试验量，即使做到，从时间和成本角度考虑也是极不经济的。

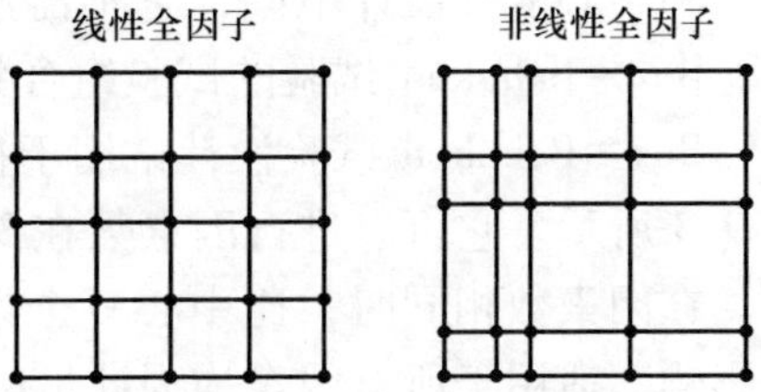

图 9-1　全因子试验设计分类

（2）中心复合试验设计（Central Composite Design，CCD）

中心复合试验设计分为 CCI 设计（Central Composite Design Inscribed Circle）、CCF 设计（Central Composite Design Faced）和 CCC 设计（Central Composite Design Circumscribed Circle），如图 9-2 所示，分别代表设计空间是按内切圆、表面和外切圆进行的。中心点到■因子的高低水平的距离是 ±1，轴向点★到中心的距离是 ±a。

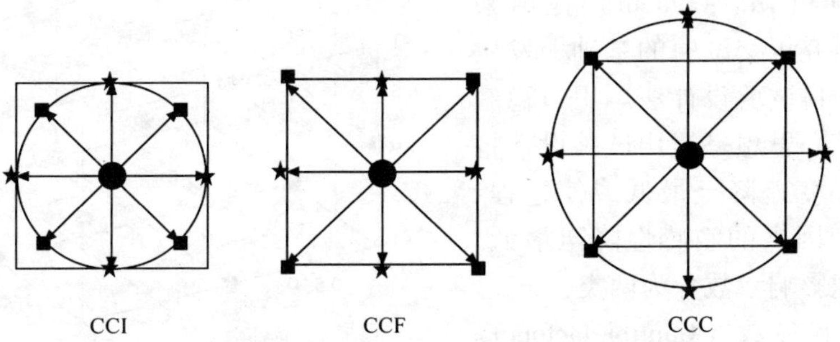

图 9-2　中心复合试验设计分类

当受到条件的制约时，可减少因子集合的范围，使得轴向点落在每个因子的设计域内部，即将 ±a 的值设在因子设计域的最大和最小界限上，称为内切圆中心复合设计（CCI），CCI 的每个因子有五个水平：±0.7、0、±1。当五个水平难以满足或者受到条件的制约时，就将轴向点放在设计空间每个面的中心上，称为表面复合设计（CCF）。CCF 只需每个因子三个水平：±1、0。轴向点在立方体的外面，比因子的高低水平 ±1 更高或更低，称之为外切圆中心复合设计（CCC），对于 CCC 设计，每个因子有五个水平：±a、0、±1。

中心复合试验可以进行因素数为 2～6 范围的试验，试验次数为 12～90 次，效率高，2 因素 12 次，3 因素 30 次，4 因素 30 次，5 因素 54 次，6 因素 90 次。它可以评估因素的非线性影响，适用于所有因素均为计量值的试验。

（3）Box－Behnken 试验设计

Box－Behnken 试验设计是评价指标和因素间的非线性关系的一种试验设计方法，和中心复合设计不同，它不需连续进行多次试验，并且在因素数相同的情况下，Box－Behnken 试验的试验组合数比中心复合设计少，因而更经济。

Box－Behnken 试验设计常用于在需要对因素的非线性影响进行研究的试验如图 9-3 所示。它可以进行因素数在 3～7 个范围内的试验，试验次数一般为 15～62 次。在因素数相同时，比中心复合设计所需的试验次数少，可以评估因素的非线性影响，适用于所有因素均为计量值的试验，使用时无须多次连续试验，Box－Behnken 试验方案中没有将所有试验因素同时安排为高水平的试验组合，对某些有特别需要或安全要求的试验尤为适用。

和中心复合试验相比，Box－Behnken 试验设计不存在轴向点，因而在实际操作时其水平设置不会超出安全操作范围。对于存在轴向点的中心复合试验，就存在着生成的轴向点可能超出安全操作区域或不在研究范围之列考虑的问题。

（4）田口试验设计

田口设计是日本著名质量专家田口玄一博士（Dr. Taguchi）提出来的，他在研究正交试验的基础上发展出著名的田口试验设计法。田口稳健性设计的核心思想是运用试验设计将过程或产品变差降至最低或使过程、产品对噪声因素的敏感性降至最低。田口玄一把影响参数分为两类：

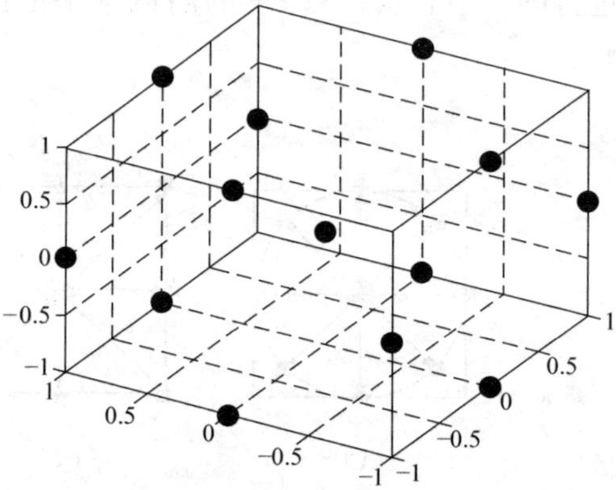

图 9-3　Box－Behnken 试验设计

1）控制参数（Control factors）。可以控制的参数，如气缸直径、油泵单向阀等，也叫设计参数（Design factor），可以确定它们的名义值（Nominal value）。

2）噪声参数（Noise factors）。不能控制的参数，如环境温度、大气压力、油底壳中油面高度等。有些噪声参数不一定完全不可控，只是由于控制起来很困难、成本太高，不宜予以控制，所以才归入噪声参数。田口设计的指导思想是寻求使产品性能对于噪声不敏感的设计，即所谓稳健设计，这样有利于获得性能尽可能一致的产品。

田口试验设计是一种分步设计法，田口试验表只需全因子设计组合的一部分，因而可以用较少的组合评估较多的试验因素。如 L9〔3^3〕设计只需 9 次，而全因

子设计需 $3^3=27$ 次。田口试验设计的因素数可达 31 个，水平数可达 5 个，且可进行混合水平的设计，因而用途广泛。田口试验设计的试验阵列（试验表中的因素水平组合）是正交的，因此是平衡设计，可以独立评估因素影响。

（5）D－优化设计（D－Optimal）

D－Optimal 设计的最大优点就是设计空间可以不规则。实际试验过程中，我们可以先利用 CCF 设计找到实际的设计边界，然后通过 D－Optimal 设计添加一些试验点来完成试验，D－优化设计过程如图 9-4 所示。

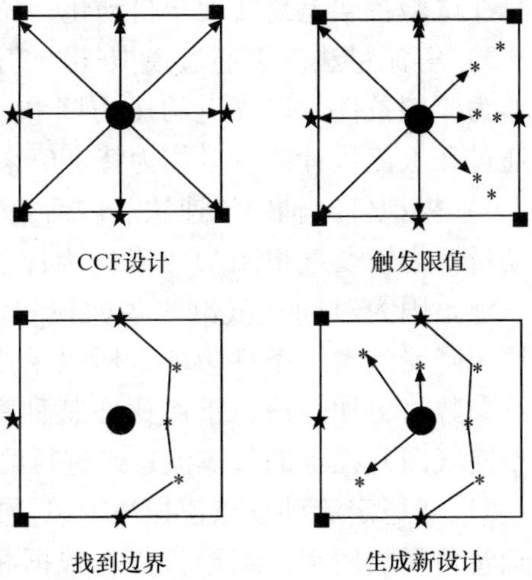

图 9-4 D－优化设计过程

D－Optimal 设计克服前面几种试验设计方法设计空间必须规则的缺点，这几种试验设计方法在发动机试验应用上，对于 2 因子试验，设计空间要么是长方形，要么是圆形，而对于 3 因子试验，设计空间则必须是长方体或球体。在实际的发动机开发试验领域，很多因子的空间是不确定的，它受很多实际条件的限制。

第二节 进气系统匹配试验

一、稳流试验方法

柴油机的实际进气过程在气缸中难以直接测定，为了评价进气道的进气流量和气道性能，通常在无发动机的模拟试验台上进行稳流模拟试验，由于进气道的形状复杂，不易用尺寸表达，其设计更多依赖于稳流试验。虽然在模拟试验时，稳定的、不随时间变化的气体流动特点与发动机的实际进气特点有差异，但在相同条件下对不同的设计方案进行对比试验仍然具有一定的可比性，所以有很大的实用价值。

稳流试验方法目前广泛应用于发动机气道研究中，它有等压差法、变压差法、等流量法、模拟气缸轴向流速法和非稳定流动的逐点模拟法几类。

1）等压差法。保持气道压降不变，模拟发动机的进气过程，从上止点到下止点间每隔一定升程，测定孔板前后压差和风速仪转速或涡流动量矩力矩，测量结果处理成无量纲量。

2）变压差法。以吸风方式为例，在气门升程最大时，调节模拟气缸内与大气环境的压差为特定值，压差值根据试验发动机模拟气缸的缸径大小来确定。在试验过程中，气门升程减小，缸内的真空度增大，气道压差也自动增大，不需要保持模拟气缸为恒定压差。变压差方法和等压差方法得到的无量纲量具有相同的精度且在试验台架上易实现全自动化。

3）等流量法。以通过模拟气缸的体积流量等于通过发动机气缸的体积流量四倍作为模拟条件，以气道的压力降和风速仪转速或涡流动量矩力矩为评价参数。用通过孔板流量计的流量作为特定值来控制模拟气缸流量。

4）模拟气缸轴向流速法。以活塞平均速度作为模拟条件，以风速仪转速或涡流动量矩力矩及气道阻力压降作为评价气道性能的参数。这种方法其实和等流量法一致，因为对同一气缸来说，体积流量相等，则在气缸内的轴向流速也相等。气道压降受到大气条件影响，所以采用无因次涡流比和气缸内外体积重率比作为评价参数将更加合适，重率比在某种意义上表征了流量系数，试验过程中通过改变不同气门升程下的气体流量来进行测量。

5）非稳定流动逐点模拟法。以活塞从上止点到下止点的进气过程内按一定的曲轴转角间隔确定一组模拟点，根据相应的气门升程和此时的活塞瞬时速度进行稳流模拟，可以近似地测出发动机进气终点气缸内涡流比和流量系数。当发动机的转速变化时，相应的模拟点的速度也随着变化，则可测得相应转速下的涡流比和流量系数。但是，试验及数据处理复杂，逐点模拟法本身也是一种近似方法，所以应用不多。

随着测试技术的飞速发展，激光、高速摄影等先进的技术已应用于发动机气道研究中，主要有热线风速仪法、流动显形技术、激光多普勒测速法、粒子图像测速系统等。

1）热线风速仪法（HWA）。热线风速仪是建立在热平衡原理基础之上的，敏感元件是一长度远大于直径的细金属丝探针或敷于玻璃材料支架上的一层金属薄膜元件，将此探针或热膜元件置于流体介质内，用电加热，使其温度高于流体温度，敏感元件则和流体发生对流散热，其散热强度与流体流速大小成一定关系。通过测量其散热强度来测定流体的速度。它的优点是探头尺寸小、反应快，灵敏度和信噪比高，其截止频率高，它不仅可测量平均流速，还可测量脉动参数，甚至可测出流体的平均浓度。它的缺点是脆弱、易损坏，输出的信号除与速度有关外，还受压力和温度的影响，因而必须校正，对流场有干扰，所能测量的湍流度不能太高，对气流方向的辨别比较困难。

2）流动显形方法（FV）。应用于发动机流动研究的流动显形方法有水模拟法、壁面轨迹法、示踪法等。水模拟法可用于模拟有进气旋流的进气系统在进气过程中阀座处的流动状态。但是由于水和空气的物性相差较大，所以模拟结果难于满足相似准则，故说服力不强。以空气为介质的示踪法、壁面轨迹法更有实用价值。

3）激光多普勒测速法（LDA）。激光测速仪是近年来迅速发展起的一种流速检测仪器，它利用激光多普勒效应来测量流体速度的变化，其原理是悬浮在流体中的小粒子的运动使散射光频率产生偏移，频率偏移量与流动速度呈线形关系，测出频率的偏移量就可算出流体的移动速度。它的优点是输出信号与被测气流状态无关，测量结果无须校正；能识别气流方向，故能测出逆向流速，对流场没任何干扰，测量精度高，反应灵敏。它的缺点是光路复杂、数据难以处理、价格昂贵，随流体流动的散射粒子要求较高。

4）粒子图像测速法（PIV）。粒子图像测速法是近年来发展起来的广泛应用于发动机流场测量中的一种二维瞬态测速新技术。PIV 技术是瞬态流场测试的需要和计算机的图像处理技术的发展的促进下产生的，只有通过 PIV 技术才有可能测量流动中各种尺度结构，获得大量的逼真图像。其主要特点是能超出 HWA 像或 LDA 单点测速技术的限制，能在同一时刻记录下整个二维平面流场的速度信息，可提供流场丰富的空间信息，其原理是在被测的流场中加入适当大小和浓度的示踪粒子，用高强度的激光脉冲片光源两次照亮要测量的流场平面，在同一张底片上记录两次曝光的粒子影像。通过对粒子影像的查询处理，确定粒子两次成像的位移量，再用位移量除以两次脉冲的时间间隔，就可得出速度矢量信息。应用 PIV 流动显示技术对流场进行测试，探求流动规律，已经成为目前研究发动机辅助系统测量的一个重要手段。

二、稳流试验装置

进气道的流动特性一般指流通能力和产生涡流滚流的能力。流通能力反映进气道的阻力特性，流通能力越好，阻力越小。涡流大小反映了进气道为组织良好的缸内气流运动，缸内混合气的湍流水平越高，对提高燃烧速率的贡献越大。由于发动机进气道的气流运动极其复杂，通常是三维气流场、粒度场等复杂场的叠加，并且进气道气流运动随活塞和气门的运动而周期性变化，有着复杂的微观结构，难以对其气流场进行测定和评价比较。

目前，评价进气道流通能力一般采用在稳流试验台上测得的流量系数，评价进气道产生涡流能力的方法主要是在稳流试验台上测量涡流比。采用激光多普勒测速法测出运转中发动机缸内各点速度并积分得出角动量矩，通过测出气门出口处的速度的分布求出旋涡的角动量，用液力稳流模拟并结合粒子示踪图像测速法测出缸内各个平面上的粒子的速度矢量，再积分算出涡旋的角动量矩。由于气道稳流试验遵循相似原理，要求试验过程中空气流场约束在完全发展湍流的条件下，这样得到的气道性能才与发动机一致。

进气道模拟稳流试验台主要由测控系统、台体部分（包括缸盖定位装置、气门升程调整及测量装置）、模拟气缸、气体涡流测量装置、气体流量测量装置、压力调节装置、气体状态（压力、温度）测量传感器、两级稳压装置和旋涡式离心风机组成，试验台总体布置如图9-5所示。平台可对气道模型及多至6缸一盖的发动机成品缸盖进行试验，最大缸径可达135mm。缸盖举升机构及移动辊道，可方便实现缸盖的快速举升及水平移动。快速夹持机构，可实现缸盖的压紧；简便的气门开启及升程测量随动机构，可在试验过程中不拆掉气门弹簧，并且可以方便、准确地测量出气门升程。

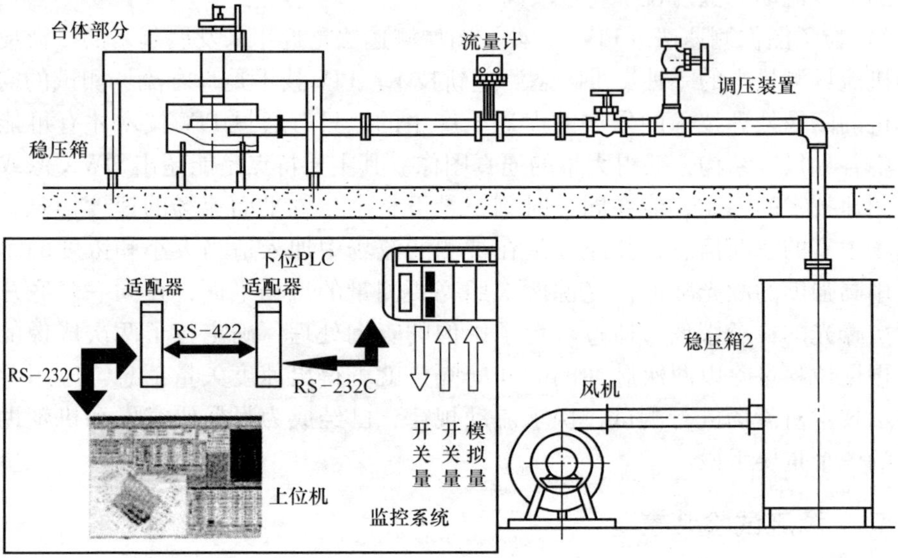

图9-5　进气道稳流试验台

试验系统采用离心风机抽气方式，模拟气缸内形成的负压，外部空气经过气道流入气缸内形成涡流。在每一整数气门升程下，发动机进气道稳流模拟试验系统把实时采集到的气门升程、缸内压力、流量计前真空度、气体流量、涡流转速以及气体温度等参数按照不同的试验评价方法进行计算、分析，从小到大、逐点进行测试计算，直到发动机达到最大气门升程。以所有测量点的数据为依据，计算出各种试验评价方法的平均流量系数和平均涡流比。

测控系统由计算机、变频器、采集仪三部分组成，由独立的AC 220V供电。计算机是系统操作的指挥中心，采用上位计算机和下位可编程控制器实现分布式两级控制。数据采集过程通过握手通信由上、下位机协同完成，上位计算机实现设置原始参数、实时监视试验条件、动态处理试验数据、评价方法的算法程序处理、以固定格式存储数据文件以及向外设打印输出等功能。测控系统主要部件有上位工控机、LF－GRS232/422光隔适配器、LF－GS232/422适配器和下位PLC、现场参数传感器等。通过 232/485 串口通信电缆与采集仪连接，采集仪与变频器通过 RS485 接口交换数据。各种测试传感器均接到采集仪。整个测控系统具有安全可靠、准确实用、易于扩展、便于维护的特点。

上位计算机可以实现多种功能：设置原始参数、实时监视试验条件、动态处理试验数据、评价方法的算法程序处理、以固定格式存储数据文件、历史数据图表填充以及向外设打印输出等。上位计算机的主界面如图 9-6 所示。

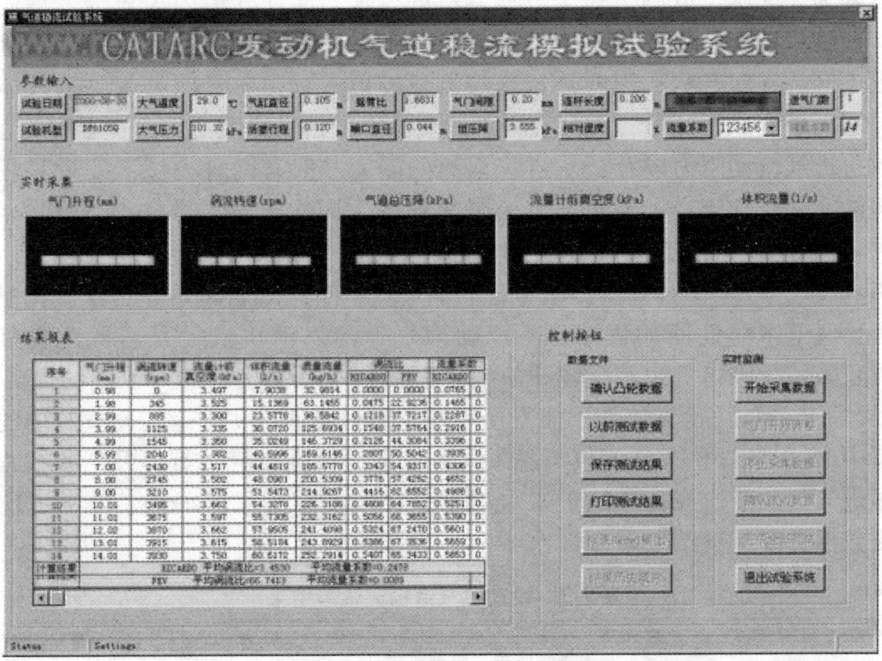

图 9-6　上位计算机主界面

“开始采集数据”按钮控制上位机和下位机之间通信端口的初始化，并激活时间中断事件 Timer3_ Timer（）定时触发上下位机的数据通信。每 0.4s 读取一次 PLC 存储在 DM0020 – M0035 单元中的数据（PLC 采集数据已经经过了 72ms 的算术平均值滤波）。这些资料中既有需要显示或处理的物理量，也有系统设定的过程状态标志代码。PLC 返回的信息通过响应帧上传到上位机的输入缓冲区，上位机通过 OnComm 事件读取输入缓冲区中的资料并以字符串形式保存。实时分析@、* 和回车符等特征码，以得到完整的响应帧。这样，上下位机之间的通信就基本建立起来。当某一气门升程的试验状态准备就绪后，单击“确认本次数据”按钮，即可将该点数据填入结果报表。“停止采集数据”按钮的单击事件中断通信，并恢复通信前状态。

三、稳流试验分析

进气道流动试验测量方法：使气体从进气道流入，在气门两侧产生一定压差，从而测量出进入气缸的气体流量系数和涡流系数。气体流向如下：大气→进气道→模拟缸套→动量计→稳压桶→流量计→稳压箱→风机入口→风机出口→蝶阀→大气。

试验采用定压差法，在整个测量过程中通过调节进气道调节阀，始终维持进气道压降为大气压，以满足完全发展湍流的要求，保证气道内为充分发展的湍流状态，使稳流试验结果准确。在不变的压差下采集各试验数据，用气门升程传感器记录不同的气门升程；用叶片风速仪测量模拟气缸内各气门升程下的气体涡流转速；用孔板流量计测量各气门升程下的气体流量；采集大气压力、温度等参数。

评价进气流动阻力以及产生进气涡流的能力一般有两种方法：一种是用流过气门座的实际空气流量和理论空气流量之比的无因次流量系数和 FEV 法涡流比；另一种是 Ricardo 法的流量系数、平均流量系数和 Ricardo 涡流比。

Ricardo 与 FEV 两种评价方法考虑的侧重点不同：Ricardo 评价方法在测量系数上只评价气道本身性能的优劣，不反映该气道与发动机缸径是否匹配良好；而 FEV 评价方法反映该气道与发动机缸径的匹配，不反映气道本身性能的优劣。Ricardo 及 FEV 两种评价方法都不能直接较好地预测柴油机实际运转时气缸内的涡流比，其中 Ricardo 评价方法不仅考虑了气道本身的特性、气缸直径及活塞行程，还考虑了进气门的开启规律，故近来应用更多些。表 9-3 为 Ricardo、FEV 方法对应的历史数据打印测试结果表。

表 9-3 发动机气道稳流试验结果

序号	气门升程 /mm	涡流转速 /(r/min)	流量计前真空度 /kPa	体积流量 /(L/s)	质量流量 /(kg/h)	涡流比		流量系数	
						Ricardo	FEV	Ricardo	FEV
1	1.00	0	3.475	4.5802	18.9716	0.0000	0.0000	0.0377	0.0072
2	2.00	165	3.466	10.4940	43.4714	0.0288	0.5059	0.0770	0.065
3	3.00	600	3.441	19.4288	80.5038	0.0830	0.9933	0.1425	0.0306
4	4.00	855	3.443	24.4765	113.8492	0.1183	1.0010	0.2016	0.4032
5	5.00	1335	3.444	33.1812	137.4821	0.1847	1.2942	0.2432	0.0522
6	6.00	1785	3.444	37.4144	155.0239	0.2480	1.5350	0.2756	0.0591
7	6.98	2130	3.528	42.0520	174.0880	0.2923	1.6301	0.3056	0.0655
8	8.00	2460	3.498	45.4288	188.9804	0.3409	1.7351	0.3351	0.0719
9	8.99	2730	3.538	49.2395	203.8208	0.3786	1.7854	0.3617	0.0776
10	10.00	3000	3.586	51.9498	21498381	0.4156	1.8605	0.3811	0.0817
11	11.00	2785	3.585	53.8844	222.9400	0.3823	1.6501	0.3962	0.0848
12	12.00	2640	3.606	55.1903	228.2928	0.3653	1.5413	0.4043	0.0867
	Ricardo 平均涡流比 3.6327、平均流量系数 0.1531								
	FEV 平均涡流比 1.8178、平均流量系数 0.0794								

注：试验条件：大气压 99.920kPa；大气温度 18℃；相对湿度：18%；饱和蒸汽压：2334kPa；饱和蒸汽密度：0.03444kg/m³。

在 Ricardo 和 FEV 评价方法中都涉及有限积分运算，而在有限积分过程中，可以采用每点四舍五入到整数点的矩形法、拉格朗日插值矩形法和拉格朗日插值梯形法处理数据。由于处理方法简单，第一种数值积分方法最为常用。不同数值积分方法所得的 Ricardo 试验结果的比较程序结果见表 9-4。

表 9-4 不同数值积分方法所得 Ricardo 试验结果

数值积分方法	平均涡流	平均涡流偏差	平均流量系数	平均流量系数偏差
矩阵法	3.6327	2.56939%	0.1531	-1.60668%
拉格朗日插值矩阵法	3.5569	0.42917%	0.1542	-0.899745%
拉格朗日插值梯形法	3.5417	—	0.1556	—

第三节 燃油供给系统匹配试验

电控喷油系统与机械喷油系统都能实现喷油功能。但电控喷油系统的喷油过程是由电控单元控制的，通过电控单元的指令来控制喷油动作。因此电控系统必须与喷油泵或喷油器联合试验，以检验喷油量的均匀性、一致性、可调性和油量 MAP 的合理性。

一、试验内容

电控喷油系统试验完成喷油参数的确定，即确定喷油量、喷油正时、喷油压力，有以下内容：

1）循环最小喷油量确定。循环最小喷油量决定该电控喷油系统适应最小功率的柴油机，确定柴油机怠速时需要的油量。

2）循环最大喷油量和最大喷油持续角。循环最大喷油量反映了该喷油系统使用工作范围的最大限度，保证在一定的喷油持续角内实现最大喷油量；否则不能体现出喷油最大限度。

3）喷油量控制功能。喷油量控制功能是在不同转速和油门下，调整喷油量与喷射脉宽、喷油压力之间的关系，建立控制油量 MAP；此外还建立喷油量的燃油温度补偿关系。由于燃油温度直接影响燃油的密度变化，不同燃油温度对应燃油密度不同，特别是燃油在高压下也会引起燃油密度变化，进而影响喷油量。

4）电源电压补偿性能。电控单元是在直流电源的供电下工作的，当电源电压发生变化时，会影响电控单元的工作性能和电气参数的改变。输出信号的电压变化会影响执行器的动作大小，进而影响喷油量。

5）各缸喷油不均匀度。不同喷油器的喷油量均匀性和一致性，直接影响各缸喷油量的大小，进而影响柴油机的工作的平稳性。

6）喷油压力控制稳定性。喷油压力波动范围控制在一定数值内，对喷油量的均匀性有决定作用，对于共轨系统，共轨压力波动控制在 3～5MPa。

二、喷油参数测量

1. 喷油量测量方法

目前柴油机喷油量的测量方法有容积法、位移法和 Zeuch 法三种。

（1）容积法

将喷出的燃油通过稳压装置聚集在一个确定容积的容器内，通过测量充满该容积所经历的喷油次数计算出每循环的平均喷油量。其优点是传感器结构和检测电路简单，电路抗干扰能力强，测量方便等。缺点是只能测量平均喷油量，无法测取每循环的单次喷油量；测量精度较低，通过增大测量容积虽可提高测量精度，但会使工作效率降低；检测电路与燃油之间的玻璃板易受测量油液污染，光电流量传感器容易产生错误信号，导致测量设备不能正常工作；脉冲式喷油所引起的油面波动容易引起测量数据不准确等。

（2）Zeuch 法

当燃油喷入充满燃油的刚体密封容器内时，利用压力与喷油量成比例上升的原理，当向容积为 V_0的密封容器内喷射体积为 V 的燃油时，在燃油的体积弹性系数为 k 的条件下，测量容器内的压力上升 Δp。

在测量预喷射油量时，因喷油量相对于密封刚体容器的容积来说显得非常小，所引起的压力变化就很小，容易使压力传感器的信噪比过小，以至于噪声淹没测量信号而无法进行测量。为了获得最大的压力变化（约为 30），针对不同喷射量应采用不同的刚体容积。刚体容积可分为 50、100、150 和 200 四种情况，对应的最大喷射量为 100mm^3/循环、200mm^3/循环、300mm^3/循环和 400mm^3/循环。

（3）位移法

将待测燃油喷入一个带有柱塞的缸体，缸体的开闭由一个电磁阀控制，缸体中柱塞与一个高精度的电子位移测量系统相连。在燃油压力作用下使柱塞产生移动，通过测量柱塞的位移和柱塞的横截面积计算喷油量。柱塞与柱塞套筒之间的泄漏会使测量精度降低；若减小滑动部分之间的间隙，则会导致滑动油膜破裂，使滑动部分卡死而不能正常工作。为解决这个问题，在实际应用中常采用膜片或者膜盒来代替柱塞。

上述方法各有各的特点和使用范围。位移法因其测量精度高，常用来测量单次喷油量。

2. 喷油量测量装置

喷油量测量装置有测量单一喷油量的油量传感器和综合测量喷油参数的喷油量测量仪两种，其配置和功能各不相同。

日本小野公司的 FJ－0600 型喷油量传感器基于容积法的测量原理，喷射量检测部分装有喷油器、定容容器中测定喷射时容器内压力上升的压电式压力传感器、用于测定燃油温度的温度传感器、排出所喷射燃油的燃油排出阀。在喷射量检测部分的排出阀下游安装了容积式流量计（FP－213），可测量喷射量的累计值，如图 9-7 所示。传感器测量量程为 0～300^3/升程，多段喷油量测量值精度为 0.5%；最高可测量 10 段喷射，连续测量每次喷射（0.6～50）。其特点是对刚性体的密封性要求高，要求排出阀具有很高的响应能力；具有校正功能，比较从喷射量检测部分得到的每次喷射量的累计值和与其对应的流量计输出结果，可以对喷射量检测部分所得出的喷射量的绝对值进行校正。

日本小野公司的 FJ－030 型喷油量传感器采用体积－位移转换的方式，测量喷射前和喷射后膜盒的位置，如图 9-8 所示。喷射后的燃油通过高速电磁阀排出，以准备下一次喷射。在膜盒的另一侧充入高压气体形成背压，以模拟发动机的气缸压力。

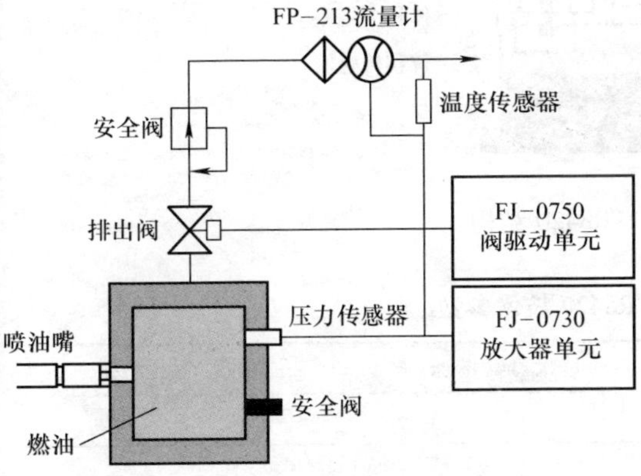

图 9-7 FJ－0600 型喷油量传感器

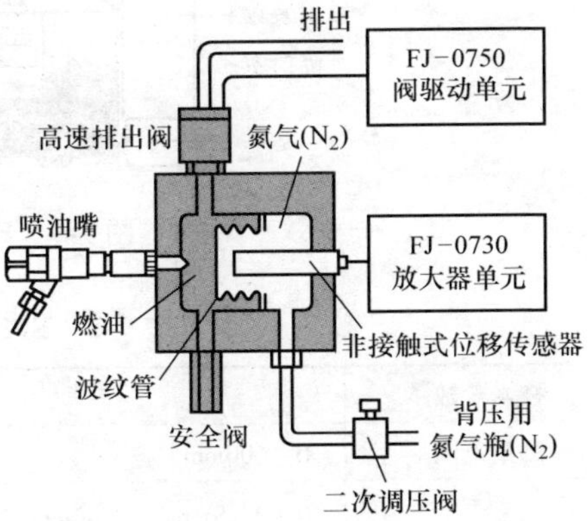

图 9-8 FJ－030 型喷油量传感器

法国 EFS 公司的瞬时喷油量测量仪能同时测量高压共轨喷油系统的预喷和主喷油量。第四代单次喷射仪 IFR8420 实现了单次喷射的喷油量和喷油速率的精确测量，其结构如图 9-9 所示。喷油器的喷嘴安装在喷射室内，喷射室与压力室相通，单一喷油器瞬时油量的测量与供油泵的凸轮轴转速同步，安装在仪器机械部件上方的喷油器喷出的燃油被完全回收入可变容积的盛油腔内，喷射油量冲击盛油腔下部的运动活塞，导致其克服复位弹簧力和背压而向下运动，对应的位移即反映了瞬时喷油量的大小。在喷射燃油推动活塞下行的过程中，泄油阀保持关闭；而在测量阶段结束后，电控系统给出控制信号，泄油阀打开，在复位弹簧力的作用下，盛油腔内已被测量的燃油排出，回到油箱。与此同时，流量计监测泄油阀泄出的油量，以确保盛油腔内燃油不被完全排空。在每次喷射开始之前，压力室都会预留一部分燃油量用来建立 20bar（1bar = 0.1MPa）的喷射背压。当喷射开始时，燃油被喷入压力室，进而使压力室中的压力升高。通过压力的升高率和燃油量之间的对应关系，可以求出喷射的燃油量。在喷射循环结束后，压力室的压力恢复至初始时的背压（20bar），此时转送电磁阀开启，把喷入压力室中的燃油转移到体积测量室内，测出燃油体积，从而测出燃油的喷射质量。通过对此信号的进一步分析，便可以测出每个循环中每次喷射的喷油量及喷射速率。技术参数见表 9-5。

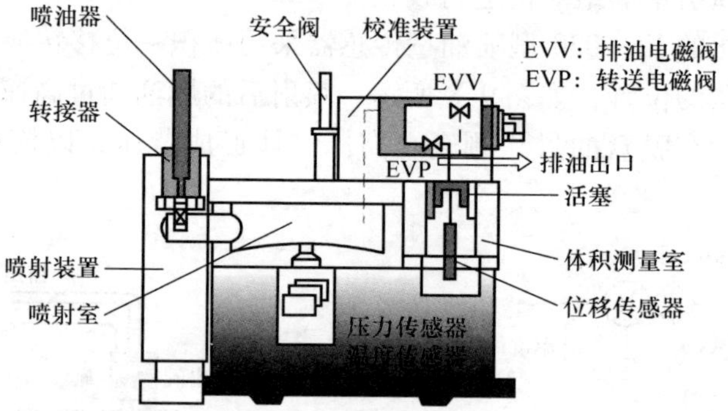

图 9-9　EFS IFR8420 结构

表 9-5　EFS IFR8420 技术参数

技术参数	技术参数指标
测量范围	0 ~ 600mm³
分辨率	0 ~ 99.9mm³：0.02mm³/次 100 ~ 600mm³：0.1mm³/次
精度	小于满量程的 ±0.1%
背压	0 ~ 100 大气压
最高油温	130℃
转速范围	30 ~ 3000r/min
喷射次数	≤10 次/循环

在每 1℃A 内，EFS 系统对活塞的升程信号和喷油参数采样 5 次，以确保精确。根据起始信号自动设定测量角度域的起始相位（最大设定为 90℃A），它实际上就是喷油参数测量的起始点。EFS 系统同步生成一个游标信号，每获得一个测量活塞的升程信号，就在这个游标信号上附加一个电平。最高的电平对应活塞升程采样的终点和盛油腔泄油的始点。另外，系统根据活塞升程信号，用微分计算出活塞

的速率，它间接反映了喷油速率。

3. 喷油量标定

在高压共轨喷油系统中，喷油器执行器主要有电磁式和压电式。在一定的轨压下，通过控制喷油时间长短来决定喷油量大小。喷油量与控制喷油时间的对应关系是依据喷油器特性通过标定建立脉谱（MAP）数据来实现的。该脉谱数据在喷油系统出厂时已标定完成。

（1）喷油器的零油量标定

测定在某一喷油压下，喷油器给电信号时刻与喷油器即将打开喷油时刻的所需要控制的时间。随着喷油器使用时间的加长，由于油嘴喷孔的磨损以及控制阀的老化等原因，会使喷油器的工作特性发生变化。因此需要实时地对喷油器的特性进行标定。

（2）喷油器最大与最小喷射周期验证

在进行基本喷油标定试验前，首先要从备选喷油器供应商处取得选配喷油器的喷油时间与喷油质量呈线性关系的最大最小喷射周期范围，以判断确认此线性关系能够满足所配发动机的需要，先对喷油器特性进行一系列的验证确认。

1）最大喷射周期确认：将配置目标喷油器的发动机安装在发动机试验台上，设置喷油器为最大喷射周期。设置发动机在最高转速全负荷下运转，当发动机达到国家标准 GB/T 18297—2001《发动机性能试验方法》规定的标准工况条件后，测量发动机的空燃比，确认此喷油器在最大喷射周期下可以使发动机达到目标空燃比（由排气温度决定），并且在两个脉冲间有足够的时间间隔。

2）最小喷射周期确认：与最大喷射周期确认相似，将配置目标喷油器的发动机安装在发动机试验台上，设置喷油器为最小喷射周期，使发动机运行在怠速转速、空燃比等于 1 的工况下，确认此时喷油器的喷射周期在供应商提供的线性范围内。

3）根据喷油器规范，在喷油周期与喷油量关系中，最大非线性情况的喷油周期也不能小于最大喷射周期。一般情况下，喷油器的最大非线性误差在 ±5% 以内是可以接受的。

（3）基本喷油量的标定

基本喷油量是发动机所有工况下喷油量计算的基础。基本喷油量标定的精度十分重要：对开环控制，基本喷油量直接关系到最终进入燃烧室的可燃混合气的空燃比并进而影响燃烧过程；对闭环控制，基本喷油量对闭环偏移量也有很大影响，如果基本喷油量准确，闭环偏移量也会减小。在电控单元中，喷油量一般用喷油脉宽（喷油器开闭时间，ms）来描述。基本油量标定分为两步骤：

1）喷油系统试验台架上的基本油量确定。在喷油系统试验台架上，进行柴油机全工作范围的喷油压力、油量控制、喷油正时的调节。进行多缸喷油量的标定

（从怠速点油量到额定点油量）和各缸喷油均匀性的补偿。对于高压共轨喷油系统而言，还要进行共轨压力分别为 25MPa、80MPa、100MPa、120MPa 控制，进行 PID 调节，确定 PID 控制参数。

要求在不同转速和喷油量下，压力波动范围在 ±5MPa；油量标定：在共轨压力分别为 25MPa、80MPa、100MPa 和 120MPa 下，喷油时间 0.5 ~ 2ms，步长为 0.1ms，测试油量；油量均匀性，喷油器的喷油量不均匀度为3% ~5%；油量一致性，一批次喷油嘴的油量一致性的误差为5%。

2）电控柴油机上的基本油量校验。电控柴油机的基本喷油脉宽标定按照以下几个阶段来进行：

① 在柴油机的工作范围内，以油门位置（负荷）和柴油机转速构成发动机的整个工况平面，并按比例划分设定一些 MAP 和柴油机转速工况点。一个 MAP 值和一个转速就对应一个工况点。在柴油机工作过程中，电控单元就是以这些有限的工况点经数学插值计算来控制柴油机的全部工况。

② 对柴油机的基本喷油脉宽进行大致的标定。将柴油机预热至标准工况后，调节柴油机的转速和油门大小，使柴油机稳定运行在当前工况转速下。从最低的油门位置开始，先保持油门位置不变，再手动调节喷油脉宽，通过转矩仪测量输出转矩值。当输出转矩为给定转速下的转矩时记录此时的喷油脉宽，即为该工况点的基本喷油脉宽。增加油门位值，反复重复以上的步骤，就可以完成全部压力下的喷油脉宽测量。

③ 基本油量 MAP 标定。将柴油机转速定在怠速至最高转速，每隔250r/min，负荷按照10%、20%、30%、50%、60%、70%、80%、100%的间隔，进行喷油量 MAP 确定。

4. 喷油正时测定与标定

喷油相位分为开始喷油位置（SOI）和结束喷油位置（EOI）两种描述形式，根据不同发动机的控制逻辑与要求不同而分别选用，国内大多数电控柴油机都采用 EOI 控制方式。

在柴油机喷油器的执行器上安装一个加速度传感器，将其获得的信号通过电荷放大器接入示波器中，用以监控喷油器的动作。在喷油器控制信号线上夹一个电流钳以测量喷油器驱动电路的电流脉冲，同样将其信号接入示波器中。用直流稳压电源代替蓄电池给系统供电，用以调整系统电压（6 ~ 16V）。

选取工况点，如2000r/min 中等负荷时，调整系统电压（6 ~ 16V），通过示波器测量“开启时间”与“关闭时间”。

在示波器上有两条曲线：一条是加速度传感器测量到的针阀动作曲线；另一条为喷油器的起动电流曲线。由此可以得到所要测量的值：开启时间和关闭时间。

5. 喷油压力测定与标定

在不同的供油压力、相同喷油脉宽的条件下，电控喷油器喷出的燃油质量是不同的。当燃油压力较高时，单位时间喷射的燃油量就多，会造成燃烧不充分，燃油经济性差及排放不达标等问题；反之，当供油压力较低时，单位时间喷射的燃油量少，会造成动力性不足等问题。喷油压力的测定在不同喷油系统中方法不同。

（1）电控单体泵喷油系统

在柴油机电控单体泵出口上安装一个压力传感器，将其获得的信号通过电荷放大器接入示波器中，用以监控喷油泵的出口压力变化。在喷油器入口的高压油管上安装一个压力表，显示喷油器入口压力变化。在电控单体泵的电磁阀施加控制信号，电线上夹一个电流钳以测量喷油器驱动电路的电流脉冲，同样将其信号接入示波器中。

压力表数值对应于某一喷油脉宽下的喷油压力。当喷油泵凸轮转速不同时，测量出不同喷油脉宽下的喷油压力。

（2）电控共轨喷油系统

在电控共轨喷油系统中，由于共轨管上配装了压力传感器，将其获得的信号接入示波器中，检测共轨管内的压力变化。在共轨管上的高压油管出口上安装一个压力传感器，检测喷油器入口压力变化。

高压油管的压力传感器对应于某一喷油脉宽下的喷油压力。当喷油泵凸轮转速不同时，测量出不同压力控制脉宽下的喷油压力。

第四节 电控系统匹配试验

一、试验内容

电控系统试验目的是验证电控单元的每项功能，试验内容有：

1）电控柴油机传感器信号处理功能的检验。

2）运算处理功能的检验，如从输出曲轴信号的频率确认计算转速的正确性。

3）喷油输出驱动的检验。通过信号比对，来确认喷油信号相位的正确性，对电压波形质量进行观察和调整。

4）各种动态功能调试，当油门和转速变化时，检验程序是否在相应工况直接转移位置上和每一工况下的控制逻辑变化。

5）监控数据交换功能的调试。当控制参数人工改变时，电控单元能否输出正确的指令。

依据电控系统部件的试验规范，进行以下试验：

1）在模拟台架试验中，采用模拟输入信号、模拟线圈、模拟循环进行信号测试、控制信号验证试验。

2）在喷油系统试验台架上进行喷射系统考核。针对某一电控喷油系统，提供转速、相位、温度、压力等信号，进行50h连续考核，测试电控系统的可靠性和持续工作能力。

3）在高低温试验箱内进行高低温循环测试。

4）在振动试验台上进行振动冲击试验。

5）在电磁兼容实验室中进行电控系统的电磁兼容性试验。

二、试验平台

按照验证参数的不同，电控系统试验平台分为有模拟信号试验平台、台架喷油系统实物试验平台和柴油机实物控制平台。

模拟信号试验平台主要用于电控系统的软、硬件及电器参数的初级调试和验证，平台如图9-10所示。设备有个人计算机、软件集成开发系统、数据监控调试系统、数据通信接口、程序调试下载接口、电控单元、柴油机模拟信号发生器。在这个平台上，完成对电控单元的控制参数通过调试和标定系统进行监测，通过系统调试提供控制源程序进行编辑、编译、连接、写入等系列操作，利用断点检测、数据跟踪监测、对变量数据动态修订等调试功能，对程序的执行过程做出有效的检查，发现程序中存在的问题。模拟信号试验平台还可以进行线束模拟试验，检测电控系统的所有传感器、执行器和转接头的工作状况，同时能方便地测取电控单元的任何一个输入输出信号。

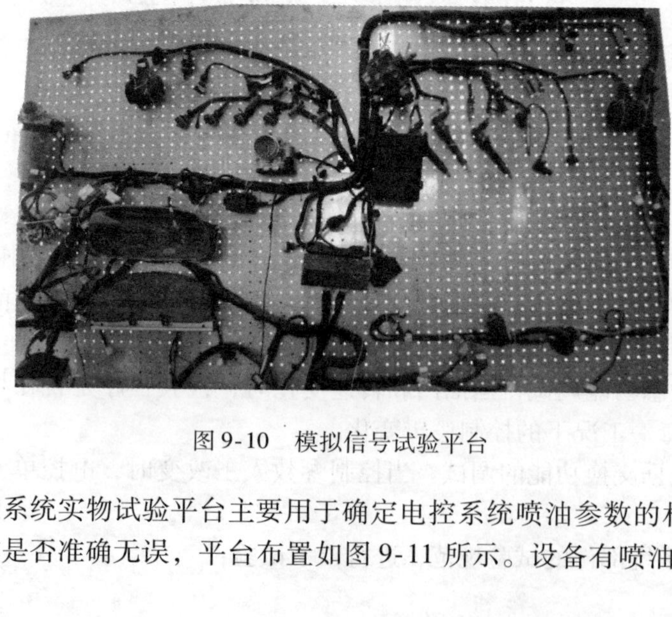

图9-10　模拟信号试验平台

台架喷油系统实物试验平台主要用于确定电控系统喷油参数的相位和量化值，检验喷油动作是否准确无误，平台布置如图9-11所示。设备有喷油系统台架、电控喷油系统、曲轴和凸轮轴相位信号盘、四通道以上的示波器和电控单元。低压系统为电控喷油系统提供液压试验环境。电控单元完成喷油时刻计算、喷油控制、温度控制以及采集相关的参数，能对高压共轨、电控单体泵两种喷油系统进行控制。计算机完成试验数据显示和采集指令发出。在此平台上，完成喷油信号的相位检测、调整喷油控制驱动波形、输入传感器模拟信号的调试和工况转换模拟。

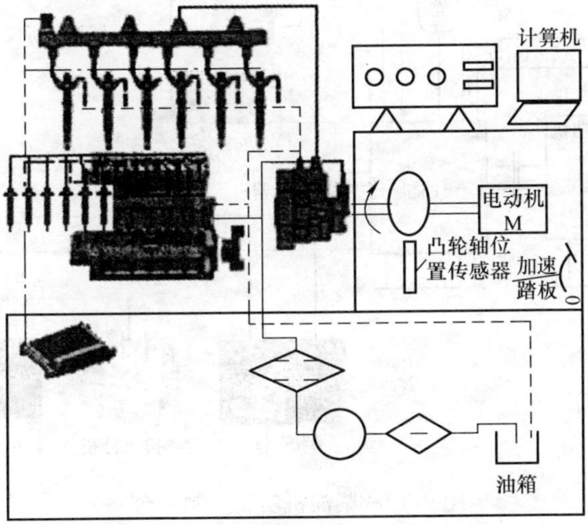

图 9-11 台架喷油系统实物试验平台

柴油机实物控制平台的作用是监测和验证电控单元控制功能的正确性。由于接入实际发动机输入信号，可以检验电控单元能否按照控制程序输出正确的控制信号，并驱动喷油，验证柴油机实际运行工况的可控性。柴油机实物控制平台如图 9-12 所示。平台的设备有普通柴油机台架、测功机、油耗仪器、烟度仪器、各种传感器、电控单元、监控指示仪。针对所选定的试验工况，在实验过程中实时地测量转速、转矩、燃油消耗量，包括氮氧化物（NO_x）、碳氢化合物（HC）等在内的气体污染物排放量及其烟度和颗粒粒径分布，试验测试仪器见表 9-6。

三、喷油控制测量

1. 喷油信号

电控喷油器是电控单元最重要的执行器件。因为电控单元发出喷油信号直接控制喷油器喷油，所以喷油驱动电路的好坏是保证发动机正常工作的前提，为此应进行喷油驱动试验。喷油驱动试验的设备主要有：Tektronix DPO7104 数字荧光示波器、Tektronix 钳形电流测量探头、柴油机状态参数信号发生器、ECU 电路板和线束。

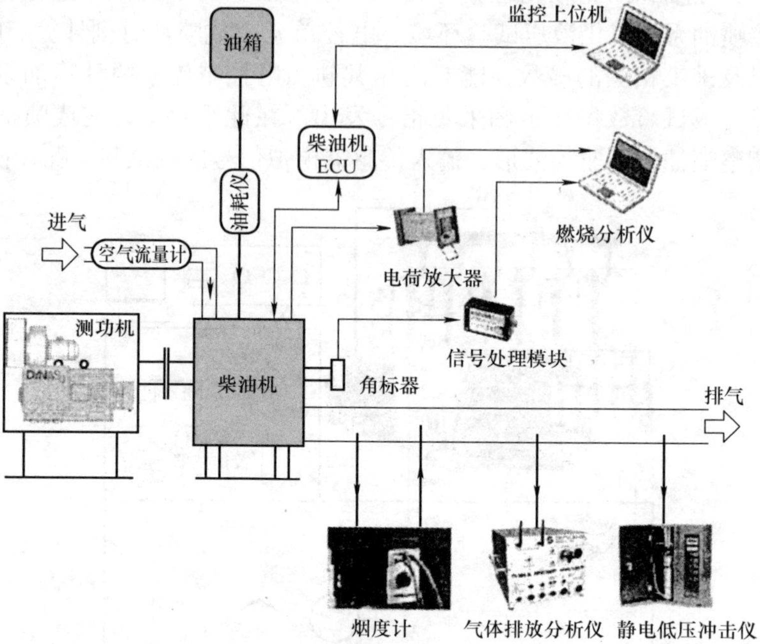

图 9-12　柴油机实物控制平台

表 9-6　测试仪器

名　称	型　号	生产厂商
交流电力测功机	1GP5 - 2850	SIMENSE 公司
油耗仪	ET2500	成都诚邦公司
空气流量计	Sensyflow P	ABB 公司
废气分析仪	SEMTECH	Sensor 公司
静电低压冲击仪	ELPI	Detaki 公司
烟度计（消光式）	439	AVL 公司
电荷放大器	5018	Kistler 公司
燃烧分析仪	DS - 0228	小野公司

Tektronix DPO7104 数字荧光示波器如图 9-13 所示，其特点：1GHz 三种带宽型号，在 4 条通道上实现 10GSa/s 的实时采样率高达 400M 样点的记录长度，支持 MultiView/Zoom 功能，迅速浏览信息；大于 250 000wfms/s 的最大波形捕获速度，90MyScope 定制窗口，提供工作效率；Pinpoint 触发技术，提供了更加灵活、性能更高的触发功能，满足几乎任何触发情况；体积小，重量轻；业内最大的 12. 1in XGA 触摸屏；串行数据流时钟恢复及 NRZ 串行码型触发，分离码型相关的影响低

速串行协议触发（I^2C、SPI、CAN）。

Tektronix 钳形电流测量探头如图 9-14 所示，其特点：具有 AC/DC 测量能力；DC－100MHz，使用 TCPA300 电流探头放大器；DC－50MHz，使用 TCPA400 电流探头放大器可以直接进行比例缩放；AC/DC 输入耦合；低插入阻抗可以降低测试装置的负载；低 DC 漂移和噪声。

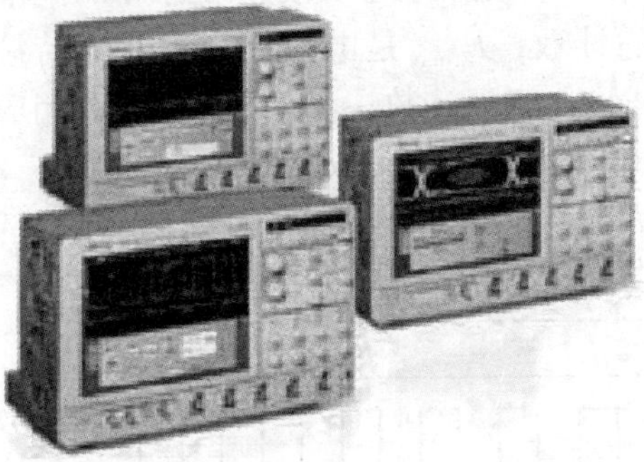

图 9-13 示波器

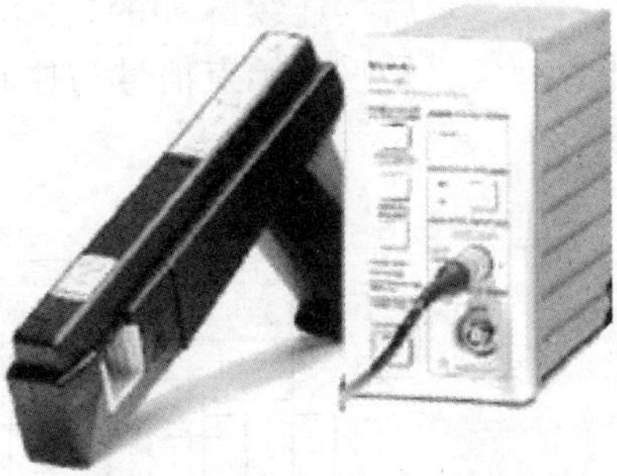

图 9-14 钳形电流测量探头

柴油机状态参数信号发生器能输出曲轴信号、凸轮轴信号、油门信号和空气流量信号等基本信号。选用美国 Freescale 公司的 MC68HC9S512 作为信号发生器的微控制单元（MCU），经上拉电阻输出的转速信号为 0～5V 的（60－2）齿方波信号。该方波信号再次送入 MCU 处理，之后经过严格的时序计算输出同步的凸轮轴信号，其占空比和相位均可调；油门信号采用 MCU 的 DAC 模块输出电压驱动，空气流量信号采用 PCA 模块的 16bit 脉宽调制（PWM）输出功能实现。图 9-15 为测量到的曲轴转角信号和凸轮轴信号的时序关系图。

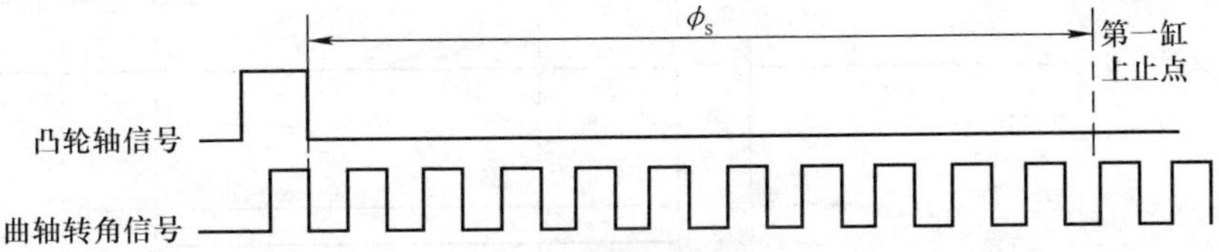

图 9-15 转速信号输入输出和凸轮轴信号的时序关系

电控喷油器的执行器为高速开关电磁阀，驱动信号为 PWM 信号。图 9-16 所示为高速电磁阀控制的柴油机喷油过程时序图。图中的参考脉冲就是气缸的判别信号，用来指示电控单元（ECU）此刻为第一个缸上止点之前的角度（如 114°CA），用 ϕ_1 表示。喷油正时和喷油脉宽都是电控单元（ECU）根据 MAP 图谱查取，再进行修正得到的。喷油正时对应的角度为 $\phi_1-\phi_3$；ϕ_3 是控制驱动信号和选缸信号距离参考脉冲信号的角度；第一个喷油控制脉宽对应角度为 $\phi_1-\phi_3-\phi_2$；

ϕ_4是喷油正时角度距离参考信号的整数倍脉冲数；ϕ_6是ϕ_3距离参考信号的整数倍脉冲数；ϕ_5是控制信号中第一个大脉冲结束距离参考信号的角度；ϕ_7是第一个大脉冲宽度；$\phi_7+\phi_8$是选缸信号的有效时间；ϕ_9是电磁阀升程最大持续时间的角度；E_1是控制信号中第一个大脉冲结束前的延时计数；E_2是控制信号中第一个大脉冲开始时计数；E_o是控制信号中第一个大脉冲宽度ϕ_7的计数；E_k是控制信号中第一个大脉冲宽度ϕ_7的计数；E_3是控制信号中第一个大脉冲与后续连续脉冲的间隔时间计数；E_{pwm}是后续连续脉冲的持续时间的计数；E_{xmax}是电磁阀升程最大持续时间的计数；E_{maxj}是喷油始点信号与控制信号始点间隔计数；E_{rall}是电磁阀关闭时间的计数。

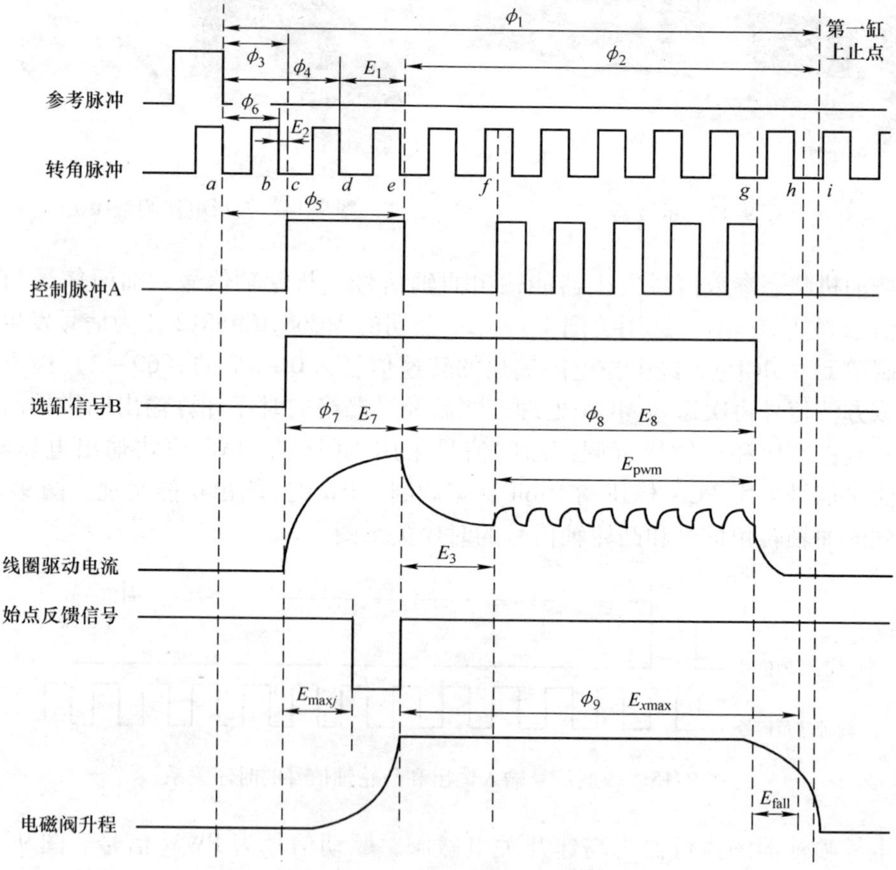

图 9-16　喷射过程时序图

（E_8 是控制信号中第二个大脉冲宽度 ϕ_8 的计数）

喷油量与共轨压力、喷油脉宽变化关系曲线如图 9-17 所示。图中的喷油量由 EFS 单次喷射仪测量 100 次，取平均值得到。从图中看出：在共轨压力一定时，喷油量与喷油脉宽呈线性增加关系，线性斜率随共轨压力增加而增大。只是在140MPa、1.8ms后和150MPa、1.7ms后的斜率降低，究其原因是针阀到了升程的上止点，喷油器零油量脉宽随轨压增大而减小。

喷油率由喷油压力和节流孔有效面积决定。在喷射过程中，喷孔有效流通面积并不等于实际喷孔面积，因此喷油率的差别是由于针阀升程与喷油压力共同决定的。当针阀升程较小时，在针阀达到一定开度前，喷射过程中的喷孔有效流通面积受针阀升程的限制，节流孔有效面积由针阀升程决定。当针阀升程较大时，节流孔有效面积由喷孔决定。而在喷油器结构一定时，针阀升程由喷油压力和驱动脉宽决定。

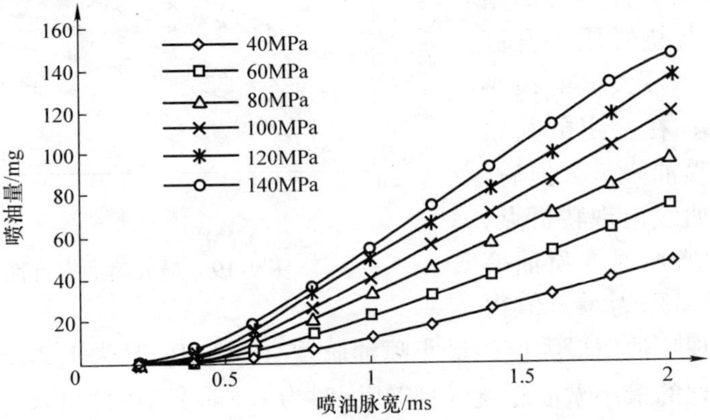

图 9-17 喷油量特性曲线

喷油率随共轨压力变化的特性曲线如图 9-18a 所示。在喷油脉宽一定时，随共轨压力增加，喷油率最大值增大，喷射初期喷油率上升的斜率增大，喷射末期喷油率下降的速率增大（说明针阀启闭迅速），针阀开启延迟减小，关闭延迟增加，喷射持续期延长，喷油量增加。140MPa、2ms 工况因针阀到达上止点，针阀关闭延迟减小。

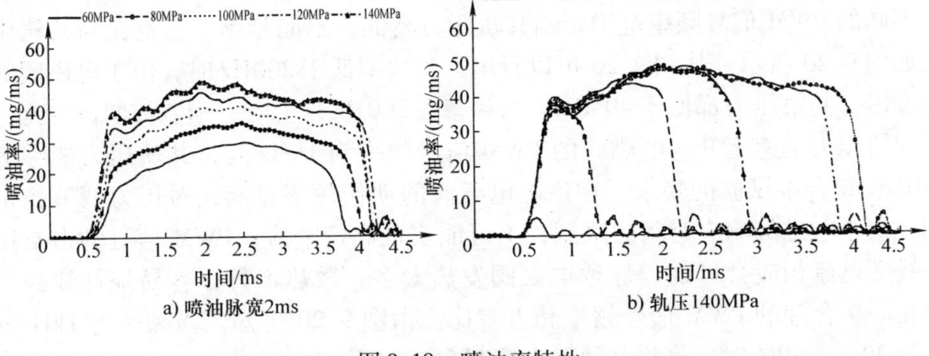

图 9-18 喷油率特性

喷油率随喷油脉宽变化的特性曲线如图 9-18b 所示。在共轨管压力一定时，随喷油脉宽增加，喷油率最大值先增大而后基本保持不变，喷射初期喷油率上升斜率和末期下降的斜率不变，喷油率上升和保持阶段的瞬态喷油率曲线基本重合。喷射结束后的喷油率曲线波动是由于 EFS 喷油率测试仪的压电传感器座和喷油器适配器处的压力波反射产生的。

最大喷油率随共轨压力、喷油脉宽变化的特性曲线如图 9-19 所示。从图中可以看出：最大喷油率随共轨管压力的增大而增加。当共轨管压力升高时，出现喷油率最大值的最小喷油脉宽减小；在一定的共轨压力下，出现喷油率最大值后，喷油率最大值曲线出现转折点；喷油脉宽继续增加时，喷油率最大值曲线斜率降为零。值得注意的是，出现喷油率最大值的最小喷油脉宽（140MPa 时为 1.2ms）小于针阀能够到达理论行程的最小喷油脉宽（140MPa 时为 1.8ms）。由此可知，最大喷油率出现在针阀达到理论升程前。

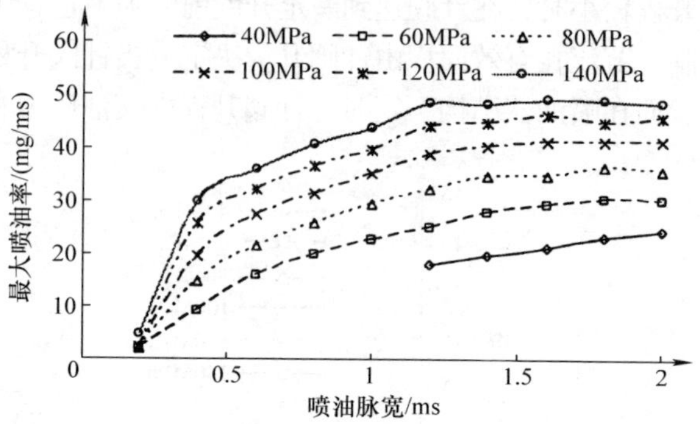

图 9-19 最大喷油率特性

2. 共轨压力控制

在高压共轨试验台上进行电控单元调试和试验，进行了脉冲宽度调制（PWM）信号频率、脉冲宽度调制（PWM）信号脉宽和控制方法对共轨压力的影响试验。测试仪器有 Dewetron 分析仪、Tektronix TDS1012 等仪器。

（1）控制频率

在高压共轨喷油系统中，共轨压力控制的精度和稳定性直接影响燃油喷射质量。共轨压力控制的精度和稳定性主要取决于压力调节阀的控制参数以及控制方法。不同的 PWM 信号频率范围影响共轨压力高低，不同频率、占空比与共轨压力关系如图 9-20 所示。从图 9-20 可以看出：当频率低于 200Hz 时，由于电磁阀的动作速度慢，共轨压力都低于 40MPa；当频率在 200Hz 以上时，随着控制占空比的增大，共轨压力迅速上升。电磁阀的 PWM 信号频率为 1kHz 时，共轨压力能够达到 135MPa，符合本试验的要求。理论上电磁阀的动作频率越高，对压力调节稳定越有利。由于电磁阀响应时间的限制，不可能实现高速响应；PWM 信号的占空比太大，线圈电流相应会增加，导致电磁阀发热太多，散热不好，容易烧坏线圈。因此存在一个合理的 PWM 信号频率和占空比。由图 9-20 可知，当频率为 1kHz、占空比为 20% ~30% 时，能将共轨压力控制在 100MPa 左右。

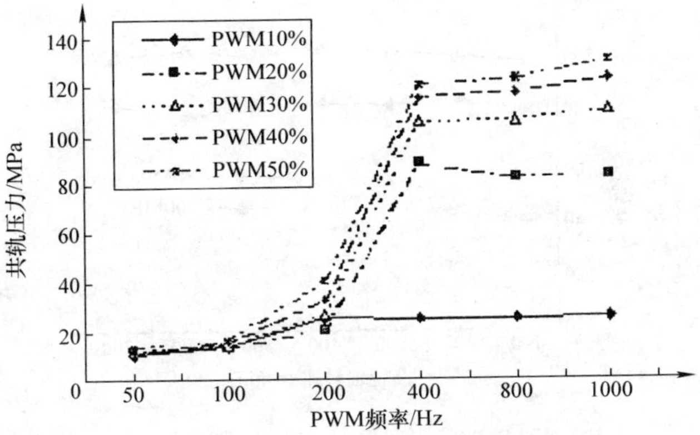

图 9-20 不同频率、占空比与共轨压力的关系

(2) 控制脉宽

供油泵的转速影响供油量的大小。在柴油机起动和怠速工况下，需要确定共轨压力控制脉宽的范围。在控制频率为 1kHz 时，不同的转速和 PWM 信号占空比对共轨压力的影响如图 9-21 所示。由图 9-21 可知，采用 1kHz、占空比为 25% 左右的 PWM 信号可以把共轨压力控制在 100MPa 左右。占空比越大，调压阀开启的泄流量越小，共轨压力越大。高压泵的转速越高，共轨压力也越大，但对共轨压力的影响不是很明显。图 9-22 所示为不同转速下共轨压力 PID 控制效果。采用合适的 PID 的控制系数能够把共轨压力控制在一个稳定的水平。

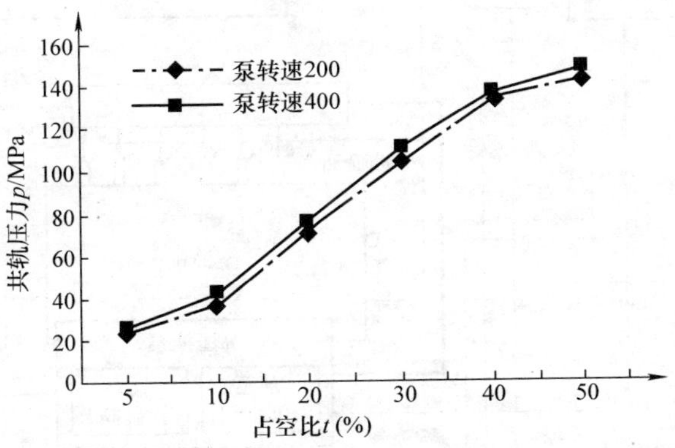

图 9-21 不同控制脉宽与共轨压力关系

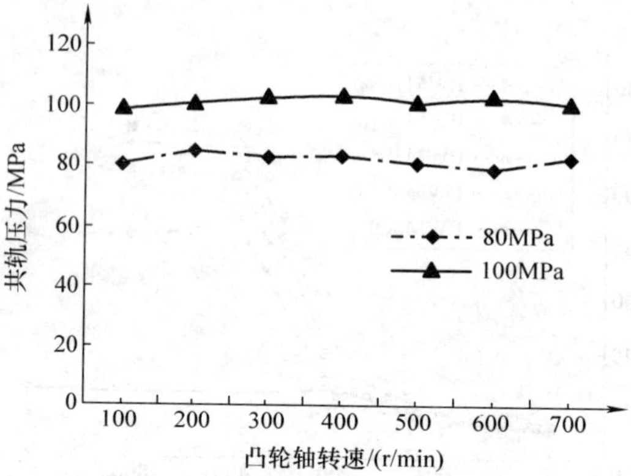

图 9-22 共轨压力 PID 控制效果

第五节 燃烧室匹配试验

一、试验台架设备

试验台架设备主要由柴油机、测试仪器、电控单元以及计算机组成，如图9-23所示。

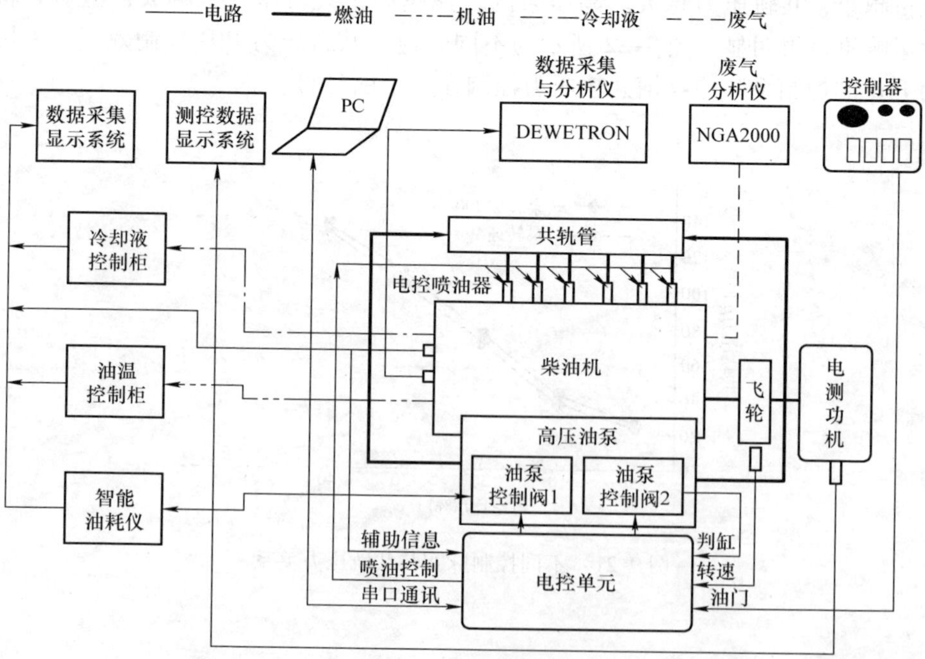

图 9-23 试验台架设备

试验台架具有对柴油机、电涡流测功机的控制功能，并监控表征柴油机状态的所有物理量，如柴油机转速、测功机转速及转矩、冷却液、机油、进排气、燃油温度，以及增压压力、机油压力等。将实时标定系统运行于计算机，通过串口通信，不仅可以对发动机的油门、转速、轨压、相关控制参数等进行实时监控，而且可以在不影响柴油机正常运转的情况下实现柴油机控制参数的实时动态修改。数据采集与燃烧分析系统采用美国公司的高速数据采集仪，根据缸内压力信号，可以分析发动机的燃烧状况。

二、参数匹配

在电控柴油机上进行不同燃烧室和喷油嘴计算方案试验，采用单部件顺序试验方法，以柴油机的转矩、烟度、油耗率为衡量指标，获得柴油机较合理的方案。将基本共轨油压、循环喷油量 MAP 嵌入电控单元，为保证发动机的安全运行，确保柴油机的气缸爆发压力不超过极限值 11.5MPa，排气温度不超过 700℃，柴油机排气不冒黑烟。

1. 燃烧室缩口直径对柴油机性能的影响

图 9-24 所示为试验样机在最大转矩转速为 1200r/min 的负荷特性上，不同燃烧室缩口直径对柴油机性能的影响。

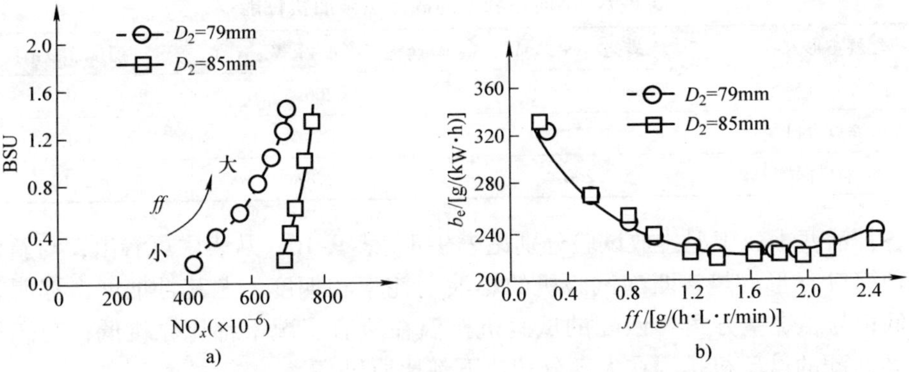

图 9-24　不同燃烧室缩口直径对柴油机性能的影响

在压缩比保持不变的条件下，图 9-24a 为烟度随燃烧室缩口直径的变化。适当增大缩口直径后，尽管燃烧室内的涡流强度的峰值减弱，但由于在膨胀过程中挤气涡流强度保持性增加（而横向的涡流强度保持性却降低），促进扩散燃烧过程，因此试验结果表明波许烟度很小。图 9-24b 为不同缩口直径的柴油机燃油油耗变化，适当缩小缩口直径，在最低燃料消耗率增加不到 3% 的前提下，通过涡流强度的控制可使 NO_x 排放量降低 18% 以上。

2. 同一喷嘴不同燃烧室试验

为研究不同的燃烧室对共轨柴油机的影响，选用三种不同形式的活塞：原机活塞、A 型活塞和 B 型活塞。A 型活塞和 B 型活塞的燃烧室三维截面图分别如图 9-25 和图 9-26 所示。

对原机缩口凸台哑铃、A 型缩口大口径浅坑、B 型缩口深坑三种燃烧室进行了装机试验。表 9-7 所示是在喷嘴为 6 ×0.15 ×147°、伸出高度为 2.8mm 时，三种燃烧室对应的柴油机性能。从表中数据看出：A 型活塞缩口大口径燃烧室相比其他两种燃烧室，柴油机转矩大，燃油消耗率低，烟度较低。

图 9-25 燃烧室方案 A

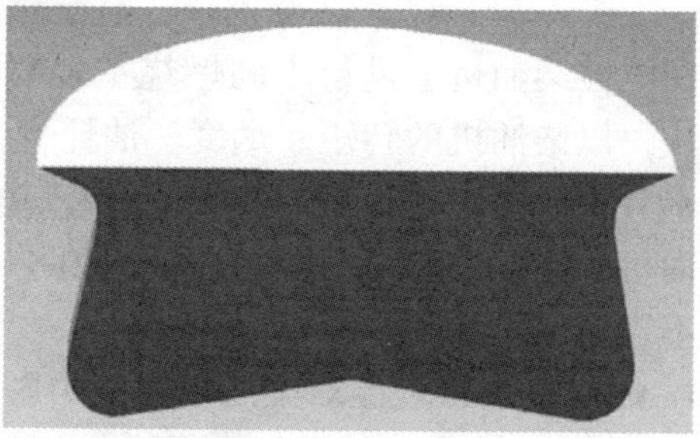

图 9-26 燃烧室方案 B

表 9-7 不同燃烧室的额定点柴油机性能

燃烧室形式	转矩/(N·m)	油耗率/[g/(kW·h)]	烟度/(1/m)
缩口凸台哑铃	215	266	1.025
A 型缩口大口径	221	254	0.439
B 型缩口深坑	200	278	2.10

各种活塞十三工况排放试验分别见表 9-8 ~ 表 9-10。从表中可看出，与新设计的两种缩口 ω 形燃烧室匹配试验机的燃油消耗率和烟度，尤其是烟度，都明显比原机低；与燃烧室方案 A 匹配的试验机排温在所有工况下都比原机低；与燃烧室方案 B 匹配的试验机排温在大部分转速下都比原机高。

表 9-8 原机活塞的十三工况排放特性试验

原机活塞	颗粒 /[g/(kW·h)]	NO_x /[g/(kW·h)]	HC /[g/(kW·h)]	CO /[g/(kW·h)]
第一次试验值	0.107157	1.9154	0.2428	0.532346
第二次试验值	0.113857	2.0188	0.2487	0.558307
欧Ⅲ限值	0.13	5	0.66	2.1

表 9-9　A 型活塞的十三工况排放特性试验

A 型活塞	颗粒 /[g/(kW·h)]	NO_x /[g/(kW·h)]	HC /[g/(kW·h)]	CO /[g/(kW·h)
第一次试验值	0.112405	1.89284	0.11526	0.53267
第二次试验值	0.11177	1.8594	0.12927	0.52377
欧Ⅲ限值	0.13	5	0.66	2.1

表 9-10　B 型活塞的十三工况排放特性试验

B 型活塞	颗粒 /[g/(kW·h)]	NO_x /[g/(kW·h)]	HC /[g/(kW·h)]	CO /[g/(kW·h)]
第一次试验值	0.158	2.23281	0.15581	0.58913
第二次试验值	0.169792	2.42791	0.13593	0.49992
欧Ⅲ限值	0.13	5	0.66	2.1

对于缩口 ω 形燃烧室，在燃烧室中除了可形成绕气缸中心线或燃烧室中心线旋转的进气涡流和压缩涡流以外，在燃烧室体积较大的底部凸起及燃烧室缩口的作用下，进入气缸的空气在燃烧室内形成较为强烈的挤压涡流和逆挤压涡流，且这些涡流的强度相对进气涡流在整个燃烧过程中保持性较强，能加速混合气的形成和扩散燃烧。另外，与缩口型燃烧室匹配的供油系统的喷油压力被提高了，喷孔的数量增加，喷孔直径缩小，可促使燃油在燃烧室内雾化、蒸发及空气的卷入，加速混合气的形成，缩短滞燃期，提高燃烧速率。因此 A 型缩口 ω 形燃烧室的性能指标较好。

3. 同一燃烧室不同喷嘴试验

选择不同喷孔数目、喷孔直径和喷孔锥角的喷嘴进行装机试验。由于篇幅所限，表 9-11 只列出在 A 型缩口大口径燃烧室上，三种喷嘴方案试验结果。从表可以看出：喷嘴为 6×0.15×147°的柴油机的动力性、经济性和排放性能上比喷嘴为 5×0.18×148°和 5×0.20×148°都好。

表 9-11　不同喷嘴参数的额定工况柴油机性能

喷嘴参数	转矩/(N·m)	油耗率/[g/(kW·h)]	烟度/(1/m)
5×0.20×148°	195	275	1.95
5×0.18×148°	204	266	1.625
6×0.15×147°	221	254	0.439

4. 喷油器喷孔直径

在 6102 型直喷式柴油机上试验，在柴油机转速 1000r/min、喷射提前角 8℃A、喷油量 40mg、喷射压力 90MPa 时，3 种喷孔直径对应的炭烟生成曲线如图 9-27 所示。当喷孔直径分别为 0. 16mm、0. 20mm 和 0. 25mm 时，对应的炭烟生成量最高值分别为 2. 1113g/kg、5. 2125g/kg 和 10. 1599g/kg，最终值分别为 0. 0243g/kg、0. 2663g/kg 和 0. 7835g/kg。喷孔直径 0. 16mm 的炭烟排放量仅为 0. 25mm 喷孔直径炭烟排放的 3. 098%，为喷孔直径 0. 20mm 的 9. 115%。由此可知，随着喷孔直径的减小，炭烟排放有很大幅度的降低。这是因为小直径喷孔具有较低的燃油流量（流通面积较小）和相对较长的火焰发射长度，也具有较高的混合速率，导致更稀薄的油束的形成，使油气混合得更好，燃烧得更完全。其缸内速度场分析也很好地说明了这一点；当喷孔直径增大时，喷注贯穿率增大，撞到燃烧室壁面的油滴增多，混合气过浓，生成较多炭烟。因此，在相同的喷油压力下，采用较小直径的喷孔可以减少炭烟的排放。

图 9-28 为 3 种喷孔直径下的 NO_x 排放生成曲线。当喷孔直径分别为 0. 16mm、0. 20mm 和 0. 25mm 时，NO_x 排放量分别为 53. 9823g/kg、39. 250g/kg 和 36. 53137g/kg。喷孔直径 0. 16 的 NO_x 排放量是喷孔直径 0. 25 的 1. 478 倍，是喷孔直径 0. 20 的 1. 375 倍。所以，在其他条件相同的情况下，随着喷孔直径的缩小，NO_x 排放升高。减小喷孔直径，可以提高燃油喷射速度、油束对周围空气的卷吸速度和缸内最大速度。并且随着活塞的下行，小直径喷孔可以使缸内保持较高的速度促进后续燃油的燃烧，使燃烧更完全。随着喷孔直径的减小，炭烟排放降低，氮氧化物排放升高。

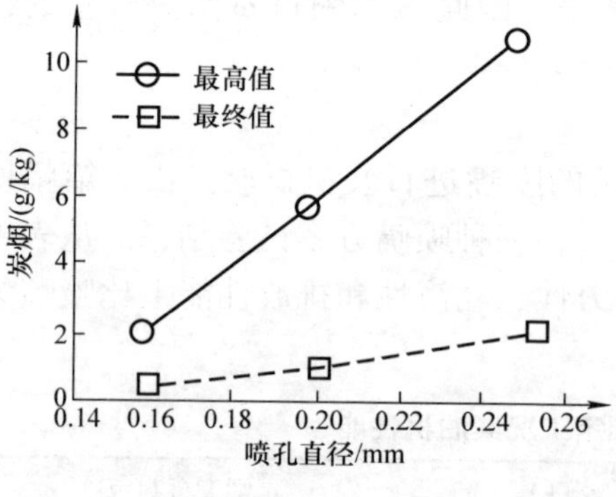

图 9-27 3 种喷孔直径对应的碳烟曲线

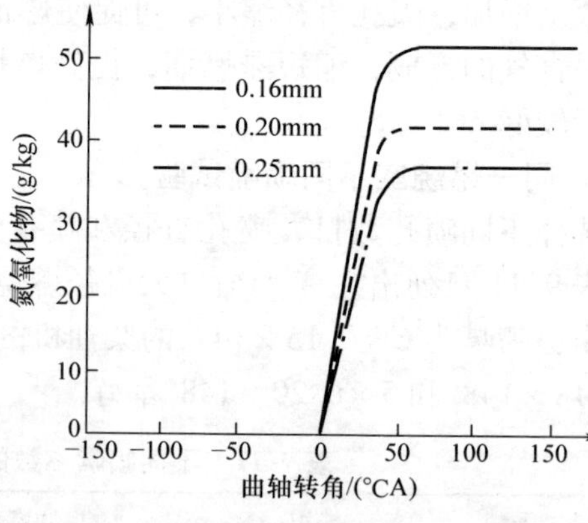

图 9-28 3 种喷孔直径对应的 NO_x 曲线

参考文献

[1] 李骏．汽车发动机节能减排先进技术［M］．北京：北京理工大学出版社，2011.
[2] 李克，高海洋，刘双喜．柴油机清洁排放控制技术的发展与展望［J］．小型内燃机与摩托车，2012（1）：88 -92.
[3] 徐家龙．柴油机电控喷油技术［M］．2 版．北京：人民交通出版社，2009.
[4] 王尚勇，杨青．柴油机电子控技术［M］．北京：机械工业出版社，2005.
[5] 姚春德．内燃机先进技术与原理［M］．天津：天津大学出版社，2010.
[6] 何勇灵．汽车电子控制技术［M］．北京：北京航空航天大学出版社，2012.
[7] 周龙保．内燃机学［M］．3 版．北京：机械工业出版社，2009.
[8] 刘永长．内燃机原理［M］．武汉：华中理工大学出版社，2004.
[9] 王宪成，等．车用内燃机学［M］．北京：兵器工业出版社，2006.
[10] 李向荣，何圣华，魏熔．直喷式柴油机燃烧系统发展的新途径［J］．内燃机工程，2002（05）：1 -5.
[11] 周平．柴油机燃烧系统优化设计初探［J］．内燃机，2000（4）：37 -39.
[12] 居钰生．重型车用柴油机对喷油系统的要求和未来发展［J］．现代车用动力，2002（3）：5 -9.
[13] 居钰生，董春波．车用柴油机喷油系统匹配技术研究［J］．现代车用动力，2004（1）：1 -5.
[14] 居钰生，金兴才．满足未来车用柴油机要求的喷油系统与增压系统的匹配［J］．现代车用动力，2008（4）：1 -11.
[15] Ding Xiaoliang，Zhang Youtong，Wang Jun. The Match of High Pressure Common Rail Injection System in Heavy Duty Diesel Engine［J］．Transaction of Beijing Institute of Technology，2006（4）：78 -81.
[16] 乔信起，黄震，肖进，等．车用柴油机燃烧系统的改进［J］．农业机械学报，2004（2）：17 -20.
[17] 林学东，王霆，宋涛，等．重型车用柴油机低排放直喷燃烧系统参数的优化［J］．内燃机学报，2006（6）：518 -526.
[18] 李玉峰，龚晓晖，王海，等．四气门直喷柴油机进气道组合和位置对进气涡流的影响［J］．内燃机学报，2001（3）：209 -214.
[19] 康秀玲，祖炳锋，徐玉梁，等．四气门柴油机进气道的设计模拟及试验匹配研究［J］．拖拉机与农用运输．2006（4）：26 -29.
[20] 黄舒平．柴油机螺旋进气道流动实验与数值模拟［D］．南昌：南昌大学，2011.
[21] 信曦．柴油机可变涡流进气流动特性的数值仿真研究［D］．天津：天津大学，2011.
[22] 庞威，赵贵．可变涡流比柴油机进气系统．中国，CN20111810430u［P］．
[24] 王永帅．基于液压驱动气门系统的柴油机性能研究［D］．长沙：湖南大学，2014.
[25] 刘悦．电液驱动可变配气相位机构涉及与仿真研究［D］．长春：吉林大学，2012.
[26] 谢宗法，孔超，王建昕，等．发动机全可变液压气门机构进气性能的研究［J］．内燃机学报，2009（5）：435 -439.

[27] 刘发发，黄为均，王云开，等. 电液驱动可变气门机构的应用 [J]. 车用发动机，2010 (1)：66－69.

[28] G. B. Parvate－patri，H. Hong，B. Gordon. Analysis of Variable Valve Timing Events and Their Effects on Single cylinder Diesel Engine [C]. SAE 2004－01－2965，2004.

[29] Yutaka，Murata，Jin Kusaka，Yasuhiro daisho. Miller－PCCI Combustion in an HSDI Diesel Engine with VVT [C]. SAE 2008－01－0644，2008.

[30] Yutaka，Murata，Jin Kusaka. Achievement of Medium Engine Speed and load Premixed Diesel Combustion with Variable Valve Timing [C]. SAE 2006－01－0203，2006.

[31] 梅德清，孙平，蔡忆昔. 直喷式柴油机进气涡流的预测及与油束的匹配 [J]. 江苏大学学报（自然科学版），2002 (4)：12－15.

[32] 袁文化. 高压共轨喷油系统多学科设计优化与智能控制研究 [D]. 长沙：湖南大学，2010.

[33] 王洪荣，张幽彤，王军. 4JB1 柴油机高压共轨系统选型及管路匹配 [J]. 重庆大学学报，2008 (10)：45－49.

[34] Wang Jun，Zhang You tong. Match on high pressure common rail injection system with diesel engine by knowledge based engineering，Proceeding of IEEE ICMA 2009，1449－1454.

[35] 稻垣和久，高须施闻，中北清已. 直喷燃烧室形状对缸内气流和混合气形成的影响 [J]. 国外内燃机，2002 (2)：25－27.

[36] 刘安. 柴油机燃烧室形状对混合气形成的影响 [J]. 现代车用动力，2007 (2)：18－21.

[37] 喻超，罗吉马，穆劲松. 直喷式柴油机燃烧室设计的现状与发展 [J]. 中国水运，2008 (6)：132－135.

[38] 王军，张幽彤等. 高压共轨柴油机燃烧室匹配研究 [J]. 北京理工大学学报，2010，(10)：1155－1159.

[39] 唐维新，袁文华，龚金科. 燃烧室几何形状和位置对燃烧过程的影响 [J]. 中南大学学报，2006 (06)：1161－1165.

[40] 王军，张幽彤. 4100QBZ 柴油机高压共轨喷油嘴匹配及优化 [J]. 内燃机工程，2005 (04)：25－28.

[41] 王军，冯国胜，张幽彤. 基于神经网络的供油提前角脉谱研究 [J]. 北京理工大学学报，2005 (1)：13－17.

[42] 王洪荣，张幽彤，王军. 高压共轨柴油机喷油量修正及匹配 [J]. 山东大学学报 2008 (2)：35－38.

[43] 丁晓亮，张幽彤，王军. 高压共轨电控喷油器特性研究 [J]. 北京理工大学学报，2008 (11)：120－124.

[44] 王军，张幽彤，许都. 电控喷油器控制柱塞副高压变形与泄漏分析 [J]. 装甲兵工程学院学报，2009 (5)：26－29.

[45] 王军，张幽彤，等. 电控喷油器控制柱塞结构参数设计与优化 [J]. 兵工学报，2012 (7)：788－792.

[46] 王军，张幽彤，熊庆辉. 大流量压电式喷油器设计与试验 [J]. 农业机械学报，2011 (11)：10－12.

[47] 王军，张幽彤，丁小亮．压电式喷油器两次喷射间隔时间影响与分析［J］．兵工学报，2011（8）：913－917.

[48] Wang Jun, Zhang you－tong. Simulation Analysis of electronic controlled injector in high pressure common rail injection system［C］. Proceeding of 2011 IEEEICCSIT, 149－154.

[49] Wang Jun, Zhang you－tong. Performance simulation of dual common rail line in high pressure common rail injection［C］. Proceeding of 2011 IEEEICCSIT, 240－244.

[50] Liu wei. Wang Jun. Simulation on pressure control of common rail line in high pressure injection system［C］. Proceeding of 2011 IEEEICCSIT, 650－656.

[51] Wang Jun, Zhang You tong. Fast discretion resolution of combustion information based on cylinder pressure parameter［J］. Mechanika, 2011（06）：607－611.

[52] Wang Jun, Zhang You tong. Combustion condition of diesel engine by cylinder pressure oriented to control［J］. Journal of Beijing Institute of Technology, 2011（03）：192－198.

[53] 王军，张幽彤．电控共轨柴油机初始控制 MAP 研究［J］．装甲兵工程学院学报，2011（02）：41－44.

[54] Wang Jun, Zhang you－tong. Study of control MAP of electronic controlled engine based on scattered data［J］. 2011 IEEEICCSIT.

[55] Ding Xiao－liang, Wang Jun, Zhang you－tong. Study on Calibration of High Pressure Common Rail Injection System in Diesel Engine［C］. SAE 2008－01－1724, 2008.

[56] 王军，张幽彤．柴油机高压共轨电控单元的开发［J］．小型内燃机及摩托车，2006（1）：10－14.

[57] 王洪荣，张幽彤，王军．高性能柴油机的电控单元的开发研究［J］．北京理工大学学报，2007（7）：580－583.

[58] 倪计民，杨挺然，杨健．基于模型的高压共轨柴油电控参数优化［J］．内燃机工程，2008（1）：6－7.

[59] 裴海灵．高压共轨喷油控制策略及共轨管优化设计研究［D］．长沙：中南大学，2009.

[60] 王洪荣，张幽彤，王军．基于 MPC555 的高压共轨柴油机控制策略及匹配研究［J］．内燃机工程，2008（5）：38－42.

[61] 周文华，竺春狄，苏瑜．共轨柴油机电控系统若干关键技术［J］．浙江大学学报（工学版），2011（1）：119－121.

[62] 张跃涛，王绍光．发动机自动化性能试验及标定系统［J］．清华大学学报（自然科学版），2001（8）：94－96.

[63] 葛林．电控柴油机标定技术的研究［D］．杭州：浙江大学，2001.

[64] 张筠．一种通用的电控发动机标定平台开发［J］．汽车工程，2002（3）：327－330.

[65] 张京永．高压共轨柴油机稳态标定与优化方法的研究［D］．北京：清华大学，2003.

[66] Fu－yuan Yang. Study on modeling method for common rail diesel engine calibration and optimization［C］. SAE040426, 2004.

[67] 池建军，吕彩琴，王孝．电控发动机标定系统开发的关键技术［J］．柴油机设计与制造，2006（3）：112－115.

[68] 宋国民．基于 CPP 的电控柴油机标定系统开发［J］．柴油机，2004（5）：10－12.

[69] 王军，张幽彤，王洪荣．基于典型工况的高压共轨柴油机喷油量标定［J］．山东大学学报 2008（4）：89－93.

[70] A. J 马特 M. A 普林特．发动机试验理论与实践［M］．北京：机械工业出版社，2009.

[71] 曾鹏，王军，张幽彤．柴油机电控喷油系统试验通用装置设计［J］．装甲兵工程学院学报，2008（5）：36－40.

[72] 阎伟，张浩，陆剑峰，等．直喷式柴油机燃烧系统均匀实验设计［J］．机械工程学报，2005（1）：211－214.

[73] Wang Jun, Zhang you－tong. Noncontact measurement of plunge displacement in electronic control injector, Proceeding of IEEE ICMIMA, 777－780，长沙，2010.11. 24－27.

[74] 林学东，钱耀义，李红洲．车用柴油机缩口型燃烧系统参数优化试验研究［J］．农业机械学报，2004（1）：41－43.